# 日本古代の氏族と宗教

日野昭
論文集
Ⅱ

和泉選書

# 日本古代の氏族と宗教——目次

日野昭論文集Ⅱ

第一篇　『日本書紀』の神祇思想


第一章　崇神紀にみられる神祇思想　2
第二章　崇神・垂仁紀にみられる神祇思想の問題　15
第三章　田道間守の伝承—その宗教思想史的意義—　34
第四章　古代氏族と宗教—物部氏の伝承について—　58
第五章　神武紀にみられる神祇思想　92
第六章　神代巻の神名について　122


第二篇　飛鳥・白鳳の氏族と仏教


第七章　天寿国の考察　154
第八章　天武朝の仏教の一考察　191
第九章　白鳳仏教における実践性　216

第三篇　歴史を学ぶ・歴史を考える


第十章　『天皇記』・『国記』とはなにか　250
第十一章　天皇権力を支える古代豪族「大臣」　262
第十二章　「史心」より　276
歴史を学ぶ　276
韓国の樹木信仰—日本古代宗教との関連—　280
歴史における可逆性　285


＊＊


初出一覧　289
編集後記　291

# 第一篇　『日本書紀』の神祇思想

# 第一章　崇神紀にみられる神祇思想

## 一

日本古代における社会と宗教との関係を考えるには、さまざまな視点があろうが、いま主として崇神天皇の世に係けて『記』・『紀』の伝える伝承の検討を通して、若干の問題を追究してみたいと思う。崇神天皇すなわち御間城《みまき》入彦《いりひこ》五十《い》瓊《に》殖天皇《ゑのすめらみこと》（『古事記』では御真木入日子印恵命）の治世のこととして伝えられる事績には、その和風謚号のミマキが神聖な木を意味し、イリが憑りつくことを意味する語と解されるように(1)、呪術的司祭者的な王としての性格がうかがえるのであって、神祇の崇敬と祭祀に関する伝承が少なくない。これに比肩するものとしては神武・垂仁両天皇に関する伝承があげられるくらいで、歴代の天皇紀のなかでも神祇祭祀に関する事績の多い天皇として知られている。したがって崇神紀の神祇記事は古代の神祇思想を知るうえにも重要な地位をしめ、論究すべき問題がきわめて多いのであるが、いまはその一端にふれるにすぎないものである。

## 二

『古事記』崇神段につぎのようにみえている。

この天皇の御世に、役病《えやみ》多《さは》に起り、人民尽きむとしき。ここに天皇愁ひ歎きたまひて、神牀《かむどこ》に坐しし夜、大物主大神、御夢に顕はれて曰りたまひしく、「是は我が御心ぞ、故、意富多多泥古《おほたたねこ》を以《も》ちて、我が御前に祭らしめたまはば、神の気起らず、国安らかに平らぎなむ」とのりたまひき。是を以ちて駅使《はゆまづかひ》を四方に班《あか》ちて、意富多多泥古といふ人を求めたまひし時、河内の美努村にその人を見得て貢りき。ここに天皇、「汝《な》は誰が子ぞ」と問ひたまへば、答へて曰さく、「僕《あ》は大物主大神、陶津《すゑつ》耳《みみ》命の女、活玉依毘《いくたまよりひ》売《め》を娶して生める子、名は櫛《くしみ》御方《かた》命の子、飯肩巣《いひがたす》見《み》命の子、建《たけ》甕槌《みかづち》命の子、僕《あれ》意富多多泥古ぞ」とまをしき。

ここに天皇いたく歓び、詔りたまひしく、「天の下平ぎ、人民栄えなむ」とのりたまひて、即ち意富多多泥古命を神主として、御諸山に意富美和《おほみわ》の大神の御前を拝《いつ》き祭りたまひき。……（中略）……[2]これに因りて役の気悉に息みて、国家安らかに平らぎき。

ここにみられるような疫疾の原因としての神は、後世の語にいう疫神であるが、崇神朝のそれは大物主神の祟《たた》りとするものである。疫神としては素戔嗚尊があげられる例が多いが[3]、この大物主神は神代紀一書では大国主神の幸魂奇魂とされている。この神が素戔嗚尊とある程度共通する性格をもつ神であることは否めない[4]。ここでは大物主神の夢告によって、その玄孫であるオホタタネコが大三輪の神を祭ったので疫疾がやみ国家が安平となったとするものである。[5] この大物主神の活玉依毘売との婚姻について、三輪山伝説といわれる神婚物語が伝えられていることは周知のとおりである。

他方、『日本書紀』の記載はつぎのようである。

五年、国内多㆓疾疫㆒、民有㆓死亡者㆒、且大半矣。

六年、百姓流離、或有㆓背叛㆒、其勢難㆓以㆑徳治㆒之。是以、晨興夕惕《オソル》、請㆓罪神祇㆒。

かくてこのあと、つぎのような神祇に関する記載がつづいている。

㈠（六年）これよりさき、天照大神・倭大国魂の二神を天皇の大殿（居所）に祭っていたが、その勢を畏れ、天照大神を倭の笠縫邑に祭り、日本《やまと》大国魂神を渟名城入姫命に託《つ》けて祭らしめた。しかるに姫は髪落ち体瘦《やすか》みて祭ることができなかった。

㈡（七年二月）天皇は災害《わざはひ》の所由《ことのよし》を八十万神に卜え、大物主神の語によって倭迹迹日百襲姫命[6]を祭らしめたが、なお験《しるし》がなかった。

㈢天皇は沐浴斎戒して、夢のうちに大物主神からその児大田田根子（三輪君の始祖）に祭らしめよとの教をうけた。

㈣（同八月）さらに倭迹速神浅茅原目妙姫[7]・大水口宿禰（穂積臣の遠祖）・伊勢麻績《をみ》君の三人が共に夢によって、大田田根子命を大物主大神を祭る主《かみぬし》とし、市磯長尾市（倭直の祖）を倭大国魂神を祭る主とすれば、必ず天下太平となろうとの誨《をしへ》のあったことを奏した。

㈤かくて天皇は、茅渟県（のちの和泉国）陶邑[8]に大田田根子を得て、伊香色雄（物部連の祖）を神班物者と卜定し、ついで他神を祭ろうとして卜ったが、不吉であった。

㈥（十一月）伊香色雄に命じて物部の八十平瓮《ひらか》を祭神《かみまつり》之物《もの》とし、大田田根子を大物主大神を祭る主《かみぬし》とし、又、長尾市を倭の大国魂神を祭る主とし、他神を祭ろうと卜うに吉であったので、八十万神を祭り、天社・国社、および神地・神戸を定めた。

㈦ここに疫病は終息し、国内はしずまり、五穀も成って百姓はにぎわった。

この『記』・『紀』の記載を比較すると、全体に『書紀』の記述は多様な伝承を統合した、かなり複雑な内容のものになっているとともに、中国的な政治思想の影響がきわめて濃厚であることが知られる。このことはさらに後述するが、『古事記』の文辞がいわゆる「旧辞」的資料の原形とはいえないもので、幾多の修辞的・内容的洗練をへたものであることは否めないとしても、しかも『書紀』にくらべれば旧辞の原形により近い古形を存することがみとめられるであろう。

しかし記事の内容のすべてにおいて『古事記』が古体であることが自明なのではない。たとえば、『書紀』がオホタタネコを大物主神の子としていることは、『古事記』が玄孫としているのと比較すると、むしろ『書紀』の所伝がより古く、『書紀』から『古事記』へ、さらに『旧事紀』へと複雑化していったと考えられる[9]ことなどは、その顕著なものというべきである。

『書紀』が大和国の大神神社とともに倭国造たる倭直らのまつる大和神社の本縁をも述べている点はその特色であり、『古事記』にない要素の加えられていることの明らかな例といえよう[10]。

## 三

つぎに留意すべきは、崇神記・紀の伝承における疫疾の終息と類似した事象として語られる、欽明紀以降の仏教伝来の記載との関係である。

周知のように、欽明・敏達・用明紀には仏教信奉をめぐる蘇我氏と物部・中臣氏の対立の記事がみえ、その間に仏教の信奉にふかく疫疾流行の問題がからんで語られている。この記載のままの史実があったとは考えられないけれども(11)、神または仏という人間以上の存在への宗教的信仰が疫病の興廃に関連して考えられているところに、共通する思想的・信仰的基盤の存することがうかがえるであろう。

崇神記・紀において、大物主神の心をしずめるためオホタタネコが祭ることによって、疫病を終息させたというのと、欽明・敏達紀において仏教の信奉によって疫病が流行するとして仏像を難波堀江に棄てたとか(12)、用明紀において天皇や蘇我馬子が治病のため仏教を信奉した(13)という記事が頻出していることは、記述の趣旨において全く同一とはいえないけれども、神仏への帰依・信奉と疫病との相関関係がつよく意識され、ことに神仏への信奉・奉仕が治病の要諦とされているところに、人力以上の超自然的霊能への期待という点で一致するもののあることは否めない(14)。

しかもそのほかの面においても、崇神記・紀の神祇関係記事には欽明紀以降の仏教関係記事との間に、相対応している事実をあげることができるので、両者の一致は単なる偶然的な筆のすさびとは考えられないものである。

その第一は、この二つの記事にいずれも三輪氏が介在している事実である。これは崇神紀の神祇祭祀と欽明紀の仏教受容とが、ともに疫病の起伏をもって記述されているという類似性と、これらに共通して物部氏と三輪氏という奈良盆地東部にあって、石上や三諸山（三輪山）という山の辺の道にそって勢力をしめた雄族が関係しているという共通の地理的基盤と氏族的背景が留意されなければならない(15)。かかる地理的・氏族的基盤のうえに共通する思想的・信仰的傾向をもつ伝承の語られていることには、それだけの理由が考えられるべきであって、いわば伝承成立の基盤の共通性が問われるべきであろう。

第二は、欽明天皇の宮の所在地が磯城島金刺宮(16)にいとなまれたのに対して、崇神天皇の磯城瑞籬宮(17)の地がたんに伝承地にすぎないとしても、ほどちかい地であることは、この両天皇に係けての所伝に地理的な共通の基盤のあったことを示しているものといえよう(18)。

いったいこの磯城の地方は大和でもはやくからひらけた地方で、ことに宗教的には三輪山の信仰が特色ある形態をいまにつたえ(19)、素朴で簡素な原始的山岳信仰の遺風を存していることはよく知られている。これを『書紀』の記事に徴すると、景行紀五十一年八月壬子に、伊勢神宮に献じられた俘の蝦夷が昼夜喧《な》り嘩《とよ》ぐため、御諸山のかたわらに安置したところ、神山の樹を伐ったため畿外の地に移したことを記している。ところが、敏達紀十年潤《うるう》二月には同じく蝦夷の魁帥綾糟《あやかす》を召した記事がみえている（以下、本書では割書は一行書にして〔 〕で括った）。

蝦夷数千、寇㆓於辺境㆒。由㆑是、召㆓其魁帥綾糟等㆒。〔魁帥者、大毛人也。〕詔曰、惟、儞蝦夷者、大足彦天皇之世、合㆑殺者斬、応㆑原者赦。今朕遵㆓彼前例㆒、欲㆑誅㆓元悪㆒。於㆑是、綾糟等懼然恐懼、乃下二泊瀬中流一、面二三諸岳一、歃《ススリ》レ水而盟曰、臣等蝦夷、自レ今以後、子子孫孫、〔古語云二生児八十綿連一。〕用二清明心一、事二奉天闕一。臣等若違レ盟者、天地諸神及天皇霊、絶二滅臣種一矣。

この文中に大足彦すなわち景行天皇の世のこととして伝える事績は、前述の景行紀の記事との関連をうかがわせるもので、敏達朝に係けての記事が単なる孤立的な記載でなく、『書紀』の記述の前後を通じて連関的に依用されている伝承史料であることを示していると解される(20)。そうした記載のなかに蝦夷の魁帥を泊瀬川の中流において身を潔めさせ、三諸岳にむかって誓盟させたとしていることは、三輪山が神山として尊崇信奉されたこと、それがことに異種族帰服のしるしとして、蝦夷の首長に対しても神山としての役割をはたすものとして表象されているところに、三輪山信仰が伝統的にいかに神威をもち、民間信仰として根強いものであったかが表現されているといってよいであろう。

## 四

さきに比較した崇神記・紀の記載は、いわゆる「旧辞」の所伝に依拠したと考えられるものであって、『記』・『紀』成立期以前からの古伝承を中核としたものであったと考えられるが、かように治病の功能を神祇祭拝によって解決する信仰態度は、そのまま『記』・『紀』の成立期にもうけつがれているものである。しかしそれはただ単純にそのままの信仰形態が存続しているとはみられないのであって、その間にはようやく変化もおこりつつあったことがみのがされてはならない。崇神記・紀の記事が「神社本縁」としての説話的形態によって伝承されたものが中心をなすのに対して、『記』・『紀』

の成立期にちかい天武紀などにみられる記事は実録的資料にもとづいたものと考えられるから、当然両者の資料的差違が記事の性格にも影響をおよぼし、制約をあたえていることは否めない。この両者の中間に位置する欽明・敏達・用明紀等の所伝・記載との対比もなされるべきである。この部分の記載の所依が「旧辞」的資料ではなく、「寺院縁起」的なものとからんでいることは大きな特色であろう。しかしいまは端的に崇神記・紀にみられる信仰形態を『記』・『紀』成立期の信仰形態と比較することによって、その相違点を指摘しておきたいと思う。

崇神紀四年十月壬午の詔は、登極の詔ともいうべき内容をもつものであるが[21]、その文中につぎのような部分がある。

惟我皇祖、諸天皇等、光㆓臨宸極㆒者、豈為㆓一身㆒乎。蓋所㆘以司㆓牧人神㆒、経㆗綸天下㆖、故能世闡㆓玄功㆒、時流㆓至徳㆒。今朕奉㆓承大運㆒、愛㆓育黎元㆒。何当聿《ツヒニ》遵㆓皇祖之跡㆒、永保㆓無㆑窮之祚㆒。其群卿百僚、竭㆓爾忠貞㆒、共安㆓天下㆒、不㆓亦可㆒乎。（傍点は引用者、以下同じ）

ここには天皇登極の意義を述べて、人神をととのえ、天下をおさめるためであるとし、「至徳」を流《し》くべきことを明かしているが、かかる帝王観が中国伝来の政治思想を根底とするものであることはいうまでもない。このような有徳者の政治――徳治政治――の理念は、やがて現実政治の破綻・失敗をあげて帝王の不徳のいたすところとする結果となる。崇神紀六年の上に引いた「百姓流離、或有㆓背叛㆒、其勢難㆓以㆑徳治㆒之、是以、晨興夕惕、請㆓罪神祇㆒」といい、同七年二月辛卯に「今当㆓朕世㆒、数有㆓災害㆒、恐朝無㆓善政㆒、取㆓咎於神祇㆒耶」、といっていることからも、こうした政治思想が崇神紀の記述の基盤をなしていることは明らかである。そしてこれが古い崇神朝の事実と考えられないこともいうまでもない。おそらく『書紀』の編者の潤色であるに相違ないと考えられる。

つまり現実政治における破綻・失敗は、為政者たる君主の責任とされるから、それだけ君主たるものは、徳にもとづく善政をほどこさねばならぬことが要請されるが、現実の疫病の流行や百姓の流離という事態に対処して、具体的な施策が探究されるのではなく、「咎を神祇に取る」べきものとされ、ひたすら「神祇に請罪《のみまう》す」という、宗教的神秘的行為によって解消されようとしているのであって、このようなところに崇神紀にみえる神祇祭祀の動機と方向がうかがえるものである。

この点を『古事記』においては、「神の気起」りて「役病多に起り、人民尽きむとしき」としていることは注目すべきである。つまり『古事記』では徳の有無というような道徳的次元から疫疾の流行がおこるのではなく、「神の気」の故とされ、このため神をしずめる行為として「祭」が要請されているものである。しかも「神を祭るもの」については、特定の者が神によって指定されるので、その者が神の意に添うか否かが、「祭」の成否を決定する要件となっている。なお、神と共床することの可否が問われていることは、「祭」の場所もまた重大な要件であることを示しているといえよう。

したがって疫疾は神の意に添う人物が、神の意のままに祭ることによって排除することができるとされ、この特定の人物の特殊な能力が発揮されることが知られるが、かかる人物の職能はやがて世襲されて特定の氏族の祭祀権を保障する役割をになう伝承を形成させることになったとみられる。このことはかような祭祀伝承の多くが、特定の氏族の、特定の土地における祭祀の由来を説くことによって、事実上後世の特定の神社の祭祀の起源を説くことになっていることからも推察されるところである。

## 五

かような神祇祭祀の形態はその基本的性格を七世紀のころにも残存させていた。ただ天武朝を中心として高揚された天皇制的政治理念のもとでは、「祭るもの」がたれであるかは、もはや中心の問題とはなっていない。それは「明神御大八洲倭根子天皇《あきつみかみとおほやしましらすやまとねこのすめらみこと》」(22)であり、天皇が「祭るもの」としてふさわしいことはいうまでもなかった。しかし政治の現実はきびしい。現実に「祭」がかならずしもよい結果をもたらすものとはかぎらない。「現人神」である天皇の政治がおこなわれていても、現実には疫疾があり、時には天皇自身の生命さえうしなわれる。また風雨時に順わず、広瀬・竜田の神への祈りも効験のないことがある。かくて天皇の「現人神」としての絶対性には重大な限界の存在することが意識されたのは当然であろう。しかもかかる限界は中国的な有徳者の政治という立場からすれば、逆に天皇の不徳を示すものでしかない。ここに天皇は為政者として深刻な矛盾に直面せざるをえなかったと考えられる。

天武天皇に神祇崇敬の事績が顕著であることはあらためてあげるまでもない。即位の年に大来皇女を伊勢の斎王とし、四年には竜田の風神、広瀬の大忌神を祭り、一代の間、連年春秋に祭がおこなわれ、翌五年とくに詔して大解除《はらえ》せしめたのは臨時の大祓の初見として注意される。同年新嘗のため斎《ゆ》忌《き》(悠忌)・次《すき》(主基)の国郡を卜定したのも初見である。六年には天社・地社の神税の制を定め、十年には畿内・諸国の天社・地社の修理を命ずるなど、神事の尊重にきわめて意欲的である。こうしたなかで疫病対治の祈願もなされている。その事例は一般的な疫病の流行に対してではなく、天皇自身の病についてであるが、招魂《みたまふり》をおこない、(23)また草薙劒の祟りとて熱田社に送置し、(24)諸国に詔して大解除《はらへ》し、(25)さらに幣を紀伊国の国懸《くにかかすかみ》神・(26)飛鳥四社・住吉大神に奉るなどの事績がつたえられる。(27)これらによって神祇信仰の厳存を示しているが、しかし崇神紀に表象されているような、ひたすらな神祇への祈念というよりは、むしろ仏教信仰の事例が平行し混合しているものである。天武紀九年十一月癸未には皇后の病にあたり誓願して薬師寺をたて一百僧を度して、安平なるを得たといい、同丁酉には天皇の病にも一百僧を度して愈《い》えたとあるのはその代表的な例であろう。

このような天武朝にみられる崇仏への傾斜(28)は、この時期が新たな神仏関係の把握による思想的展望をひらこうとしていたことを示す事実として注目すべきであろう。そして、かかる時代思潮の変化が、『古事記』と『書紀』との間の崇神朝の神祇思想の表現に微妙な差異を生じさせるにいたった事実をみのがすことはできないと思われる。

**注**

（1）吉井巌『天皇の系譜と神話』三八―四〇、七四―七五、九三―九五頁（一九六七年）。上田正昭『大和朝廷』九六、一〇一頁（一九七二年）。黛弘道「古代王朝交代論」（『日本歴史』三三三、一九七五年）。

（2）この中略の部分には、天神・地祇の社を定め、宇陀の墨坂神、大坂神、坂の御尾神、河瀬神に幣帛をまつったことを記している。

（3）肥後和男「疫神について」（『日本神話研究』一〇三―一〇四頁、一九三八年）。

（4）肥後和男「大物主神について」（『日本神話研究』九二―九四頁）。

（5）なお、中略の部分の天神・地祇の社を定めたというのは、神祇官が全国のおもな神社を管治するようになった、後世の考え方によるものとみられる（津田左右吉『日本古典の研究』下、四〇頁、一九五〇年）。

（6）崇神紀十年九月に載せる三輪山伝説によると、のち大物主神の妻になったという。これには箸墓の伝説が結合している。

（7）『日本書紀通証』等は、倭迹迹日百襲姫命のこととする。

（8）『古事記』には河内国の美努村とする。

（9）肥後和男「大物主神について」（『日本神話研究』八六―八七頁）。津田左右吉『日本古典の研究』上、二四二頁（一九四八年）。ただ、『古事記』の系譜には、神異譚や説話の部分よりもより本質的な古代的伝承体と考えられる側面をもつことも留意される。池田源太『歴史の始源と口誦伝承』二四三―二四四頁（一九五六年）。

（10）この記事の比較検討はさらにくわしく論究すべきであるが、いまは紙幅の関係で割愛する。

（11）拙著『日本古代氏族伝承の研究』第二部第五章および第七章参照（一九七一年）。

（12）欽明紀十三年十月、敏達紀十四年二月・三月。

（13）敏達紀十四年六月、用明紀二年四月。

（14）注（11）の拙著、二九五頁参照。

（15）注（11）の拙著、二九四―三〇〇頁参照。

（16）現在の奈良県桜井市金屋の東南、初瀬川の南に推定される。

(17) 現在の桜井市金屋の西北、三輪町の東、志貴御県神社の西側付近に推定される。
(18) 田村圓澄『飛鳥仏教史研究』一五〇頁（一九六九年）。なお、垂仁天皇の巻向珠城宮、景行天皇の纏向日代宮もこの付近に関係があると考えられる。
(19) 池田源太「三輪の神の諸形態と保護精霊」（「古代文化」二三の二、一九七一年）。
(20) くわしくいうと、景行紀五十一年の記事の骨子は旧辞にあり、それに『書紀』が潤色を加えた旧辞潤色型ともいうべきもの、敏達紀十年は上毛野氏の家記（舒明紀九年是歳にその例がある）の一部か、またはそれ以外の別の家記によるとみられるもので、前後の『書紀』の記事に関係のない挿話的のもの、政府のたしかな記録とは考えられないものとされている。しかしこの氏族伝承型のものの核心は、旧辞におけるように古くから氏々に伝えられたものとみられるから、景行紀の旧辞に加えられた潤色と同じ程度のものと推定される（坂本太郎「日本書紀と蝦夷」『日本古代史の基礎的研究』上、文献篇、一八一―一八五頁、一九六四年）。
(21) 黒板勝美編『訓読日本書紀』中巻、四四頁（一九四一年）。
(22) 天武紀十二年正月丙午の詔にもこの語がみえる。
(23) 天武紀十四年十一月丙寅。
(24) 天武紀朱鳥元年六月戊寅。
(25) 天武紀朱鳥元年七月辛巳。
(26) のちの日前神社・国懸神社。紀伊国一の宮、紀国造の祭る神で、両社は同一境内地に並んで鎮座し、現在の和歌山市秋月にある。
(27) 天武紀朱鳥元年七月癸卯。
(28) 拙稿「天武朝の仏教の一考察」（「仏教文化研究所紀要」（龍谷大学）一一、一九七二年。本書第八章収録）。

# 第二章　崇神・垂仁紀にみられる神祇思想の問題

## 一

『記』・『紀』には、神祇に関する記載が少なからず存在している。これを『日本書紀』についていえば、いわゆる神代巻を別として初期の天皇紀のうちで宗教史的考察の対象としての記載密度の濃厚であるのは、神武・崇神・垂仁の三天皇紀であろう。(1)『日本書紀』にあらわれた神祇思想を問題とする場合その一の方途として、この三天皇紀を総括的に把捉する必要があろうが、本稿はそのような問題を解明する一端として、前稿(2)をうけて崇神・垂仁紀における神祇に関する記載を中心に若干の考察をすすめたいと思う。

まず留意しておきたいのは、崇神・垂仁の両紀を比較して、きわめて顕著な事実として神祇の記載ばかりでなく、ひろく内政・産業および外交等の記載において、かなり類似した内容の記事が見出されることである。(3)その詳細を検討する余裕はいまはないが、神祇に関する記載についてのみ両紀を比較対照してみるとおよそつぎのようになるであろう。

| 崇神紀 | 垂仁紀 |
|---|---|
| ○司牧人神の詔（四年十月壬午） | ○神祇崇敬の詔（廿五年二月甲子） |
| ○大物主神・倭国魂神の祭祀（七年二月辛卯・八月己酉・十一月己卯・八年十二月己卯） | ○大倭大神の祭祀（廿五年三月条一書） |
| ○出雲神宝の検校（六十年七月酉） | ○出雲神宝の検校（廿六年八月庚辰） |
| ○天照大神の笠縫邑祭祀（六年） | ○天照大神の伊勢祭祀（廿五年三月丙申） |
| なし | ○石上神宝の管掌（卅九年十月・八十七年二月辛卯） |
| ○天社国社の制定（七年十一月） | なし |
| ○諸神の祭祀（七年十一月） | なし |
| なし | ○兵器を神幣とする（廿七年八月己卯） |
| ○神地・神戸の制定（七年十二月） | ○神地・神戸の制定（廿七年八月己卯） |
| なし | ○天日槍神宝の収納（八十八年七月戊午） |

かように両紀を比較した場合、考察の前提として考えられることは、『日本書紀』の記事の構成からいっても、両紀は連続する時代の事件を記述するものであるから、類似の記事のあるのはむしろ当然であって、これを神祇関係の記載に限定しても、くりかえし神祇崇敬の詔や天照大神・倭大国魂神・出雲大神・神地・神戸などの事項があらわれていることも、同時代にかかわる歴史記述の傾向として決して奇異な現象とはいえないことである。しかしながら、その点を考慮したうえで、なお『日本書紀』の全体の構成とも関連づけて考えるとき、この両紀の記事にみられる類同性はやはり注目す

べきものであり、それらを通じてうかがわれる神祇思想がどのような特色をもつかは、検討に価する課題と考えられる。

## 二

崇神・垂仁紀には神祇崇敬の詔ともいうべき、神祇祭祀に対する積極的姿勢を示す詔が出ている。これは『日本書紀』の編者の中国史書風の潤色によるものであるが、このような『書紀』の記載が全くの虚構とは速断できず、かような表現をみちびく内面的契機となるものが『記』・『紀』以前の伝承としての旧辞その他の所伝のなかにもどれほどか存在していたのではないかと考えられる。中国思想的な美辞や格調ある表現をとりさったあとにもそのような伝承の原形との関係が推定されるならば、両紀にみえる諸社の伝承が集中的に記載されることとなった事情が推察されるであろう。

まず崇神紀四年十月壬午にはつぎのようにある。

詔曰、惟我皇祖、諸天皇等、光二臨宸極一者、豈為二一身一乎、蓋所下以司二牧人神一経中綸天下上、故能世闡《ヒラキ》二玄功一、時流二至徳一、今朕奉二承大運一、愛二育黎元一、何当聿《ノベ》二遵皇祖之跡一、永保二無レ窮之祚一、其群卿百僚、竭二爾忠貞一、共安二天下一、不二亦可一乎、

この詔文が崇神朝のものと考えられないことは明らかであるから、その造文ないし潤色が直接には『書紀』の編纂期になされたものであるとしても、神祇思想の展開をみるうえで特色のある内容をもつものである。

すなわち、右の詔に宸極（皇位）に光臨することは一身のためでなく、「人神」を司牧して天下を経綸する所以であるとし、かかる天皇の政治は一に至徳を天下に流《し》くことであるから、群卿百僚の忠貞をもって共に天下を安んずるよう述べているのは、全く中国的な徳治主義にもとづく官僚政治の理想を説くものであって、大化改新以降に顕著な律令政治の中核をなす理念を説示しているものにほかならない。『書紀』撰修の時代があたかもそうした時代であったことは明らかで、その意味でこの詔文は律令国家の政治理想をそのまま崇神朝にさかのぼらせて崇神天皇即位の詔に擬するものというべきである。詔文に神祇崇敬の思想がとくに濃厚にあらわれているとはいえないが、「司二牧人神一経綸天下」の文辞によって、人と神とを司牧するとあるのは、崇神朝のころに係けられた神祇の事績を意識しての表現であろう。

ここにみえる「人神」は新訂増補国史大系本『日本書紀』をはじめ多く「ヒト」と訓まれているが、京都北野神社所蔵兼永本には「ヒトカミ」・「カミヒト」の訓を伝える。[4]これについて飯田武郷は「ヒト、カミトヲと訓へし」とする見解を提示している。[5]私はこの所説に意味内容の解釈において採るべき点があると考える。この解釈をすすめるうえに示唆を与えるのは崇神紀にみえる天皇による諸神の祭祀、神宝検校、さらに天社・国社の制定、神地・神戸の制定の記事との対応であって、これらは単なる人民の司牧というべきものではなく、むしろ諸神を司牧するという、きわめて特色のある思想があらわれていると解されるものである。

「司牧」とはいかなることであろうか。司牧は、通常、国君や地方長官など人民を統治するものが、

「百姓を撫養する」ことと解される。(6) したがって人と神とを司牧するという用例はすこぶる異様なものである。あるいは「人神」を人の魂の意と解し、人の心を司牧する意と解する途もあろうかと思われる。(7) それにしてもめずらしい用語例とみられるから、この文辞の筆者の意識には殊に「神」の字を用いることに、特別の意味をもとめる意識がはたらいていたと考えるべきであろう。その点で以下に考察するように神祇崇敬が政治の重要な方策であるとする思想傾向のつよい崇神紀において、この用語をみることはみのがせない。かような用語例を通して詔文の筆者の思想の特色があらわれていると考えられるからである。

　このような思想がより明確にあらわれているのが、崇神紀十年七月乙酉の詔である。

　詔二群卿一曰、導レ民之本、在二於教化一也、今既礼二神祇一、灾害皆耗、然遠荒人等、猶不レ受二正朔一、是未レ習二王化一耳、其選二群卿一、遣二于四方一、令レ知二朕意一、

　ここには「導《ク》レ民《ヲ》之本、在《リ》二於教化《ニ》一也」として儒教的な王道にもとづく教化政治の理想をかかげ、「今既《ニ》礼《ヒ》二神祇《ヲ》一、灾害皆耗《ツキヌ》」と述べている。留意すべきは、ここに儒教的な政治理念とわが国の神祇観念とが関係づけて考えられていることである。民を導く方途の根本が教化にあることを述べながら、教化の第一として神祇を礼することをあげているところにその意味がよみとれるであろう。

　そして、その儒教的な政治理念と神祇崇敬の思想とをむすびつける接点となっているのが、「灾害皆耗」とあることからうかがえるように「灾害」の問題であり、崇神紀における具体的な事件としては「疫病」の流行という事態があったとされているものである。

この考察に手近な史料として対照すべきものに、『古事記』崇神段のつぎの記載がある。

この天皇の御世に、役病《えやみ》多に起《さは》り、人民尽きむとしき。ここに天皇愁ひ歎きたまひて、神牀《かむどこ》に坐しし夜、大物主大神、御夢に顕はれて曰りたまひしく、「是は我が御心ぞ、故《かれ》、意富多多泥古《おほたたねこ》を以《も》ちて、我が御前に祭らしめたまはば、神の気起らず、国安らかに平らぎなむ」とのりたまひき。

……（下略）……

## 三

ここには「災害」は人力を起えた、「神の気」という超越的・超自然的な力の作用によっておこるという思想があらわれている。この、いまかりに超越的な力とよんでいるものは、日本人の古代的心意においてどのように表現されているものであろうか。この場合、考えておかなくてはならないのは、日本人の古代的な宗教心理を現代につたえる史料のありかたである。それはその最古のものが文献的に『記』・『紀』の時代からさかのぼることが困難であるという点で、すこぶる制約のあるものであり、偏倚性のあるものといわなければならない。しかも当時の為政者の側に立って知識人によって編修された点でも偏倚性の指摘されるものである。しかし、その分量は決して少なくはないから、考古学的乃至民俗学的視点など多角的な解釈を導入することによって、史的解明のかなり有効な手がかりとすることができると考えられる。いまはそうした考察をすすめるだけの余裕はないが、文献の表現を通して若干の追究をこころみてみよう。

崇神紀の疫病流行の記事に相当する『古事記』の記載が、大物主神の夢としてこれは「我が心」からおこったものとしていることは、注目に価する事実である。ここには疫病の発生を為政者の不徳によるという、儒教的な政治道徳観にもとづいた原因によるものと考えず、疫病の発生がただちに神とよばれる超越的霊能的他者の「心」（意志）によるとする考え方があらわれている。このような発想は、疫病の発生をきわめて唐突に物語るものであって、話の内容からみてははなはだ非合理的なものであり、中国的儒教的な合理精神の感化をうけた知識人にとっては、おそらく承認できない前時代的発想と映じたのではなかろうか。少なくとも律令時代における官人貴族の知的水準において、崇神記・紀の記載を比較した場合、ひとしく疫病の流行を説きながら、その原因についての叙述に大きなへだたりのある事実は否めないであろう。

しかし、かりに近代的な自然科学的思考によるとしても、疫病の現象的原因を明らかにすることができるだけであって、なにゆえ自己自身が病気にかからねばならないかという、いわば自己の個体的運命の原因を解明することは不可能なのである。こうした自己の立場にたつ問題をもふくめた疫病の原因に思いをいたすならば、古代的心意において、もっぱら超越的な「神」の意志に発するものとされ、神の側からいえば、「我が心」によるとされる古伝承の表現には、病者はいわば絶対的な力の支配下にあり、人力のいかんともすることのできないことを、もっとも直截にいいあてたものがあるといえよう。ここには時代の制約性の底に人間の有限性を考えさせる問題がある。この点において、『書紀』の中国思想的発想にもとづく潤色のおこなわれる以前において、より古い伝承による表現を

いまにつたえるものが『古事記』の所伝であるといってよいであろう。(8)

このような『古事記』的な表現にやや近いものとして、『元興寺伽藍縁起幷流記資財帳』がつたえる、仏教伝来期における疫病流行をしるす一節に、つぎのような表現を見出すことは、彼此対照してひとしく古代心意的共通性を示すものといえよう。

爾《そ》の時、一年を隔てて数々《しばしば》神の心発《おこ》りき。時に余の臣等の言さく、「是《かく》の如く神の心の数々発るは、他国の神を礼《いやま》ふ罪なり」と。(9)

ここに「神の心発りき」とあるのは、『古事記』崇神段の大物主神が夢にあらわれ、「是は我が御心ぞ」と告げた「心」と相通ずるものである。もっとも『元興寺縁起』では、神の心はただ動機なしにおこったのではなく、「是の如く神の心の数々発るは、他国の神を礼ふ罪なり」と余の臣等がいったように、かような現象のよって来る原因が推理されている。他国の神を礼うという罪があったから「神の心」がおこったという因果的関連において事態が考えられている。

『古事記』では、かような動機は明記されてはいないが、いわば大物主神を祭ることがおろそかにされていることが疫病の要因をなすのであって、それは夢告によって意富多多泥古《おほたたねこ》が御諸山《みもろ》に大神を祭ることにより疫病がやんだというところに示されている。しかし神を祭ることと祭に奉仕する特定の人物の選定は、神の意志表示がなければ人間には知られないことである。いわば神の自己表現の前提として疫病は不可欠の意味をもつことになる。かように、神の「心」(意志)が突如としておこるということは、古代的心意において神の超越的・絶対的性格をあらわすものとして、中国的政治道徳的な思想とは明らかに異なる民族宗教的な発想を示しているものであり、その意味でより古い伝承体の表現方法をつたえているものというべきであろう。

崇神紀十二年三月丁亥の詔には、この疫病の原因を人間の罪過にもとめ、この罪を解き過を改める方途として神祇を礼《いや》まうことを述べている。

詔曰、朕初承二天位一、獲レ保二宗廟一、明有レ所レ蔽、徳不レ能レ綏、是以陰陽謬錯、寒暑失レ序、疫病多起、百姓蒙レ災、然今解レ罪改レ過、敦礼二神祇一、亦垂レ教而緩二荒俗一、挙レ兵以討二不服一、是以官無二廃事、下無二逸民一、教化流行、衆庶楽レ業、異俗重レ訳来、海外既帰化、宜下当二此時一、更校二人民一、令上知二長幼之次第、及課役之先後一焉、

ここには天子の明徳も蔽《さわ》るところあり、綏《やす》くするあたわざるもののあることを、神祇崇敬によって除去し、教化流行し、衆庶業を楽しみ、異俗は訳を重ねて来り、海外既に帰化するという王道政治の実現を述べ、この時こそ人民を校し、長幼の序と課役の先後を知らしめるべきことを説いている。かように神祇祭祀を治政の根本におくことによって、もろもろの政務は円滑に運営されるという、日本的王道政治の実現されるであろうことを説いているものであるといえよう。

また、垂仁紀二十五年二月甲子には、阿倍臣・和珥臣・中臣連・物部連・大伴連の雄族五氏の遠祖を列挙し、これを「五大夫」と称して、かれらに対する詔なるものが記載されている。

詔二阿倍臣遠祖武渟川別、和珥臣遠祖彦国葺、中臣連遠祖大鹿嶋、物部連遠祖十千根、大伴連遠祖武日、五大夫一曰、我先皇御間城入彦五十瓊殖天皇、惟叡作レ聖欽明聰達、深執二謙損一、志懐二沖

退一、綱二繆機衡一礼二祭神祇一、剋レ己勤レ躬、日慎二一日一、是以人民富足、天下太平也、今当二朕世一
　祭二祀神祇一、豈得レ有レ怠乎、

　この詔において注意されるのは、「我先皇」と先帝崇神天皇の政治が回顧され、「惟叡《クシテ》作《ス》レ聖《ト》、欽明《ニ》聡《シテ》達《リ》、深《ク》執二謙《ユヅリ》損《スツ》一、志懐二沖《ムナシウ》退《クコトヲ》一、綱《スベ》二繆《オサメ》機衡一」と常套的な讃辞をつらねたあとに、「礼二祭神祇《ヲ》一、剋《メ》レ己《ヲ》勤《メテ》レ躬《ヲ》、日慎《ニム》二一日《ヲ》一、是《ヲ》以人民富足《テ》、天下太平也」といっていることである。ここに『書紀』の編者は明らかに崇神朝から垂仁朝へと神祇崇敬の方策が継承されたという一種の歴史観を表明していることが知られる。

　この場合の神祇思想は「剋《メ》レ己《ヲ》勤《メテ》レ躬《ヲ》、日慎《ニム》二一日《ヲ》一」という文辞からも推知されるように、神祇崇敬が倫理的に解釈されて、さきの崇神紀十二年三月丁亥の詔の「解《ハラヘ》レ罪《ヲ》改《メ》レ過《トガヲ》」という表現をうけてか、さらに内省的な「剋《メ》レ己《ヲ》勤《メテ》レ躬《ヲ》」という実践倫理的傾向のつよい文辞で表現されている。おなじ漢籍的表現でも倫理的傾向がさらにつよめられてゆく過程がうかがえるであろう。

　さらにこの詔が「五大夫」を対象としていることは、氏族勢力並立の政治体制下における神祇のあり方と中国的倫理の導入の思想動向とが共存して考えられていたことを示すものであろう。五大夫の列名が崇神朝当時の史実でなく、後世の大夫（重臣）合議体制の反映とみられることはすでに論究されているところであるが[10]。こうした六世紀後半から七世紀にかけての政治思想と神祇との関係を、『書紀』の編者はたくみに詔勅の形式において表現したものと推定される。

　この垂仁紀二十五年の条には、上述のように「一云、」として一書が引用されており、そのなかに

は「先皇御間城天皇、雖㆑祭㆓祀神祇㆒、微細未㆑探㆓其源根㆒、以粗留㆓於枝葉㆒、故其天皇短㆑命也」とある。ここにも前朝崇神の治世と当代垂仁の治世とが連関的に考えられている。また崇神朝にはたしえなかった神祇祭祀をより徹底させることに垂仁朝の意義をもとめようとする意識があらわれている(11)。かように両朝を一貫する神祇崇敬の事績をいわば反覆的に記述することによって、神祇の重要性を強調しようとする編者の意図は十分に達成されているというべきであろう。

## 四

さきに述べた飯田武郷の崇神紀四年十月壬午の詔にみえる「人神」についての説には、「人神を、ヒトとのみよめるは足らず。ヒト、カミトヲと訓へし。さて神を司牧《トヽノフ》とは、即ち垂仁紀に見えたる、治㆓葦原中国之八十魂神㆒とある事なり」としている(12)。ここに指摘されているのは垂仁紀二十五年三月に引く一書の伝であって、つぎのようなものである。

> 一云、天皇〔○垂仁〕以㆓倭姫命㆒為㆓御杖㆒、貢㆓奉於天照大神㆒(13)、是以倭姫命以㆓天照大神㆒、鎮㆓座於磯城厳橿之本㆒而祠之、然後随㆓神誨㆒、取㆓丁巳年冬十月甲子㆒、遷㆓于伊勢国渡遇宮㆒、是時倭大神、著㆓穂積臣遠祖大水口宿祢㆒、而誨之曰、太初之時期曰、天照大神、悉治㆓天原㆒、皇御孫尊、専治㆓葦原中国之八十魂神㆒、我親治㆓大地官㆒者、言已訖焉、……（下略）……

これは『書紀』の記す別伝であり、本文の主意と必ずしも一致していない点もあるが、ただ代々の天皇が葦原中国の八十魂神を治《しら》すものとする点は、本文の趣旨を理解する一助としてみのがせぬ表現である。周知のように『記』・『紀』神代巻には皇孫瓊《に》瓊杵尊《にぎのみこと》とその子孫が葦原中国を統治すべきことを説いているが、いま留意されるのは、皇御《すめみ》孫《まの》尊が専ら「葦原中国之八十魂神」を治むべきものとされていることである。これはおそらく常識的には葦原中国を治めよとすればよいと思われるのに、あえて「八十魂神」といって、しかも「専《たくめ》」に「治《しら》」さむとしている。極言すれば皇孫の治すのはただ「八十魂神」であって国土や人民ではないとすらいうべきほどのきわめて特異な表現をとっているといえよう。しかし、これはもちろん国土や人民を除外しての意味ではないと解される。むしろ、この場合、国を構成する国土や人民と一体的なものとして、さらにいえば国土・人民の根源としての「八十魂神」といわれるものが意識されていると解されるべきであろう。いわば国の根源としての「神」の信仰観念が基盤となっており、「八十魂神」といわれるのは、そのような「神」の観念をあらわしていると解される。ここに国魂の信仰があり、いわば国魂を「治《しら》」すという独特な表現のうまれてくる思想的宗教的基盤があると考えられる。

かような国魂の観念は、信仰的観念としては土地の神すなわち土地の主、支配神ないし守護神の表象に発するものであって、本来は即物的具象的なものであったと考えられるが、その土地の区域が拡大されるにつれて観念的抽象的なものとなってゆく性格のものであって、一定の区域を示す「クニ」の意識がつよくはたらいているものである。これを「八十魂神」といって、修飾的にではあるが数量的表現を帯びていることからも、各地の「クニ」の並存が意識内容にふくまれていることは否めないから、たとえば国造等のいつきまつる神々を総括的に表現したものと解されよう。そのような国々の数多い国魂の神を皇御孫である代々の天皇が「専《たくめ》」に「治《しら》」すことを述べ、大和の国魂である倭大神は「我《ハ》親《ラ》治《サム》二大地官《ヲ》一者、」というものである。

津田左右吉博士は国魂のクニについて、「クニは大化改新以後における行政区画として国を指してゐるらしい[14]」とし、「大化改新後に、地方的政治区画としての国に於いて新に其の国の神として祀られることになった[15]」のが国々のクニダマの神であろうとする。しかし、国がすべて大化以後でなければ存在しえないという見解は、現在では修正を要しよう。また国魂についても国造のいつく神と解すれば、それは当然大化前代からあったと解されてよいであろう。このことは、国魂の観念がきわめて古い時代からあったとか、『記』・『紀』にみえる国魂がすべて大化前代からのものであるとかいうのではない。たしかに国魂というような一種の抽象的な観念は宗教観念の展開のうえでは後発的なものであり、それがつよく意識されたのは、統一的国家の成立以後のことであるかもしれない。この点に関しては、天つ神・国つ神と対称的に用いられる国つ神の観念が連想されるが、国つ神の観念は、中国思想の天神地祇に誘発されて生じたものであり、種々の事物にアメとクニとの形容詞をつけて、それを連称もしくは対称する習慣が、宗教的意義の神の総称としても適用されたと考えられる[16]。国魂の観念はそうした意味における国つ神の観念などとは区別して考えられるべきであろう。

なお、「タマ」と「カミ」との観念については、必ずしも直線的定式的に「タマ」から「カミ」への展開を考えることはできないとされている[17]。しかし相対的にこの二つの観念の特質を比較すれば、「タマ」の語に即物的観念のつきまとっていることは否みがたい。いま詳論できないが、「クニダマ」

の「タマ」には「カミ」にくらべて、より素朴な信仰観念の表象をみるべきではなかろうか(18)。

崇神紀十年九月につたえる、武埴安彦の謀反は、かれの妻の吾田媛《あたひめ》がひそかに倭の香山《かぐやま》の土《はに》をとり、領巾《ひれ》につつんで祈《の》みて「是倭国之物実《モノシロ》」といったので露見したという伝承である。これによって、国の「物実《ものしろ》」としての「土」をとり、それに呪言を発することによって、その国の支配権を掌握することができるという、一種の呪術的効果の信じられていたことが察せられる(19)。かような「物実」としての「土」に対する呪的行為はやがて拡大されて、一定の区域を包括する土そのものの「タマ」への観念をみちびき出してくると考えられる。すなわち、具象的な「ハニ」の呪術がより抽象化され、観念化されると「クニ」の「タマ」への畏怖と信仰に展開してゆくと考えられる。

同様の発想は、神武紀即位前の天皇が天の香具山の埴土《はにつち》を取り、八十平瓮《やそひらか》をつくり、斎戒して諸神を祭り、天の下を安定したという伝承にも共通している。かような「土」はその国のものならばどこのものでもよいというのではない。その国の中心の、それは地理的というよりも、むしろ宗教的伝統的な、いわば霊的な性格をもった、祭りの場所とされる聖域において、その「土」に特定の意味が考えられていたものであった。大和では香具山などはその代表的なものであったであろう。クニダマの神はかような土地や、少なくともその近隣やそれと深い関連をもつ場所に鎮座したであろう。倭大国魂神社は律令制下の広義の大和国の成立する以前の、いわば狭義のヤマトの国の地霊としての信仰をあつめていたと考えられる(20)。

かようにして皇御孫尊（代々の天皇）を八十魂神を治《しら》すものとしている垂仁紀一書の所伝は『書紀』

本文の神祇記事との内的関連性の深いものであることが推知され、またかかる発想は後世にいう地主《とこぬし》神の観念ともつらなるものであることがうかがえる。

倭大神がみずから「我親治二大地官一者、」といっているのもかような意味でみのがしえないものがある。「大地官《おほつちつかさ》」という表現は、その文字からみて土地を掌る官職の意に解されるが、地官の美称と考えられ、地官は用字法からみて中国思想とも関係があるようである。(21)ここで倭大神すなわち倭大国魂神を地官を治す神としたのは、古くからの土地の主神とする考えを示すものであり、この神の土地神、すなわち後世の地主神としての性格を示す表現であろうと解される。これを後世の表現というのは、この一書そのものは必ずしも古いものではなく、おそらく大化以後の成立にかかるものであろうからである。ただ記されている思想内容には大化前代以来のものもふくまれているであろうことを述べたのである。

## 五

もろもろの国のクニダマの神をそれぞれのクニの土地を掌る（支配する）神と解すれば、これは「地官」と名づけられるであろう。それに対して倭大神は、いわばもろもろのクニダマと並立するヤマトのクニダマでありつつ、同時にもろもろのクニダマに冠たる地位を自認して、単なる「地官」でなく、「大地官」と自称し、「大地官」を「治」すと主張したのではなかろうか。このような主張は、おそらく、ヤマトのクニダマが他のクニダマに冠たる立場をとることができた段階においてであり、倭の大神、すなわち後世の大倭神社を祭る倭国造家としての倭直の立場からなされたものであって、この一書はこの系統の主張を中核とする神祇伝承であったことが推知される。

後世、仁安二年（一一六七）祝部大倭直歳繁の誌すところとされる『大倭社注進状』につぎの記載がある[22]。

（前略）是時倭大国魂神、著二大水口宿祢一而誨レ之曰、太初之時期曰、天照大神悉治二葦原中国之八十魂神一、我親治二大地官一者、言已訖焉云々、大地主神之号起二于是時一矣、

これが垂仁紀一書の伝によることはいうまでもないが、これによっても大地官を治すことが、後世において大地主神の号の起源とされていることが知られる。

ただ、「八十魂神」が諸国の地主神だけに限定されるべきでないことは、すでに飯田武郷も『樵談治要』を引いて「天子は百神の主也と申せば、日本国の神祇はみな一人につかさどり給ふ[23]」とあるのが、この趣旨を述べたものとしているように、天子（天皇）を諸神祭祀の主とする、きわめて発達した天皇観の原型的な徴証がみとめられる。これは氏姓制下の祭祀にみられない、天皇権力のより強化された時代の意識があらわれているものであって、おそらく初期律令制下の所産とみるべきであろう。しかしかかる思想が『書紀』に一書として引用されていることは、『書紀』成立以前にかような思想がすでに成立していたことを示している。たとえば国造のいつきまつるクニダマ的な神の祭祀の思想は大化前代の氏姓制末期において、すでにあらわれていたとみてさしつかえないのではなかろうか。

天子のみが神を祭るという思想は、中国にもあり、わが国ではそれに触発されて明確化されたこと

が考えられる。少なくともそれとの関連のうえに理解されるべきものである。つとに中国の古典はかような思想を説いているのであって、『礼記』には、王者のみの行いうる禘郊について述べている。(24)禘は王者がその始祖をまつり、郊は郊外で天を祭る祭法であって、これらは大陸的教養の流入とともに大きな影響をわが国人にあたえたであろう。それらとの関係についての考察は他の機会をまつこととする。

上来、崇神・垂仁紀の神祇に関する記載について、その神祇思想の問題点として、㈠司牧人神の思想、㈡国魂の思想、の二つの面から考察した。もとより両紀の神祇思想はこれにつきるものではないけれども、少なくとも全体的考察をすすめるうえに、みのがしえない課題であると思われる。残された問題とともにさらに考究をすすめたいと思う。

**注**

(1) この三天皇紀以降では神功紀に日本を神国とする思想がみえ、景行紀に武内宿禰の出自に関して紀伊国における神祇のことを記すが、概していえば三天皇紀ほど顕著な内容をもつものではない。
(2) 拙稿「崇神紀にみられる神祇思想」(「仏教文化研究所紀要」(龍谷大学) 一四、一九七五年。本書第一章収録)。
(3) 樋口清之「垂仁天皇紀私考」(「国学院雑誌」七一の一一、一九七〇年)。
(4) 新訂増補国史大系『日本書紀』前篇、一五八頁。日本古典文学大系『日本書紀』上、二三七頁。
(5) 飯田武郷『日本書紀通釈』二の一三、三六頁(一九〇九年)。

(6) 諸橋轍次『大漢和辞典』巻二、七八八頁（一九五五年）。
(7) 同、巻一、五六三頁。
(8) なお、この比較については　注（2）の拙稿を参照されたい。
(9) 田中卓『日本古典の研究』七六九―七七〇頁（一九七三年）。桜井徳太郎『寺社縁起』九・三二八頁、日本思想大系二〇（一九七五年）。両書ではこの「心」を「いかり」と訓んでいるが、文字通り「こころ」と訓む途もあろう。
(10) 五大夫の概念は旧辞以後に成立したもので、有力氏族の伝承により『書紀』の編者の構想したものであろう（拙著『日本古代氏族伝承の研究』四五五―四六〇頁、一九七一年）。これについては、直木孝次郎（「物部連に関する二三の考察」『日本書紀研究』五、一九六六年）・横田健一（「中臣氏とト部」『日本書紀研究』五、一九七一年）・志田諄一（『古代氏族の性格と伝承』二二八頁、一九七一年）等諸氏の研究がある。なお拙稿「中臣烏賊津使主の伝承」（「古代文化」二六の一二、一九七四年。のち『日本古代氏族伝承の研究　続篇』所収）でも関説したのでいまは省略する。
(11) 崇神紀六十八年十二月によると、崇神天皇は百二十歳で崩じたというから決して短命とはいえない。それをあえてここに記すのは、この一書が『書紀』以前からの特色ある伝承をつたえたことを示すものであり、大倭神社や大倭直の古い伝承であったことを思わせる。
(12) 『日本書紀通釈』二の一二三六頁。
(13) 丁巳年は垂仁天皇二十六年で、これは本文より一年後の記事である。
(14) 津田左右吉『日本古典の研究』上、二四四頁、下、三五〇頁（一九四八・五〇年）。
(15) 津田左右吉『日本古典の研究』下、三二九頁。
(16) 津田左右吉『日本古典の研究』下、三四八頁。
(17) 原田敏明『古代日本の信仰と社会』第五章、とくに八八―九二頁（一九四八年）。同『日本古代宗教』一〇四―一一一頁（一九四八年）。
(18) 肥後和男『日本古代史』三五九―三六二頁（一九四八年）。なお、この問題については別に詳論の機会をえたいと思う。
(19) 拙稿「膳氏の伝承の性格」（『日本書紀研究』第九冊、三三一頁、一九七六年。のち『日本古代氏族伝承の研究　続篇』所収）。
(20) 直木孝次郎「〝やまと〟の範囲について」（橿原考古学研究所編『日本古文化論攷』所収、一九七〇年）。
(21) 周の六官は天地春夏秋冬にかたどって官制をたてたが、そのうち地官は司徒を充て、土地・人事に関する政を掌る。また道家において、天官・地官・水官を三官神とする（津田左右吉『日本古典の研究』下、三〇四頁）。
(22) 奈良県教育会編『改訂大和志料』中巻、二一三頁（一九四四年）。
(23)『新校群書類従』二一巻、三六頁。
(24)『礼記』祭法。

# 第三章　田道間守の伝承—その宗教思想史的意義—

## 一

日本の古代社会において宗教思想がはたした社会的機能を考える場合、古代文献の伝える伝承には興味深い多くの様相がうかがえる。いま、田道間守《たじまもり》の伝承の場合について、それを解明してみたいと思う。

『古事記』垂仁段には、つぎのように伝えている。

また天皇、三宅連等が祖、名は多遅摩毛理《たぢまもり》を、常世国《とこよのくに》に遣はして、登岐士玖能加玖能木《ときじくのかくのこ》の実《み》を求めしめたまひき、故《かれ》、多遅摩毛理、遂にその国に到りて、その木の実を採りて、縵八《かげや》縵《かげ》、矛八《ほこや》矛《ほこ》を将《も》ち来つる間に、天皇既に崩りましき、ここに多遅摩毛理、縵四《かげよ》縵《かげ》、矛四《ほこよ》矛《ほこ》を分けて、大后に献り、縵四縵、矛四矛を、天皇の御陵の戸に献り置きて、その木の実を擎《ささ》げて、叫《さけ》び哭《おち》びて白さく、「常世の国の登岐士玖能迦玖能木の実を持ちまゐ上りて侍《さもち》ふ」とまをして、遂に叫び哭びて死にき、その登岐士玖能迦玖能木の実は、是れ今の橘なり、これに対応する『日本書紀』の記事は、垂仁紀九十年二月庚子および巻末の九十九年のつぎに掲げる明年三月壬午のそれである。前者は、

天皇命二田道間守一、遣二常世国一、令レ求二非時香菓一、〔香果、此云二箇具能未一〕今謂レ橘是也、

とあり、その後九十九年七月天皇崩御のことがあり、その翌年に係けてつぎの記事がある。

明年春三月辛未朔壬午、田道間守、至レ自二常世国一、則賚物也、非時香菓八竿縵焉、田道間守、於是、泣悲歎之曰、受二命天朝一、遠往二絶域一、万里蹈レ浪、遙度二弱水一、是常世国、則神仙秘区、俗非レ所レ臻、是以往来之間、自経二十年一、豈期独凌二峻瀾一、更向二本土一乎、然頼二聖帝之神霊一、僅得二還来一、今天皇既崩、不レ得二復命一、臣雖レ生之、亦何益矣、乃向二天皇之陵一、叫哭而自死之、群臣聞皆流レ涙也、田道間守、是三宅連之始祖也、

ここにみえる田道間守[1]について、垂仁紀三年三月の新羅王子天日槍の来帰を伝える一条に引用された一書のおわりに天日槍の系譜を載せている。

これを図にするとつぎのようである。

新羅国主——天日槍
　　　　　　　‖——但馬諸助——但馬日楢杵——清彦——田道間守
太耳（但馬出島の人）——麻多烏

他方、『古事記』応神段には天之日矛の伝説を記すとともに、その多遅摩毛理《たぢまもり》との関係を示す系譜

の記載があり、それを図示するとつぎのようになる。

新羅国主──天之日矛
　　　　　　‖──多遅摩母呂須玖─多遅摩斐泥─多遅摩比那良岐─┬多遅摩毛理
多遅摩之俣尾─前津見《まへつみ》　　　　　　　　　　　　　　├多遅摩比多訶─葛城之高額比売命（息長帯比売命の祖）
　　　　　　　　　　　　　　　　　　　　　　　　　　　　　　└清日子

この両書を比較すると、つぎのような相違点がみられる。

㈠　天日槍の妻を、『書紀』が太耳の女麼多烏《またを》とするのに対して、『古事記』は俣尾《またお》を女前津見《まへつみ》とする。

㈡　諸助の子を、『書紀』が日楢杵《ひならき》とするのに対して、『古事記』は母呂須玖《もろすく》の子を斐泥《ひね》とし、孫を比那良岐とする。

㈢　日楢杵の子を、『書紀』が清彦とするのに対して、『古事記』は多遅摩毛理、比多訶・清日子の三子とする。すなわち、『書紀』は清彦と田道間守とを親子関係とするのに対して、『古事記』は多遅摩毛理と清日子とを兄弟関係とする。

㈣　『書紀』には記されていない多遅摩比多訶の子の葛城之高額比売命を息長帯比売命（のちの神功皇后）の祖として『古事記』は記載している。

このような『記』・『紀』の所伝の相違はあるが、基本的には天日槍と田道間守との系譜関係を伝える点では一致しており、その世代も四世の孫とすることで共通している。

三宅連の始祖として田道間守がどのような人物像として表現されているかが、この伝承の性格を知るうえで重要であり、そこにうかがえる宗教的性格と、それが現実に氏族統合のうえにどのような社会的心理的機能をはたしたかを検討することが必要となる。これは古代における宗教思想の史的意義を考える、ひとつの試みである。

## 二

田道間守の伝承にあらわれた、その人物像の特性をあげるならば、およそつぎのようなところに注目すべきであろう。

第一は、かれの名にタジマ・モリとて、タジマなる地名が用いられており、この伝承が後世の但馬の地と不可分に結びついていることが挙げられる。上記の系譜において、天日槍が但馬出島の人太耳の女を娶ったというように、渡来の人物と在地の人物との血縁関係を示すことによって、新羅からの渡来系氏族の定着した土地の名を示しているとも解される。この場合、かれの名が、たとえばイヅシモリといわれないで、タジマモリといわれるのには、イヅシよりもより広い地域を示そうとする意味をもつと解される。これはこの伝承の保持者の政治的支配力・影響力がタジマ地方にかなりの勢威をもっていたか、または勢威の及ぶことを望んでいたかを示すものと考えられよう。但馬の出石は現今の兵庫県出石郡（現、豊岡市出石町）に比定され、現に同郡出石町宮内には出石神社（旧国幣中社）が存するが、この出石の郡名は天平九年（七三七）の『但馬国正税帳』に初見する。その他、天日槍の後裔氏族は播磨・近江・若狭などの各地に分布していたらしい。[2] さらに北九州方面でも筑紫三宅連などの所伝があり、[3] 筑前国早良郡擬大領の三宅連黄金の名がみえるなど、[4] 大陸との交渉に関係の深い氏であるだけにその方面における分布が注目される。

　第二に、田道間守は「常世国」へ派遣され、そこから帰還したという。その常世国の所在について、『古事記』の記述は必ずしも明確でないが、『書紀』の記載は漢文風の潤色をへたものとはいえ、この国の性格を察するうえにおいては、より具体的にその特性を表現しているということができる。とくに「絶域」といい、[5]「遙度弱水」といい、「是常世国、則神仙秘区、俗非㆑所㆑臻」といい、「往来之間、自経㆓十年㆒」といって、その遠隔の地であることや、「俗」（タマビト）の至りえないところであることが明瞭にあらわされている。なかでも、ここに「神仙秘区」の語のみえることは、この国の観念に中国伝来の神仙思想がつよく影響を与えていることを明示している。しかし、常世国の観念が全く神仙思想のみによるとも断定しがたいので、その点にはむしろ民族的な信仰思想が神仙思想のつよい影響をうけて変容していった側面をも見のがしてはならないであろう。

　この常世国については、つとに本居宣長の説いた常世の三義によって考えるのがよい。宣長によれば、[6] 常世には㈠「常夜」の義があり、『記』・『紀』の天岩戸の段にみえる「常世之長鳴鳥」や「常世思兼神」・「常世往々」などの用例にみられるように、昼に対する夜の状態が常に継続してゆくことを指し、常闇の意味である。また㈡文字のごとく、「とことは」に変らぬ「不変」の義があり、垂仁紀の「是神風伊勢国、則常世之浪重浪帰国也」とあるなどがそれである。また㈢「常世《とこよ》国」の義があり、この「登許《とこ》」の語は、「曽許《そこ》」に通じ、「底依国」と同義であるとし、その「底」とは、「下のみに非ず、四方上下何方にまれ、遠くゆき至りて極まる処を云」とて、下とか上とかと方向を決めて、特定の場所・地域を占めるものではなく、上下四方のいずこでも、遠く隔った空間的な隔絶の地をみな常世国とよぶとするものである。

この三義について宣長は「右の三ツ、其言は同じけれども、其意は各異《こと》にして相関《あひあづか》らず」(7)とし、三義は相互に関係がなく、単に音通から同字を用いたにすぎないとしている。しかし、この点については、下出積与氏の指摘するように、(8)㈠常世・㈡不変・㈢常世国の三義が全く無関係に考えられるべきではなく、常世という同じ文字を用いるのも決して単なる音通にのみよるものではない。相互に密接な意味の混融がみとめられると思われる。すなわち、この三つの概念は、㈠常夜にも㈡永遠不変の義がふくまれており、㈢常世国はその具象化にほかならない意味において、その内容に永遠ないし一定不変の状態の意味がふくまれている点で相共通するものということができるが、さらにこれは日常的な人間生活にとっては、異常な、超越的な経験・世界を意味している。しかしそれは完全に隔絶して現実と没交渉な世界ではなく、特殊な糸によって関係をもっている世界でもある。これを田道間守の往った常世国についていえば、それは抽象化された観念的世界ではなく、具象的に現実と連関性をもった「国」として表象されており、現実に人の往還した処とされ、かつ「非時香菓《ときじくのかぐのみ》」という植物の本《もと》郷《つくに》として表象されている処である。

この点は、第三に現実に存在する「橘」が、かの国から将来されたものという表象において、この伝承の現実的な発想の基盤に注目すべきであろう。古伝承には事物や地名の起源にむすびつけられたものが少なくなく、その意味においては田道間守伝承は、橘という一の植物の起源説話という側面をもっている。かように現実に存在する事物を古伝承がその素材としている場合、伝承は単なる昔話としてではなく、現実との関連性をもつものとして、具体性に富む内容と一種の説得力をもって人々に受容されてゆく。ことに上記のような神仙思想との関連からみれば、ここには橘が不老長寿につながる食物としての表象は直接にはあらわれてはいないけれども、「非時香菓」という名称によって、そのむかし、かの常世国からもたらされた、めでたい菓物として、一種の神秘性をもって表現されていることは看過できないと思われる。この点は神仙思想ないし道教における仙薬の観念とも連なるものであろう。

「非時」すなわち「ときじく」とは、「その時節でない、時の限定をもたない」という意の形容詞「ときじ」の連用形であり、ここでは、橘の葉が冬も枯れることなく、その実が他の普通の果実と異なり、寒い冬にも美しく香りみのっていることから名づけられたのであろう(9)。留意すべきは、冬期、落葉樹が葉が失って死んだようになっている時、この木が美しく黄金色の実をむすんでいることである。この木がとくに常世国からもたらされたものと表象されたのも、荒涼たる落葉の時期に生々とした生命をやどしていること、すなわち、その果実の色彩と芳香が深く係わっている。それは生命の不死を期待する古代人の心意に、その色彩感覚からもつよく訴えるものがあろう。ここには生命樹の観念にもつらなるものが看取される。これが常世国からもたらされたという伝えは、この世ならぬふしぎな生命力の宿されていることを意味し、これを死者にささげることは、死者の生命の持続をねがう心の表現ともなるものである。かように「ときじく」の語には、古代人のこの木に対する特殊な感情と好尚がこめられているようである。

松前健氏によって、「かぐ」は「香」を意味するより、カグツチ・カグヤヒメなどの「かぐ」で、「光り輝やく」を意味する(10)と解されたのは、「香」の字のあてられる以前の意味を究明したものとして注目される。氏は最初から橘であったかどうか問題であるが、それは太陽の象徴であったとし、天日槍伝承との関連を指摘する興味ある解釈を提示している。

『記』・『紀』にみる田道間守伝承の定着期とみるべき奈良時代の人々によって、橘がつぎのように称揚されていることは参考とするに足りよう。

橘者果子之長上、人之所レ好、柯凌二霜雪一而繁茂、葉経二寒暑一而不レ彫《しぼマ》、与二珠玉一共競レ光、交二金銀一以逾美、(11)

これは天平八年（七三六）十一月、葛城王・佐為王等が上表して、外家の姓橘宿禰を賜わるよう願い出た文辞のなかにみえる、和銅元年（七〇八）十一月の元明天皇の詔文の一節であって、修飾をまじえてはいるがこの木に対する世人の感触を伝えるものであり、とくに「珠玉と共に光を競ひ、金銀に交りて以て逾《いよいよ》美なり」に、その原初的心意をうかがわせるものがあるといえよう。この時の聖武天皇の「橘は　実さへ花さへ　その葉さへ　枝《え》に霜降れど　いや常葉《とこは》の樹(12)」という一首も、またかような思想をよくあらわしている。

第四に、この伝承に流れる不死への願望に留意すべきである。天皇の命令が実際に果された時、天皇自身がすでに死んでいたという説話の内容は、もし天皇の生前に復命できたならば、天皇は不死たりえたかもしれないという思想が伏在しているとみられるからである。田道間守に香菓を求めさせた活目《いくめ》入彦《いりびこい》五十狭茅《さち》（垂仁）天皇は『記』・『紀』の所伝に相違はあるが、歴代天皇のなかで最も高齢という伝承をもつというべき天皇である。(13)その天皇に係けて田道間守伝承が物語られるのは、仙道にもとづく長生不死の理想追及の思想が基盤となっていることを示している。『記』・『紀』ないし古伝承の編者には、一般に一種の尚古思想があり、また初代の帝王の理想化的志向があって、それは帝王を武力的英雄としたり、長寿者としたり、有徳者としたりする思想となってあらわれてくるが、田道間守伝承の場合には、その背景に人間の長死・不死・永生への願いがつよく流れている。そしてこれが道教的な神仙思想、すなわち仙道によることは否めない。

## 三

仙道では、仙人になるため明師について自己の明智をはたらかせ、名山に入り種々の修業をおこなうが、その最大の目的は仙薬をつくることにあるという。悟道の要法は単に精神的な修養法によるだけでなく、物質的な服薬という、一種の化学的実験を必須条件とする。すなわち、仙薬を作ることに通じない限り、不老不死の仙人となることはできないとされる。(14)この仙薬の思想は、薬餌が仙道においてきわめて重要な位置をしめることをあらわしている。仙薬の材料は、多く遠方の山野にあるため入手し難く、これを作るのに莫大な費用を要することが、長生不死の容易でないことの大きな理由とされている。「非時香菓」がただちに仙薬そのものでないことは明らかであるが、遠方へゆかなければ入手できないこと、しかし決して入手不可能ではないこと、したがってその入手には帝王などの指令と支援が必要であった点が仙薬と類似する。事実そのものは将来され、それは天皇の命によって果遂されたことが物語られる時、その根底には右の仙薬の思想の存在していることは明らかである。

この長寿に対する関心の高まりは、家父長の権力の重視される社会に多くみられる現象で、日本の古代社会にもその傾向が認められる。しかし、そこには同時に思想的要因もつよく影響をあたえていることが見のがしえない。それはこの道教的な神仙思想によるものである。道教思想の起源は中国古代のアニミズム信仰に発するとみられるが、現世の幸福と不老不死を追求する現世利益に中心がおかれている。それが各地の古墳から検出される鏡の文様や銘文にもあらわれており、文献的微証ばかりでなく考古学的資料の面からも注目されるところである。[15] さらに近時、古墳の外観や形状についても思想的関連性が問題とされるに至ったのは、[16] 仏教流通以前の日本の社会における道教的要素の存在形態を察するうえでも、きわめて重要であることを示唆しているというべきであろう。

第五に、しかし、この説話は同時に結果として橘が不死をもたらす菓物でありえなかった事実を表白していることが留意されなければならない。田道間守の帰来が天皇の生前にまにあわなかったばかりでなく、もたらされた橘は決して長生不死の菓物とされてはいない。それゆえ、この説話は人生の意の如くならない実態をつよく訴えているというべきである。[17] ここには、天皇の命をうけてはるばる長途の旅にのぼった田道間守の労苦、それが報いられずして復命が天皇の死後となった悲哀、これにたえずして自ら命を絶った田道間守の衷情、そのいずれにも、生きて重ねられた労苦が究極的には報いられなかった幻滅感がにじみ出ている。そして残されたのは、「非時香菓」という目前にみる橘の実だけ。そこに、これが「人生」である、という想念が簡潔な記述のなかから浮かび上ってくる。それは、ひとつの暗示にとむ教訓でもあろう。

この理念の背後には、同時に遠い理想世界へのほのかな憧憬がうかがえる。香菓がかの異郷から故人によってもたらされたとされることによって、眼前の香菓によせられた古代人の、無限にひろがる願望と憧憬が、この悲話になごやかな夢を与えている。その情感と空想に、人はほのかな救いをすら味わうことであろう。悲痛な現実世界のなかにあって、ひとつの「彼岸」世界が想念されることによって、ほのかな救いが暗示され、その世界に連なるものが現実に存在するという事実を通じて、一片の悲話もいつしか縹緲とした世界感覚のなかに昇華されてゆく。そうした一種の存在感がここに内在している。

ここには、他界観念との連関によって、現実世界の事象が意味づけられ、根拠づけられるという宗教的心情が流れていることを見のがすことはできない。これは、ひとつにはこの伝承の保持者であった三宅氏が新羅国主の子を祖とすると伝えるように、朝鮮から渡来した氏族であることから、海の彼方に「本郷」を想念するとともに、そこを理想化するという、深層心理的傾向を看取することもできるかもしれない。しかし、それのみによって解明できない、より普遍的・根源的な人間的心性から発する動機がうかがえるのであり、そこにこの説話のもつ宗教性があるといえよう。

第六に、この伝承の後段では縹緲たる説話の趣向はかげをうすめ、田道間守が専ら天皇に対して忠誠をつくす人物としてつよく浮かび上ってくる。この点は三宅氏が氏族伝承として最も強調したところであろう。田道間守伝承の人々によび起す共感も、それが伝承体として特定の氏によって伝持され、流通される時には、現実の社会的条件によらざるをえなかった。氏姓社会のなかで一定の社会的地位をしめたこの氏が、朝廷への勤仕の理想像をこの田道間守伝承のなかに結晶させて表現したという側面は見のがすことのできない特徴である。

## 四

田道間守伝承にみられる、上のような特徴は、『日本書紀』の記載において、神仙思想的な発想や漢文的表現の形態をとることによって、中国風の傾向を一層つよめているが、しかし、内容的にはやはり民俗的な特色をもあわせもつものであり、その由来の古いことを考えさせるものである。

とくに『古事記』において、「かれ多遅摩毛理、遂にその国に到りて、その木の実を採りて、縵八縵、矛八矛将ち来つる間に、天皇既に崩りましき」といい、「ここに多遅摩毛理、縵四縵、矛四矛を分けて、大后に献り、縵四縵、矛四矛を、天皇の御陵の戸に献り置きて」というように、縵や矛の表現をくりかえしていることは、単に修辞的な効果をもつというだけでなく、民俗的な意味をもっていたのではないかと考えられる。その点について考察をすすめてみよう。

この縵と矛とについては、本居宣長が指摘したように、『延喜式』内膳司新嘗祭御料[18]のなかに「橘子廿四蔭、桙橘子十枝」とあるなどの例からみて蔭橘子・桙橘子の語より推考されよう。宣長によれば、[19]「此に、縵《かげ》と云るは、蔭橘子と云物、矛と云るは、矛橘子と云物なり」とし、「其は各一種の橘の名には非ず、同じき橘ながら、採《とり》ざまの異《かはり》あるなり、其状はいかなりけむ詳《さだか》ならねど、今其ノ名に就て按《おも》ふに、蔭橘子とは、枝ながら折採て、葉も付《つき》ながらなるを云なるべし、凡て葉ある樹をば、常に蔭《かげ》と云へばなり」。「桙橘子とは、や丶長く折たる枝の葉をば、皆除き去《すて》て、実面已《みのかぎり》着たるを云なるべし、其《そ》は、其ノ状《さま》上代の矛《ほこ》の形に似たることぞありけむ」とする。

すなわち、前者は枝や葉をつけたままの橘の樹を指し、後者は長い枝を除去した実だけのついたもの、その形は矛に似ていたものである。それらに対して「掇《ひろひ》橘子一斗[20]」などといわれるのは、ばらばらの実を指すものと解されている。もっとも縵の字は橘の実を緒でつないで長くつらねたものという解釈もあり[21]、なお検討を要するが、「葉ある樹」を蔭とすることは、橘の苗木を伝えたというにふさわしい点からいえば、宣長の解釈はすてがたいところがあろう。

『古事記』が、将来された橘が二分されて、なかばは大后に献られ、なかばは亡き天皇の陵墓に献げられたとしていることは、生者とともに死者に対して、この木が捧げられたことを示している。おそらく大后もこの木を捧持して陵前の祭儀に参加したのであろう。しかも田道間守は、この木を持ち「叫《さけ》び哭《おち》びて」「遂に哭《おち》び死にき」とある。この木をささげることが、死者へのこよなき供えものであることと、ささげる者にとっては死をもってしても果遂されるべき重要性をもつものであったことを暗示している。

田道間守はこの木を持って死者に従って死者の国へ行った。これはこの木が夜見の国へゆくのになくてはならぬものであり、いわばあの世へゆく通行手形の役割をもつものであったことを意味しているとみるべきではなかろうか。何故に、この木はそれほど大切な木なのか。この木は、遠い常世国からもたらされた、いわば長生不死、すなわち永遠不変に通ずる、この世ならぬ呪力をもつ木であると解されたからである。さらにいえば、死者はこの木を持つことによって、この世において果しえなかった「永生」の旅をつづけることができる、とする信仰的表象が、この伝承の背後にはひそんでいるのではなかろうか。

『古事記』では「縵八縵、矛八矛」、『書紀』では「八竿八縵」という表現には差違があり、意味も若干異なるとも解される。しかし、おそらく伝承の原形は同一のもので、要は死者をいたみ、永生と鎮魂を願う祭儀において、縵すなわち葉のある木がおそらくそれはかづら状にして用いられたのであろう。

この点で参考となるのは、天武紀朱鳥元年九月から持統期二年十一月にかけてみられる、天武天皇の喪葬に関する記載である。この間の約二年二か月余にわたり、とくに殯宮の行事がくわしいが、そのなかで、持統紀元年三月甲申に「以二華縵一進二于殯宮一、此曰二御蔭《ミカゲ》一」とある。この華縵（花縵）(22)は、天武天皇の喪葬が在来の形式を踏襲しながらも、他方、「無遮大会」をひらき、「梵衆《ほうしとも》」の「発哀《みね》」がなされ、三百の「龍象大徳」等が飛鳥寺で「袈裟」を「奉施」されるなど、仏教的な儀式が加味され

(23)たなかで、仏教的な仏前荘厳具としての「華鬘」を指すとも解されている。しかし、ここには「此曰二御蔭一」と特記しており、おそらく完全に仏具化されたそれではなく、生花などで編まれたものであり、より素朴な在来の信仰観念と結びついたものであろう。(24)

このミカゲの語は、『播磨国風土記』において品太《ほむだ》（応神）天皇のミカゲとして、「御蔭《みかげ》」(25)と「御《み》冠《かげ》」(26)という二通りの用字例が共存していることからも察せられるように、花や蔓草を頭髪の上に冠したもので、のちに鬘《かづら》となってゆくものである。田道間守が陵前に縵をささげたのは、これを天皇の御冠として奉ったという喪葬儀礼の風習と深くむすびつき、その由来を説明する意味をもっていると考えられる。矛もまたこの儀礼においてささげられた立ち枝、すなわち高く長く伸びた枝を指すものであろう。(27)

天智天皇の死にあたり、倭太后によって作られたつぎの歌がある。(28)

人はよし　思ひ止むとも　玉蘰《たまかづち》　影に見えつつ　忘らえぬかも

ここに「玉蘰」は「影」と深く連関して表現されている。ここにいう「影」には、亡き天皇への限りない実在感・影像感がこめられている。それは現代語の「面影」よりもはるかに深いものである。すなわち、玉蘰は華縵《はなかづち》をいうが、それは御蔭《みかげ》であり、物にさえぎられ、おおわれてはいるが、その背後にあるものを指し、亡き人そのものを意味している。そのゆえに「タマ・カヅラ」といわれ、「タマ」（タマシヒ）のこめられたものである。かくて「玉蘰」は「カゲ」・「カク」にかかる枕詞となる。ここには「カゲ」・「カヅラ」の語が深く、それを冠《かがふ》る者を不可分に意識して用いられていることがうかがえよう。

かりに天武天皇の殯宮の華縵が直ちにそれと断じえないとしても、深い関連性をもつことは否めない。ここには陵墓の祭儀において、縵をささげ、立ち枝を持って、叫び哭《おち》ぶ光景が思いうかべられる。その想念のなかには、橘樹のかげに香菓のみのる枝をもち、その頭に縵をいただき、みずからこの実を食する死者の面影がうかび出され、その安穏が願われている。

このように考えてくると、田道間守が天皇の陵前に橘の縵や矛を供献したのは、単にこの木を遠隔の地に求めえたことを報告するという意味にとどまらず、そこには、この世ならぬ常世国からもたらされた霊木を供献することが、亡き人へのこよなき供物であり、また自らが夜見の国へゆく通行手形となるものであることをも予想しているといえるであろう。田道間守にとっては、ひたすら主命に忠実であることが、かれの生き甲斐なのであり、そのゆえにそれはすでにいわば生死を越えたことがらとして志念されていた。その志念がはたされるのは、この霊木をもってみずからも夜見の国へゆくほかはなく、それによって、かれの志念も果されることを意味する。

かようにみてくると、この説話は、神仙思想に根底をおきながら、すでに神仙思想の限界をも意識しているとみることができよう。長生不死を願いながら、長生不死が現世においては全くありえないことを、はっきり自覚している。この世に「不死」などありえない。この自覚の上にたっているのが、この伝承の一の特徴である。このゆえに「非時香菓」は決して「不死」の妙果としてでなく、ただ異郷たる常世の珍果として表象されている。しかし、この珍果はこの国にもたらされたことによって、人々にそこはかとなき常世国の香りをもたらし、味わわせるものとなった。

　この香菓のもたらされた時、すでに天皇が亡くなっていたということは、この実を食するものも、実は決して不死たりえない事実を、別な形で表現しているというも決して過言ではないであろう。そこには、むしろ淡々として「非時香菓」の話を物語る一種の達観の立場がみられ、さめた伝承文学の世界が開示されている。それは宗教的な主体的・実践的意欲の方向ではなく、より文学的な客体的・観照的世界の方向が指示されているともいえよう。

## 五

　不死たりえない人間にとって、望まれる異郷とはどこであろうか。それは人々にとって容易にうかがいえない世界であり、具体的に表象しえない世界である。しかし道教的世界観を吸収し、民俗信仰を展開させた人々にとって、それは決して「長寿」を理想とする現世感と断絶したものではありえなかった。むしろ「長寿」をつよく意識することによって、それと連続的に予想された世界であった。つまり、現世の幸福を希求し、それの延長として時間の連続を願うことが、その信仰観念であって、いわば「長寿」は現世の幸福を代表することばであり、中国における後世の表現をもってすれば、福禄寿の三を代表するものとして用いられたといえよう。その実現された世界を名づけるとき、「常世国」が用いられた。それは海の彼方の遠い国を指すものであったが、しかし遠隔の意においては、容易に天空の彼方とも意識され、思想されるようになった。飛鳥時代の人々が、「天寿国[29]」とよんだのもそのような観念が投映したものであろう。この点は、神仙思想においてその理想郷が遠隔の地に求められ、東海の蓬莱山や西方の崑崙山などが思惟され、高山崇拝にもむすびついているように、高所が崇められ、そのきわみ、天空への崇拝に連関していることが考えあわされる。仙人が長生不死であるとともに天に昇るとか天を飛行するとかと信じられ、天帝の観念とも融合されてゆくものである[30]ことも考えあわされる。

かように常世国の思想は、民俗信仰の展開のうえで道教思想の影響によって具象化された側面がある。その実例の一が田道間守伝承において認められるが、その他にも雄略紀二十二年七月にみえる浦島子の伝承があり、そこには「蓬莱山《とこよのくに》」の語が用いられている。かような思想傾向をその伝承体のなかに受容し、典型的に表現しているのが、三宅氏の場合であった。この氏のことは『新選姓氏録』につぎのように記している。

三宅連、新羅国王子天日桙命之後也[31]、

上述のように『日本書紀』においても天日槍から田道間守に至る系譜は記されており、『姓氏録』の伝は矛盾はしない。しかし垂仁紀において、とくに「田道間守、是三宅連之始祖也、」として、かれの名を「始祖」として特筆しているところをみると、『書紀』の成立期において、この氏の田道間守伝承への関心がすこぶる強いものであったことがよくあらわれている。

そこで天日槍と田道間守との二つの伝承を対比すると、両者の間には伝承成立の基盤ないし背景において対照的な相違のあることが知られる。すなわち、天日槍の伝承には新羅の古伝承の影響が濃厚

であって、アメノヒボコという人名からも窺えるように太陽（日神）信仰を基盤とする日光感精説話や卵生説話の要素がつよく(32)、また新羅国主の子とするような政治的権力的傾向や貴種的要素が存在している。これらの傾向は『三国遺事』の伝える延鳥郎・細鳥女伝承との類似がみとめられるように、新羅の古伝承の影響をうけているものであろうと考えられる。

これに対して、田道間守伝承にはそうした新羅的要素は稀薄であり、また貴種との連関を強調する面もみられない。むしろ田道間守はもっぱら天皇の詔命に忠実に精勤する忠臣であり、陵前に殉死する献身的な至誠の士である。しかも常夜国渡航という神仙思想のつよい影響のもとに形成された伝承である点に、天日槍伝承とはかなり異なった文化的位相を示すものというべきであろう。

この相違はなにを意味するのであろうか。おそらく伝承成立の順序からいえば、天日槍伝承が先行しており、これは但馬出石地方に蟠踞する渡来系氏族の出自の尊貴性を主張する、かれらの矜恃を示しているともいえよう。しかし、かれらが朝廷の支配下に包括され、また氏姓階級の一端に編入されてのち、しだいに官司制社会のなかにその成員として生きてゆくようになると、みずからの祖先の出自を単に外来の貴種ということや、神宝保持の由来に係けてのみ主張するのでは物足りなくなってくる。そうした自己主張だけでは、かれらの社会的地位を向上させるに足る精神的指導力とはなりえないような状況が生れてきたといえよう。もっと現実の朝廷の威権のまえに生々として勤仕する姿勢が要求されるようになった。このような要求のたかまりをみた時期は、また思想的には道教的な神仙思想が、おそらく渡来人を中心として、当時の知識階層の間にその好尚に合するものとして受容流行しつつあった時代でもあった。各地の古墳出土の鑑鏡が示す神仙像の世界がそれを示すものであろう。これが日本の氏姓社会の文化的特性の一としてみられるものであることは、魏鏡といわれる三角縁神獣鏡が本土というべき中国や朝鮮からはふしぎにも現在のところ検出例がないという現象をふまえても、ある程度の確実性をもつというべきであろう。

渡来系の氏族は伝統的に海外に対する関心がつよく、またかれらの祖先の本郷である朝鮮半島方面へ航海するものが少なくなかった。これが神仙思想の影響を深める由縁ともなり、海外憧憬の念をも深めさせた。かくして、かれらの祖先の事績に関する思想的な潤色もなされたであろう。しかし、その間にはかれらの保持する民俗信仰や祭事儀礼などの宗教的習俗がおのずから重要なはたらきをもった。田道間守伝承の成立には、かかる要因がはたらいており、それがこの神仙文学的伝承に一種の独自の宗教的色彩をおびさせるに至った。しかも官司制社会を徐々に経験しつつあった、この氏としては朝廷奉仕の精神的依拠ともなる忠誠譚がもっともその立場にふさわしいものとして受容されたであろう(33)。

三宅氏がとくに田道間守を「始祖」とする観念を強調する必要のあったのは、但馬の地との由来とともに、連姓氏族として朝廷に勤仕するという状況における一定の地位の由来を明確化する必要があったからであり、単に新羅渡来の貴種という観念だけでは不十分な社会的条件が存在していたことを示している。

古代氏族の伝承には、宗教的意識や思想の表現としての伝承体に、つよく現実の社会の状況的規制力が作用しているものであることが窺える。また、これは古代社会において宗教思想のはたした役割をかなり具体的に表現している例証ともみることができるであろう。

**注**

(1) 本稿では、人名の表記について、特に必要のある場合を除き、主として『日本書紀』の表記法を用いることとする。
(2) 垂仁紀三年三月の分注参照。
(3) 天武紀十三年十二月癸未。ただし、『古事記』神武段では、筑紫三家連の祖を神八井耳命とする。
(4) 『大日本古文書』一四、二六八―二七四頁（一九二一年）。観世音寺早良奴婢例文。この文書は同郡額田郷戸主三家連息嶋の戸口三家連豊継がその母とともに観世音寺に稲代物として奴婢を進納したことを記すものである。
(5) 弱水は、たとえば『漢書』司馬相如伝の顔師古注に「謂₌西域絶遠之水₋」といわれるように、遠くはるかな河川の意であるが、また西方というイメージとも重なっている。
(6) 本居宣長『古事記伝』巻二二、増補本居宣長全集二、五七〇―五七一頁（一九三七年版）。
(7) 『古事記伝』巻二二、増補本居宣長全集二、五七一頁。
(8) 下出積与『神仙思想』一一九―一二三頁（一九六八年）。
(9) 神田秀夫・太田善麿校註『古事記』下、一一八―一一九頁（一九六二年）。
(10) 松前健『日本神話の新研究』三五―三八頁（一九七一年）。
(11) 『続日本紀』巻一二、天平八年十一月丙戌。
(12) 『万葉集』巻六、一〇〇九。

（13）三品彰英『日本書紀朝鮮関係記事考証』上、五一頁（一九六二年）。同「天之日矛帰化年代攷」（『増補日鮮神話伝説の研究』三品彰英論文集、第四巻、四四六―四四七頁（一九七二年）。

田道間守が常世国へ行った話が、とくに垂仁天皇朝に係けて『記』・『紀』に記載された理由は、歴代天皇のなかで最も長寿の天皇であることによるとする。ちなみに伝承の上での長寿の天皇の年齢を『記』・『紀』の所伝によって対比するとつぎのようである。

| | 神武 | 崇神 | 垂仁 |
|---|---|---|---|
| 古事記 | 一三七 | 一六八 | 一五三 |
| 日本書紀 | 一二七 | 一二〇 | 一四〇 |
| （平均値） | 一三二 | 一四四 | 一四六・五 |

（14）葛洪『抱朴子』仙薬篇。村上嘉実『中国の仙人』四一―四五頁等（一九五九年）。

（15）富岡謙蔵『古鏡の研究』（一九二〇年）。梅原末治『漢三国六朝紀年銘図説』（一九四三年）。福永光司「道教における鏡と剣」（『東方学報』京都、四五（一九七三年）。漢代から鏡に、東王父・西王母を並記するものがあり、後漢・魏晋の鏡の銘文には神仙思想による呪術的吉祥句がすこぶる多い。なお、中国で鏡を神聖視し、またはその機能を神秘化・呪術化して神霊視する思想は、儒家にはみられず、道家において顕著である。鏡を政治的支配者の権力の象徴として神霊化するのは西暦紀元前後、前漢王朝の末期ごろから活発になる神仙讖緯の思想であることを、福永氏は指摘している。

（16）重松明久『古墳と古代宗教』九五―一〇六・一一九―一二四頁等（一九七八年）。

（17）その点では、この伝承はたとえば『記』・『紀』に伝える黄泉比良坂《よもつひらさか》で、伊弉再尊が一日に民の千頭を殺すといったのに対して、伊弉諾尊が一日に民千五頭を産むといったという話が、人生に死のあるとともにまた生があることの由来を語るのに相通ずる人生説話的性格をもっている。

（18）『延喜式』巻二九。新訂増補国史大系巻二六、八六六頁（一九六五年）。

(19)『古事記伝』巻二五、増補本居宣長全集三、一三二八―一三三一頁。

(20)『延喜式』巻三九。新訂増補国史大系巻二六、八七〇頁。

(21)津田左右吉『日本古典の研究』下、三三三頁（一九五〇年）。倉野憲司校注『古事記』日本古典文学大系一、三四九頁（一九五八年）。

(22)新訂増補国史大系『日本書紀』の頭注（後篇三九四頁）によると、「華縵」の「華」は、北野神社所蔵本（兼永本）および『釈日本紀』は「花」に作る。なお、持統紀二年三月己卯にも「以二華縵一進二于殯宮一、藤原朝臣大嶋誄焉」とある。

(23)安井良三「天武天皇の葬礼考」（三品彰英編『日本書紀研究』一、一九六四年）。

(24)木の枝・葉・花などを頭髪や冠にさしたものを髻華《うず》というが、「命の　全けむ人は　たたみこも平群《へぐり》の山の　熊白檮《くまかし》が葉を　髻華に插せ　その子」（景行記・紀）という思国歌《くにしのびうた》にも永生を願う思いがこめられている。

(25)『播磨国風土記』神前郡、蔭山里。「云二蔭山一者、品太天皇御蔭堕二於此山一、故曰二蔭山。一」

(26)『播磨国風土記』餝磨郡、安相里。「品太天皇、従二但馬一巡行之時、縁レ道不レ撤二御冠一、故号二蔭山前。一」

(27)折口信夫『民族史観における他界観念』折口信夫全集一六、三一〇―三一一頁（一九六六年）。

(28)『万葉集』巻二、一四九。

(29)『上宮聖徳法王帝説』繡帳銘文。隋の千仏山霊厳寺磨崖の造阿弥陀仏象記に「保二天寿一」の語があり、すでに中国において仏教の浄土思想との混融がみとめられる。

(30)津田左右吉「神僊思想の研究」（『日本文芸の研究』所収、津田左右吉全集一〇、一七七―一七八・一九九―二〇七・二二三―二二六頁等。一九五三年）。

(31)『新選姓氏録』巻二四、右京諸蕃、下・巻二七、摂津国諸蕃に三宅連についての記載がある。その他、新羅糸井造について「三宅連同祖、新羅国人、天日槍命之後也」（巻二六、大和国諸蕃）とし、橘守について「三宅連同祖、天日桙命之後也」（巻二二、左京諸蕃下）の記事がある。

（32）三品彰英「フツノミタマ考」（『建国神話の諸問題』三品彰英論文集第二巻、三三〇―三三八頁参照、一九七一年）。横田健一「天之日矛伝説の一考察」（「古代文化」九の六、一九六二年）。

（33）天武紀元年六月甲申に、国司守三宅連石床が介三輪君子首らとともに、伊勢の鈴鹿郡において天皇の軍に参加したことを記しているように、壬申の乱に功があり、同紀九年七月丙申の死にあたり大錦下位を贈られている。初期律令制下における活動が知られる。

# 第四章　古代氏族と宗教——物部氏の伝承について——

## 一

物部氏に関する古代伝承の解明は、近時しだいに密度を深めているが、(1)小稿では、とくに垂仁紀にみえる十千根《とをちね》大連と五十瓊敷《いにしき》命との関係を中心として考察するとともに、ここにみられる古代氏族の宗教信仰の形態とその意義について論究の手がかりをさぐってみたいと思う。

『日本書紀』において、物部氏の祖先に関する記載の明確な初見は神武紀即位前の、いわゆる神武天皇東征の記事にあらわれる長髄彦《ながすねひこ》の伝承である。

時長髄彦乃遣二行人一言二於天皇一曰、嘗有二天神之子一、乗二天磐船一自レ天降止、号曰二櫛玉饒速日命一、(〇分注略)是娶二吾妹三炊屋媛一、〔亦名長髄媛、亦名鳥見屋媛、〕遂有二児息一、名曰二可美真手命一、(〇分注略)故吾以二饒速日命一為レ君而奉焉、夫天神之子豈有二両種一乎、奈何更称二天神子一、以奪二人地一乎、吾心推之、未二必為一レ信、天皇曰、天神子亦多耳、汝所レ為レ君、更実天神之子者、必有二表物一、可二相示一之、長髄彦即取二饒速日命之天羽羽矢一隻及歩靫《カチユキ》一、以奉二示天皇一、天皇覧之曰、事不レ虚也、還以二所レ御天羽羽矢一隻及歩靫一、賜二示於長髓彦一、長髓彦見二其天表一、益懐二踧踖《オヂカシコマルコト》一、然而凶器《ツハモノ》已構、其勢不レ得二中休一、而猶守二迷図一、無二復改意一、饒速日命本知二天神慇懃唯天孫是与一、且見下夫長髓彦稟性愎佷不上レ可三教以二天人之際一、乃殺之、帥二其衆一而帰順焉、天皇素聞二饒速日命是自レ天降者一、而今果立二忠効一、則褒而寵之、此物部氏之遠祖也、

これは神武天皇が東征の軍をすすめて、大和へ進出しようとした時、これに反抗した長髄彦が、その妹三《み》炊屋《かしきや》媛を娶った饒速日《にぎはやひ》命の所有する「天神」としての証拠の品（表物《しるしもの》）をみせたのに対して、天皇もまた「天表《あまつしるし》」として天羽羽矢《あまのははや》と歩靫《かちゆき》を示《み》せ、天孫である証拠を示したことが記されている。饒速日命は事情を知って長髄彦を殺し、その徒衆をひきいて天皇に帰順するが、この饒速日命が物部氏の遠祖であるとするものである。

つぎに崇神紀即位前には、また別の「遠祖」として大綜麻杵《おほへそき》という人物の名をあげ、その女の伊香《いかが》色謎《しこめ》命が崇神天皇の母であるとしている。

御間城入彦五十瓊殖天皇、稚日本根子大日日天皇第二子也、母曰二伊香色謎命一、物部氏遠祖大綜麻杵之女也、

さらに崇神紀七年八月己酉には、

天皇曰、朕当二栄楽一、乃卜下使二物部連祖伊香色雄一為中神班物者上、吉之、又卜三便祭二他神一、不レ吉、

とあって、物部連の祖の伊香色雄《いかがしこを》に「神班物者《かみのものあかつひと》」――神への捧げものをわけあたえる者――としたとある。

垂仁紀は、以上のような『書紀』の記載をうけて、さらにこの朝における物部氏の活動を伝えようとするもので、それは天皇の朝廷の政治形態がかなり充実整備されたものであるとの構想のうえになされている。それを端的に示すのが、垂仁紀廿五年二月甲子の五大夫執政の記事で、ここに十千根《とをちね》の名があらわれてくる。

詔二阿倍臣遠祖武渟川別、和珥臣遠祖彦国葺、中臣連遠祖大鹿島、物部臣遠祖十千根、大伴連遠祖武日、五大夫一曰、（下略）

かように垂仁紀には十千根の事績が記述されているが、それは大観すると二つの事項があげられる。第一は、出雲国の神宝管掌であり、第二は石上神宮の神宝管治であって、ともに神宝管理に関することであり、この点に十千根伝承が宗教的傾向をもつものであることがうかがえるであろう。具体的な事績としてあげうるのは右の二項であるが、十千根が「五大夫」の一に列せられていることは、かれが時の執政機関を構成する一員であったことを表現しているものとして注目され、これは垂仁紀廿六年八月の出雲神宝検校の記事をはじめとして、かれを「大連」として記述していることからも明らかなように、『書紀』の物部氏の伝承における「大連」の初見である点においても注目に価するであろう。

すでに神武紀において饒速日命が天から降った天神の子とされていることには、一種の超人間性・宗教性が付与されているといえるが、大連としての事績の顕著なこの氏の最初の大連としての十千根の伝承に、みぎのような神宝管治の事績が中心となっているのは、かれもまた一種の宗教的能力の保持者としてみられていたことを示すものと考えられ、物部氏の伝承における宗教性を考えることができると思われる。

『日本書紀』において、上記のように物部氏の「遠祖」・「祖」として、㈠饒速日命（神武紀）・㈡大綜麻杵（崇神紀）・㈢伊香色雄（崇神紀）・㈣十千根（垂仁紀）の四人の名をあげているが、これら相互の関係をいかに考えるかは、物部氏伝承の解明にとっての課題であることはいうまでもない。

## 二

物部十千根の出雲国神宝の検校については、すでに崇神紀六十年七月己酉にくわしい記事があって、『書紀』の記述としては崇神紀から垂仁紀への一貫した関連性をもつものであるから、その内容にふれておく必要がある。

詔二群臣一曰、武日照命（一云、武夷鳥、又云、天夷鳥、）従レ天将来神宝、蔵二于出雲大神宮一、是欲レ見焉、則遣二矢田部造遠祖武諸隅（一書云、一名大母隅也、）而使レ献、当二是時一、出雲臣之遠祖出雲振根主二于神宝一、是往二筑紫国一而不レ遇矣、其弟飯入根則被二皇命一、以二神宝一付三弟甘美内韓日狭与二子鸕濡渟《ウガツクヌ》一而貢上、

これによると、崇神天皇は武日照命（出雲臣の遠祖天穂日命の子）が天から将来し、出雲大神宮に蔵めた神宝を見ようとして、武諸隅（矢田部造の遠祖）を遣わしたが、この時、神宝を管治していた出雲臣の遠祖出雲振根が筑紫国へ往き不在であったので、弟の飯入根《いひいりね》が天皇の命をうけて、弟の甘美韓《うましから》

日狭《ひさ》とその子の鸕濡渟《うがつくぬ》とにさずけて貢上させたという。

　ここに神宝というのは、単純な神社の宝物というものではない。古代において各地の豪族が信奉する氏族神、すなわち氏族の守護神は、氏族の団結と統合の精神的中核をなすものであったから、その尊崇と奉仕の志向はおのずから伝来の宝物を神庫におさめて秘蔵するものであって、非公開性のつよいものといわなければならない。したがって中央政権の支配者である天皇が、これを「見る」ことはみぎの記事にもあらわれているように、単に「見る」ことをのみ意味するのではなく、「貢上」を意味していたと考えられる。また、それは単なる器物の所有権の移転を意味するばかりでなく、その氏の所有する神聖な器物に象徴される、その「氏」の支配権の移行を意味していたと考えられ、むしろこの後者に重点がおかれていたことが留意されなければならない。

　もともと神宝は、特定の集団――氏ないし祭祀集団――の恒久的におこなわれる祭事において信奉の対象となるか、またはそれに準ずる重要な器物として尊重崇拝されるもので、聖なる呪物である。神社にあっては、神そのものか、神の宿るところと信じられる器物であるから、後世にいう「御神体」または「御正体」に相通ずる性格をもつものといえる。

　神祇信仰の原初的段階において、まだ社殿を造営せず、神事・祭事がもっぱら屋外・野外でおこなわれた段階では、それはたいてい石や木や、山や水などであったと考えられる。しかし社殿を設けるようになると、祭神はそのなかに常住すると考えられるようになってくる。この間にはおそらく仏教寺院のような建造物への尊信もつよい影響を与えたものと考えられる。社殿に常住する神は、人間的存在に近似したものとする擬人化的類推によって、神が日常に用うる神服をはじめ、いろいろな装束や調度類を必要とすると考えられ、それらが神宝として扱われるようになってゆくが、原初的な神宝はもっと局限された、呪物的性格の顕著なものであったと思われる。

平安時代のはじめ、延暦二十三年の『皇太神宮儀式帳』によると神宝として二十種があげてあるが、そのうちには重複もあるので、それを除くとつぎの十七種となり[2]、大別すれば鏡のほかは紡織具と武器・武具である。

| | | | | | |
|---|---|---|---|---|---|
| 金銅揣 | 二基 | 鏄 | 二枚 | 玉纏横刀 | 一柄 |
| 御鏡 | 二面 | 銀銅揣 | 一基 | 須加流横刀 | 一柄 |
| 麻笥 | 三合 | 弓 | 二四枚 | 雑作横刀 | 二〇柄 |
| 加世比 | 二枚 | 矢 | 二二〇〇隻 | 比女靫 | 二四枚 |
| 蒲靫 | 二〇枚 | 柄 | 二四枚 | 戈 | 二四竿 |
| 革靫 | 二四枚 | 楯 | 二四枚 | | |

こうした傾向は中近世には一層つよまり、実に多種類のものが神宝に列せられるようになるが、崇神紀の記載などはかような神宝の記事の最古層の伝承であって、古代において神宝としてなにが考えられていたかを知るうえで貴重な手がかりを与えるものといえよう。

氏族にとって最も重宝とされ、神聖な崇拝対象となる器物を「貢上」することは、地方豪族の中央勢力への屈服臣従を意味するものと解され、重大な問題といわなければならない。はたせるかな、崇神紀の記事はついでつぎのように述べている。

既而出雲振根従二筑紫一還来之、聞三神宝献二于朝廷一、責二其弟飯入根一曰、数日当レ待、何恐之乎、輙許二神宝一、是以、既経二年月一、猶懐二恨忿一有二殺レ弟之志一、（下略）

すなわち、出雲振根は自分の不在中に、弟が勝手に臣従の意を表わしたことを恨み、弟を殺そうとする。この兄弟の相闘物語は『古事記』景行段に伝えられる倭建命の出雲建討伐の説話と全く同工異曲であり、そこに引用されている歌謡もほとんど同じである[3]。おそらく出雲地方に伝わる同根の説話伝承であって、『古事記』は倭建命の出雲平定説話とし、『書紀』は出雲氏内部の兄弟争いの説話として伝承したものと考えられる。

このあと崇神紀は、この説話をつぎのように結んでいる。

於レ是甘美韓日狭《ウマシカラヒサ》、鸕濡渟《ウガツクヌ》、参二向朝廷一曲奏二其状一、則遣三吉備津彦与二武渟河別《タケスナカハワケ》一、以誅二出雲振根一、故出雲臣等畏二是事一、不レ祭二大神一而有レ間、時丹波氷上人、名氷香戸辺、啓二于皇太子活目尊一曰、己子有二小児一、而自然言之、玉萎鎮石《タマモノシヅシ》、出雲人祭、真種之甘美鏡《マタネノウマシカガミ》、押羽振、甘美御神、底宝御宝主、山河之水泳《ミククル》御魂、静挂《シヅカカル》甘美御神、底宝御宝主也、〔萎、此云レ毛、〕是非レ似二小児之言一、若有二託言一乎、於レ是、皇太子奏二于天皇一、則勅之使レ祭、

このことが朝廷に知れると、吉備津彦・武渟河別が派遣され、出雲振根は誅され、出雲臣は出雲大神を祭らなくなったという。出雲振根の物語は、ただ武力による制圧のみによるばかりでなく、無用の血を流すことなく、平和的に服従を可能にするという、素朴な智計の尊ぶべきことが、古代にあっ

ても考えられていたことを思わせる内容のもので、それが倭建命の物語にも共通して語られたことは、かような考え方のよほどひろくおこなわれたことを示すものと解されるであろう。しかし、同時にそれは単に寓意的な架空譚としてではなく、出雲に係わる歴史的伝承としての意味をもつものでもあったという側面が留意されなければならない。

矢田部造は、物部氏の同族で、[4]矢田部を管掌する伴造の氏である。その矢田部とは仁徳天皇の皇后八田皇女の名に由来する御名代の部といわれる。[5]この氏の遠祖武諸隅が出雲に派遣されて出雲大神宮の神宝を収納したことにより、出雲臣は出雲大神を祭りえなくなったということは、出雲の神宝を祭ることが出雲大神を祭ることにほかならなかったことを示していると考えられる。この武諸隅は『旧事本紀』の伝によると、伊香色雄の子の大新河の子であるという。[6]これらの所伝によって、物部氏の人々による出雲神宝検校の動向がすでに崇神朝からおこなわれていたとするのが、『書紀』の主張するところであることが知られる。

従来の研究によって知られるように、[7]古代の出雲はいくつかの文化的・政治的領域にわかれていたと考えられる。とくに意宇・大原二郡を中心とし、上流に熊野神社の存する意宇川流域の一帯（島根県八束郡地方）と、簸川・神門川流域を中心として、神門・出雲・楯縫郡にわたる半島部一帯（簸川郡地方）との、二つの地域を分けて考えることができよう。かりに名づけるならば、意宇勢力と杵築勢力ともいうべき二大勢力が対立していたことになるであろう。もちろん、地方勢力がこの二つに限定されるものではなく、また時代的な推移も配慮しなければならないが、出雲国がはじめから完全な統一体であったとは考えられないから、分立した諸勢力の散在していた様相を想定することが、古墳の分布や神社の存在形態などから蓋然性が高いと考えられる。それらを概観した場合、基本的には上記のような二大勢力の分立という様相を想定することが可能であろうと思われる。(8)

出雲国の政治的支配は、結局は意宇勢力によって成立したもののようで、出雲臣はこの地方の主導権をにぎった氏であるが、みずからは天穂日命の後裔と称し、またその子の武日照命（天夷鳥《あめのひなどり》）を祖といっている。出雲国造家として連綿として世系を伝えることになるが、この氏の祭祀が単なる祖先神祭祀でなく、出雲大神としての大国主神を祭る形体を保持していることは、(9)出雲国造自身が、国内の対立勢力との角逐をへて地方支配を獲得してきたものであることを示しており、最初から単純に自氏の祖先を神として国中に君臨した存在ではなかったことを示しているといえよう。

崇神紀の伝承によれば、出雲振根の伏誅により出雲臣はしばらく出雲大神を祭らなかったが、のち、丹波の(10)氷上の氷香戸辺《ひかとべ》というものが皇太子活目尊（のちの垂仁天皇）に、かれの子の託言をしらせたことによって、ふたたび出雲大神を祭るようにとの勅をうけたという。この記事は、氷香戸辺が出雲大神を直接に祭ったとはいっていないので、その子の託言が出雲臣の大神祭祀を再開させたという点からみれば、氷香戸辺は出雲臣に対する朝廷の不信感の一掃に与って大きな役割をはたしたことが推察され、おそらくこれは丹波国氷上の氏族の仲介・助言・助力が出雲臣の復権（とくに祭祀関係をめぐる）に大いに役立ったことを示していると考えられる。

この託言は、小児への神託として意味のよく通じないところがあるが、流れる水の底に沈んでいる聖なる鏡の霊威を告げたものと解され、いわば神宝を手あつく祭祀すべきことをすすめる意味をもったものであろう。「玉萎鎮石」・「甘美鏡」・「底宝御宝主」などといっているのもそうしたものを指すのであろう。神宝の呪力信仰にもとづいて出雲国造の祭祀の復権を可能にするため、丹波の土豪が重要な役割をになったことを示しているものと解されるであろう。

以上のような出雲における神宝祭祀をめぐる経緯をふまえて、垂仁紀廿六年八月庚辰の記事がある。

> 天皇勅二物部十市根大連一曰、屢遣二使者於出雲国一、雖レ検二校其国之神宝一、無二分明申言者一、汝親行二于出雲一、宜二検校一、則十千根大連校二定神宝一、而分明奏言之、仍令レ掌二神宝一也、

これは出雲国の神宝検校が順調に進まないなかにあって、十千根が分明に奏言して管掌の任をはたしたことを特筆するものであって、後述の石上神宮神宝の管治とならんで神宝の性格とそれが古代信仰のうえにもつ意義を考えると、この背後にはたしかに政治的支配ないし影響力を考えないわけにはいかないと思われる。すなわち、神宝管治は単なる祭祀面に限られる宗教的な事実、または単に好奇心から刀剱を見るという個人的な興味にもとづく事柄をさしているのではなく、政治的意図、すなわち神宝管治の有無が政治的支配力ないし政治的影響力の消長を物語る重要な指標となっている側面を見のがしてはならないと考えられる。

## 三

垂仁紀には物部氏の氏神[11]ともいうべき石上神宮の管掌に関する記載があって、両者の関係を考える

重要な問題を提示している。まず同紀三十九年十月にはつぎのように記している。

五十瓊敷命居二於茅渟菟砥川上宮一、作二劔一千口一、因名二其劔一謂二川上部一、亦名曰二裸伴一、〈裸判、此云二阿箇播娜等母一〉蔵二于石上神宮一也、是後命二五十瓊敷命一、俾レ主二石上神宮之神宝一、

この五十瓊敷命は、垂仁天皇の皇后日葉酢媛命の所生三男二女のなかの第一皇子であるが、皇太子とはなっていない。その理由と事情を説明するのが、垂仁紀三十年のつぎの記載である。

すなわち、垂仁天皇はその長子の五十瓊敷命と次子の大足彦尊（のちの景行天皇）とを召して二子の願いを聞いたところ、兄の五十瓊敷命は弓矢を得たいと答え、弟の大足彦尊は皇位を得たいと答えた。これによって天皇は、二子の意志のままに兄王には弓矢を賜い、弟王には皇位を継承させることとしたという。

この記事をうけて、垂仁紀三十七年正月戊寅に大足彦尊の立太子を伝え、また五十瓊敷命に対して弓矢すなわち武器を賜わることとなるが、それを示すのがいまの三十九年十月の記載であり、さらにここに引かれている「一云」なる一書の伝がそれである。

五十瓊敷命に対しては、これよりさき、垂仁紀三十五年九月に、河内国に遣わして高石池・茅渟池を作ったという記事がある。このうち高石池の地は和泉国大鳥郡高石を指すものらしく、現今の大阪府高石市（旧泉北郡高石町）に当る。『古事記』垂仁段にも、「印色《いにしき》の入日子《いりひこ》の命は、血沼池を作り、また狭山池を作り、また日下の高津池を作る」とあり、その高津池の津は師の字の誤りかと考えられている。[12] また茅渟池は『古事記』の血沼池に当り、現今の泉佐野市下瓦屋南（旧日根郡野々村）付近

に推定することができる。

茅渟は和泉の地方を指し、この地は神武紀即位前の東征伝承の舞台ともなっており、紀伊との国境にちかく、大阪湾に面した古代の着船地で、茅渟の山城水門《やまきのみなと》・山井《やまのゐの》水門・雄《をの》水門などの名が伝えられている。菟砥《うと》は後世の宇度で、『延喜式』には五十瓊敷入彦命の墓地として比定されている。[13]命の宮居とされる菟砥川上宮は、『古事記』には「鳥取之河上宮」とあって、『和名抄』の日根郡鳥取郷の地に相当すると考えられ、現今の泉南郡岬町淡輪である。五十瓊敷命の宇度墓は現在南海電鉄の淡輪《たんのわ》駅の南に接して存在する前方後円墳がそれに比定されている。[14]ちなみに菟砥川はいまもこの地を北流しており、旧泉南郡東鳥取村に属する自然田《じねんた》を経て、男里川と名を改め、男里の西を北へ流れて大阪湾に注いでいる。

五十瓊敷命の伝承は、この菟砥川上宮において剱一千口を作り、その剱を川上部《かわかみのとも》または裸伴《あかはだがとも》といったという。その地が菟砥川の上流地帯であることが推測される。川上部が菟砥川の川上に存する宮に由来する称呼であることは認められよう。部の字をつけているのは、この地方で刀剱の生産に従事した人々が、一の部曲として扱われていたためではないかと思われる。部の字がつくから人民の集団を指すのであろうが、ここではそれが刀剱そのものを指すように用いられている。一見異様な用法のように思われるし、厳密にいえばおそらく一種の誤用といえようが、刀剱を呼ぶのにその製作者の名をもってすることは、後世においてはその例に乏しくない。一の推測ではあるが、この場合もその例に準じて考えることができよう。裸伴ともいうのは、その別名であるが、「阿箇播娜我等母」と訓じられており、その意はこのトモによって鍛錬される鉄が、高温であかく輝き、ねりがねといわれるように、やわらかく鍛工の意に従ってその肌の形をととのえてゆくさまを「アカハダ」といったものであろうか。アカの語は、赤すなわち明るいものであり、光り輝くもので、一種の霊威あるものとされた。ただし、「アカハダガトモ」とガの語があることからすれば、アカハダはトモ自体を形容する詞とも解される。この刀剱の生産に従事するトキは高温の火を使うため、肌を出して刀剱の鍛造に従事したであろう。人々のはげしい労働の独特な雰囲気から、かような称呼も生じたのではないかとも推考される。いずれにしても、この刀剱のもつ鋭利で霊妙なはたらきは、その呪術的・神宝的性格をつよく人々に印象づけたであろう。

ここで問題となるのは、かような伝承がはたしてどこまで史実と係わるものであるかという点である。地名を現在地に比定することができたとしても、一千口という数にあらわされるような多数の刀剱の鍛造がこの地において可能であったか否かは、当然検討されなくてはならないことである。

これについては、はやく関祖衡の『和泉志』(15)に「宇度墓、在㆓自然田村東、宇度川上、玉田山㆒、土人建㆓小祠于墓上㆒」とし、菟砥河上宮は「深日鍛冶谷亦其址」という。すなわち菟砥川の川上の玉田山の地に鍛冶谷の名が存し、これを古代刀剱鍛造の旧址と推定しているわけで、以後、本居宣長(16)をはじめ多くの学者がこれに従っている。

これに対して和泉南部が製鉄にふさわしい地方とはみられないということから、いわゆる菟砥川をもこの地でなく他の地域に求める考えがある。これは古代の製鉄技術の状況から中国山地に砂鉄を産出し、製鉄遺跡の多い事実を考慮しての議論ともなるもので、山陰の出雲・伯耆・備中・備前・但馬・播磨などの地方を候補地として考えることになる。とくに『播磨国風土記』の揖保郡揖保里の宇頭《うづ》川（すなわち揖保川）を菟頭川にあてる説も唱えられている。[17] 揖保川もしくは千種川の上流は砂鉄資源にも燃料にもめぐまれた土地で、大量の刀剱の鍛造には絶好の立地条件とみる立場である。[18]

しかし、これによって和泉説が全面的に否定されたわけではなく、なお検討課題として残されているというべきであろう。[19] この点で和泉の南に接する紀伊に勢力をもつ紀氏が韓鍛治と関係をもつことも見のがせないことである。[20] 雄略紀九年三月・五月によると新羅遠征に功のあった大将軍紀小弓宿禰が病死してのち、勅によって田身輪邑に葬られたとあるが、その田身輪邑は淡輪で上記のように現今の泉南郡岬町淡輪に当り、前掲の宇度墓のほかに西陵古墳・西小山陵古墳のような古墳時代中期の前方後円墳が存在している。これらの古墳からは出土例の稀有な鉄地金銅装四方白眉庇付冑が検出されており、注目に価する。[21]『続日本紀』神護景雲二年二月癸卯に、讃岐国寒川郡の人、外正八位下韓鉄師毗登毛人・韓鉄師部牛養ら百二十七人に坂本臣の氏姓を賜わった記事がある。ここに「韓鉄師」という渡来系の鍛造技術者を思わせる人名のみえることが留意される。『続日本後紀』承和三年三月丙午に、讃岐国人左大史正六位上坂本臣鷹野が讃岐の籍帳を除いて和泉の旧墟に復することを請い、許されることがみえ、同月庚戌この坂本臣鷹野ら十三人に朝臣の姓を賜わったとある。この二つの記事から知られるのは、坂本臣がもと和泉を旧居としており、その地へ復帰したということである。これは韓鉄師がもと和泉に居住していたことを示していると解することができるであろう。[22] なお『続日本紀』天応元年六月戊子にも和泉国和泉郡の人坂本臣糸麻呂ら六十四人に朝臣の姓を賜わった記事がある。坂本臣の本貫が和泉郡地方にあったことが察せられるが、『倭名類聚抄』には同郡に坂本郷を載せるほか、河内国高安郡・古市郡にも坂本郷が存在している。これはもちろん坂本臣を称するものがすべて韓鉄師であったというのではないが、少なくともその一部に含まれていた可能性を否むことはできない。坂本臣は系譜的には紀氏同族と称し、紀臣・都奴臣とともに『古事記』孝元段の木角宿禰を祖として武内宿禰系譜のなかに編入されている。しかし私はこの氏が紀氏同族系譜に編入された時期は比較的新しく、大化直前から天武朝までの間ではないかと推定している[23]。その点から考えてもこの氏が韓鉄師という大陸からの金工技術と深い関連性をもつという性格はみのがしえないものである。

考古学的発掘がかなり多く行われた現代でも、河内・和泉地方における鉄資源の生産地はつきとめられていない。わが国では鉄の素材である地金を朝鮮方面から輸入し、加工した場合が多いので、鉄加工（小鍛治）作業が少なくなかった。すでに古墳時代前期から鉄鉗・鉄鎚・鉄砧の出土した例もあって[24]、畿内が鉄器生産に先進的地位をしめていたことは否定できないであろう[25]。

この問題を考える場合、四―五世紀のころの大和・河内・和泉を中心とする畿内でも政治権力の集中度の高い地域においては、それだけ政権維持のための軍事力保持の必要性も大であったであろうことが考えられるべきであろう。このため大規模な武器の生産地が比較的近接した地域にあるのが当然といえよう。この意味でも、川上部（裸伴）の伝承のもつ意義はみのがしえないものがある。しかもそれにはおそらく多分に宗教的ないし呪術的な意味づけがおこなわれたと考えられる。

## 四

川上宮でつくられた剱一千口は石上神宮に蔵められ、のちに五十瓊敷命がこれを神宝として主《つかさ》どったという。ここに石上神宮のあらわれることから、この神宮と刀剱との関係についてふれなければならない。

石上神宮は古来、兵器を蔵する神社として著名である。その由来を物語るのがこの伝承であるが、いま留意したいのは、垂仁紀三十九年十月の上掲の記載によると、この神宮に剱が蔵められ、それが「神宝」とされるとともに、それを主《つかさ》どるのが五十瓊敷命であるとするので、その意味は皇族であり、天皇の兄であるこの命が神宮の祭主であるとする点にある。

石上の神宝については、神代紀の一書に素戔嗚尊が八岐大蛇を斬った剱を「蛇之麁正《をろちのあらまさ》」といい、「此今在二石上一也、」といい、大蛇の尾の中から出た草薙剱を尾張国吾湯市《あゆち》村の熱田の祝部の所掌の神とするものと並称している。もっともこの石上は大和のそれではなく、別の一書によると吉備の神部《かむとものを》のところといい、出雲の簸《ひ》の川上の山という[26]。その地は『延喜式』神名帳の備前国赤坂郡石上布都之魂社に当ると考えられている。したがって大和の石上神宮とは別の所伝といわなければならないが、同じく刀剱について神宝の観念を伝え、石上のフツの魂の称を用いているところに注目すべきものがある。石上神宮が石上布留社と称せられ[27]、またそこに祭られる神霊が「韴霊《ふつのみたま》」といわれているのは、なぜであろうか。これについてはこのフツ・フルという語を「光、あるいは、神霊の降臨することと何か深い関係のある語(28)」と解する三品彰英氏の説に示唆されるところが大きい。すなわち、この語は韓語 Pur の同系語であって、たとえば新羅の始祖赫居世王の名、赫（Pur）居（K）世（an）の名も「赫《かがや》かしくいます君」と訳することができ、このような霊質を身に体得した呪師的君長を指したものと解される。フル・フツの原義が「光るもの、赤き（明き）もの」すなわち神霊であり、また「神霊の降臨すること」を意味したと解するとき、日本古代の「フツノミタマ」や「真のフツ鏡」の名義も理解できるのであって、前者は神武紀にみるように、天照大神の命をうけた天神武甕槌神が降臨するかわりに降した平国の剱となるものであり、後者は天岩屋戸の神話にみえ、天照大神の八咫鏡の別称であって、日神アマテラスの出現を呼び迎える霊形であり、光を表象する神器であって、その点ではフツノミタマもマフツノカガミも本質的には同一のものということができよう。

かように石上の神宝に対する信仰が、刀剱の神聖視とその崇拝であることは、刀剱のもつ鋭利性や光輝性によって僻邪を退散させる呪力をもつものとしての機能が認められていたと考えられる。刀剱が軍事的用途をもつことはいうまでもないが、軍事力・武力に備わる威力が宗教的崇敬の対象となることは当然のことといえよう。

しかし、この神宮において祭神の宗教的機能がただ右の一点にのみ集中的に考えられていたわけではない。そのことを示すのが、右の本文につづけて分注に引用されている一書の伝である。

一云、五十瓊敷皇子、居二于茅渟菟砥河上一、而喚二鍛名河上一、作二大刀一千口一、是時、楯部、倭文部、神弓削部、神矢作部、大穴磯部、泊橿部、玉作部、神刑部、日置部、大刀佩部、并十箇品部

賜二五十瓊敷皇子一、其一千口大刀者、蔵二于忍坂邑一、然後従二忍坂一移之、蔵二于石上神宮一、是時神
　乞之言、春日臣族、名市河令レ治、因以命二市河一令レ治、是今物部首之始祖也、

この一書の伝をさきに掲げた『書紀』本文と対比すると、全体によりくわしい記述になっており、また具体的に特定の氏―物部首―との関係を示している点に特色がある。のみならず、前記の石上神宮の神の軍事的威力にとどまらない多面的な機能をも表現しているとみられる点に注目される。

すなわち、鍛《かぬち》（鍛工または鍛師）河上に大刀を作らせるとともに十箇の品部《とものみやつこ》の名をあげて、これらを五十瓊敷命に賜わったと述べている。この十箇の品部の名をみると、いずれも神事に関連性をもつ部と考えられるが、そのうち直接に軍事または武器に係わるものは、楯部・神弓削部・神矢作部・大刀佩部の四を数えるだけである。しかもこれらのものも、他の六の品部の名から推測しても必ずしも実際の軍事に係わるというのではなく、儀式的・祭祀的傾向のつよいものではないかと考えられる。たとえば、倭文部《しとりべ》はシトリがシツオリの約音であって、穀《かじ》や麻などの緯《よこいと》を染めた織物をつくるもので、神前をかざるにふさわしいものであったろう。日置部はヒオキ（日招《お》き）の部でオキは招禱の意と解したり、あるいはオキは葬ることの古言オクの変化したものともいわれるが[29]、後世この部の伴造である日置氏が主殿寮の殿部となって、灯燭・松柴・炭燎の用に当っていることからすると、刀剱などの武器を鍛造する時の炭燎を用意する任務を負っていたものか、とする説があり[30]、古くそこまでの分業的形態があったか否かは判然としないが、炭燎は『令義解』に燎は「庭燎」であるとし、庭火の意であるから、神前の儀式にも欠かせぬものであったと思われる。

このほか玉作部は、勾玉・管玉・平玉など諸種の玉類の製造に当っていたものであるが、神祇祭祀の場にある人々の装身具となったばかりでなく、宗教的な呪具の一として重用されたことが考えられる。泊橿部《はつかしべ》は泥部であり、令制では土作・瓦埿ならびに石灰を焼くなどのことに従うものをいう。土作は壁を塗るの類で、宮殿・社殿の造営その他の土工に欠かせぬ用務をもつ部で、後世、瓦をもつくるに至ったらしい。

大穴磯部《おほあなしべ》は、アナシがつぎのオシサカとともに大和国内の地名を指すもののようである。垂仁紀二十五年三月丙申の天照大神伊勢国奉祀の条に引く一書にも、大倭大神を祭る神地《かむところ》を穴磯邑に定めたとある。その地は大和国城下郡にあり、『延喜式』に穴師坐兵主神社を記している。現今の桜井市穴師の地である。

また神刑部については、この一千口の大刀が石上神宮に蔵められる前に、一時これが忍坂邑に蔵められたことを伝えており、そのオシサカ（オサカ）の地に因んで名づけられた部である。神を冠するのは上記の神弓削部などと同じく神に奉仕するものの謂であろう。その地は『和名抄』の城上郡恩坂（於佐加）郷、すなわち現今の桜井市忍阪《おつさか》で、『延喜式』に忍坂坐山口神社・忍坂坐生根神社が存する。神宝である大刀が石上神宮に蔵置される以前に、この地にあったとされることにより、石上神宮の祭神の御旅所のような由緒地とされたのであろうと考えられる。

ここに十箇の品部が列挙されていることによって、五十瓊敷皇子に賜与されたという部民の内容の多様なことが察せられるが、これを本居宣長は、「此ノ品部は、此ノ皇子に賜ひて、河上ノ宮に属《つき》たる部々《むれ〳〵》

なる故に、十箇部を都《すべ》て、河上部と云しなるべし(31)」と解している。かように十箇の部を総括して、河上部なる特定の部の名をもって称することが、はたしてあったか否かはなお問題をのこすところではあるが、俗称または慣用的な用法として、このようなことがあったとしてもおかしくはないと思われる。その点で、十箇の品部を列挙している一書の伝は、五十瓊敷命伝承の原型的なものというよりは、多様な展開をとげた石上神宮の祭祀形態を反映する伝承の一端をなすものであろうと考えられる。

古来石上神宮には本殿たる建物がなく、拝殿の背後には禁足地といわれる立入禁止の場所がある。ここには神劔が埋納されていると信じられてきたが、明治七年（一八七四）、当時の大宮司菅政友が官許をえて発掘を行なったところ、鉄製の素環頭内反《そかんとううちぞり》の大刀一口が出土した。これを御神体たる韴霊として安置して現在におよんでいる。この発掘に際しては勾玉・管玉など多数の玉類も出土しており、なかでも勾玉十一顆は硬玉製のきわめて優秀なもので、重要文化財に指定された。これらは素環頭大刀とともに四世紀代の製作と推定されている(32)。上記の玉作部の伝承とも考えあわせると、両者の連関性が推測されるし、いわゆる禁足地において、これらの出土品をみたことは禁足地が古代における祭祀遺跡であったことを示唆しているといえよう。

石上神宮の祭祀について、物部首の名がみえることは、この神社の祭祀と氏族との関係を示す意味において注目すべき事実である。すなわち、大刀一千口が石上神宮に蔵められるにあたり、春日臣の族市河にこれを治めるようにとの神告があったといい、その市河が物部首の始祖であるというものである。物部首を春日臣族とする、この伝は後世における『新撰姓氏録』摂津国皇別において、

物部首　大春日朝臣同祖、孝昭天皇皇子天帯彦国押人命之後、

との記載にうけつがれているが、これは同じ物部を名とするにかかわらず、春日臣族といい、また皇別とされているように、社会的には物部連とは別系統の氏として存在したものである。しかし物部氏の氏神とされる石上神宮にあって、神宝を管治することを世職としていた点からみて、物部連と全く無関係な存在とみることはできないし、それでは不自然といわなければならない。

その意味において、『新撰姓氏録』(33) 大和国皇別の布留宿禰に関するつぎの記載は、この氏の性格を知るうえで重要なものといえる。

布留宿禰

柿本朝臣同祖、天足彦国押人命七世孫米餅《タガネ》搗大使主《ツキオホオミ》命之後也、男木事命、男市川臣、大鷦鷯天皇御世、達レ倭賀二布都努斯神社於石上御布瑠村高庭之地一、以二市川臣一為二神主一、四世孫額田臣、武蔵臣、斉明天皇御世、宗我蝦夷大臣、号二武蔵臣物部首并神主首一、因レ茲失二臣姓一為二物部首一、男正五位上日向、天武天皇御世、依二社地名一改二布留宿禰姓一、日向三世孫邑智等也、

このうち「宗我蝦夷大臣」以下の部分については、従来の訓法ではその文意が必ずしも明確ではなかった。たとえば『新校群書類従』においては、(34)「宗我蝦夷大臣号二武蔵一《イ臣》曰二物部首并神主首一、因レ茲失二臣姓一為二物部首一」とあって、宗我蝦夷大臣が武蔵と号し、物部首并神主首ともいった、という意味に解しているようであるが、これでは文意は分明でないといわなければならない。佐伯有清氏はこれについて、「宗我蝦夷大臣、武蔵臣を物部首并に神主首と号《な》づく」と訓じて、市川臣の四世孫であ

る武蔵臣に対して、蝦夷が物部首ならびに神主首の氏姓を与えたとの意と解し、従来臣姓であった武蔵臣が首姓となり、石上神宮の神主首《かみぬしのおびと》となったと解する。[35]

ただ石上神宮を奉祀する氏としては物部連が中心となったことは否めないであろう。それに対して市川臣の系統は物部を称してはいるが、武蔵臣に神主首の姓（というより、むしろ職、役目の意か）を与えられたとはいえ、それはあくまで物部連に次ぐ位置にあったのではないか。いわば祭司の副としての役割をはたしたことを示すのではないかと考えられる。

なお、これに類する伝承として、あわせてあげるべきは、田中卓氏によって紹介された『紀氏家牒』である。[36]この書の成立は奈良末期から平安初期までの間と推定されているが、記載内容には新古の用字が混っていて全面的に信をおきうるものではない。しかし当面の物部首に言及している点は参考とすべきであろう。

紀氏家牒曰、馬子宿禰男蝦夷宿禰家葛城県豊浦里、故名曰二豊浦大臣一、亦家多貯二兵器一、俗云二武蔵大臣一、母物部守屋大連〔亦曰二弓削大連一〕之妹名云二太媛一也、守屋大連家亡之後、太媛為二石上神宮斎神之頭一、於レ是蝦夷大臣以二物部族神主家等一為レ僕、謂二物部首一、亦云二神主首一、

この文によれば、物部守屋の家が亡びた後、蘇我蝦夷は守屋の妹の太媛を石上神宮の斎神の頭とし、物部族を「僕」として物部首といい、神主の首としたという。これは『姓氏録』の伝とは異なるものであるが、物部首と石上神宮との関係を述べている点では一致しており、しかもその家と蘇我氏とのかかわりにふれている点においても相通ずるものがある。しかも物部首が神主首ともいわれたことを

伝えているところに、さきの『姓氏録』の所伝とあわせ考えるべきところがある。

石上神宮の祭祀に「副」となって奉仕したという市川臣の家が、蝦夷の時代に神宮との関係をつよめたことは両書にほぼ共通している。『姓氏録』によると市川臣は木叏命の男とされるが、この木叏が反正記・紀にみえる「丸邇之許碁登臣」・「大宅臣祖木事」であることはすでに指摘されているようにたしかであろう。これは先掲の垂仁紀三十九年の一書に、「春日臣族名市河」とあることとも一致している。したがって、この氏が天武朝にいたって布留という社地の名によって布留宿禰と称するに至った事情もうなづけるであろう。この春日臣族が一書の伝のように古くから石上神宮に奉仕したという伝承は、この社の祭祀が単に物部連だけの占有するものではなかったことを示す意味で注目され、複雑な事情がからんでいたことも考えられる。この氏が「大鷦鷯天皇」すなわち仁徳朝において、市川臣が神主となったとあるのは、垂仁朝の十千根より後の時代のこととなっているが、この時代の順序は必ずしも厳密なものとしては考え難い点がある。むしろ物部連よりも前から神主であったものが、物部連の勢力の大きくなるにつれて、その配下に入るようになり、いわば伴造の一となって物部首を称するに至ったとも解されるであろう。(37) つまり古くは春日臣族がこの神宮の祭祀にたずさわっていたのが、のちに物部連が祭祀権をつよめていったのではないかと考えられるのであり、その点で、「斉明天皇御世」(実は皇極天皇御世とすべきであるが)に蘇我蝦夷の命によって物部首と称するに至ったとの『新撰姓氏録』の所伝や『紀氏家牒』の所伝は、内容的には、必ずしも一致してはいないとはいえ、示唆を与えるものである。

また石上神宮の祭祀において、右のような位置をしめて、その役割をはたした物部首についての記載が、『書紀』において物部連の「副」あるいは「僕」としての位置づけが明瞭でないのは、氏族伝承というものの性格のあらわれとみられる。それぞれの氏は自氏の役割を必ずしも客観的には伝えてはいない。神宮において神主首となったという自氏中心の直接的表現をもって伝えていたのであろう。それを客観的にそれぞれの氏の地位に応じて記載する立場にあった『書紀』の編者も、直接に利用する資料が氏族中心的傾向をもつものであるため、その表現に近い形をとらざるをえない場合が少なくなかったであろう。そのような例として物部首の場合も考えることができよう。

## 五

垂仁紀においては、三十九年十月の石上神宮神宝記事のあとは、祭祀に関するつぎの記載に直続している。この間の四十七年間は全く記事を欠くが、三十九年が庚午年で、八十七年が戊午年であるから、ほぼ干支四巡を欠く形式となったものらしい。そうした作為的とみられる操作のうえで掲げられているのがつぎの記載である。

五十瓊敷命謂二妹大中姫一曰、我老也、不レ能レ掌二神宝一、自レ今以後、必汝主焉、大中姫命辞曰、吾手弱女人也、何能登二天神庫一耶、〔神庫、此云二保玖羅一〕五十瓊敷命曰、神庫雖レ高、我能為二神庫一造レ梯、豈煩レ登レ庫乎、故諺曰二神之神庫随樹梯之一、此其縁也、然遂大中姫命授二物部十千根大連一而令レ治、故物部連等至二于今一治二石上神宝一、是其縁也、

これは上来の五十瓊敷命の石上の神宝管治が物部氏にうけつがれることとなった由来を語るものとして、物部連にとって重要な意味をもつものである。すなわち、五十瓊敷命は老齢を理由として妹の大中姫に神宝管治を命ずるが、姫はこれを辞退した。その理由として神庫に登ることの困難をあげているが、これは五十瓊敷命のことばとして述べているように、梯《はし》（きざはし・はしご）をかければできるといえるもので、姫の辞退は物部氏の神宝管治の由来を説明するための、一種の起源説話的色彩がきわめて濃厚なものであり、氏族伝承の一形態を示すものといって大過ないであろう。なお、五十瓊敷命のあとにその妹である大中姫命が後継者に擬せられたことは、神宝の尊貴性にかんがみ、皇族の女性（多くは未婚）が祭主となるのにふさわしいとする思想が垣間見られ、そこには暗に伊勢神宮の祭主に垂仁天皇の皇女である倭姫命が任じられ、伊勢斎宮のはじめと考えられたのと類似する観念がある。石上の祭祀を伊勢の祭祀に比肩させる意図もあるかと考えられる。しかし石上神宮にはとくに神宝として大刀があり、後世には朝廷の兵仗・武器の倉庫としての性格を付与されていたことからすると、武神にふさわしい祭祀のありかたが構想されたのであろう。

垂仁紀廿七年八月己卯に、兵器を神幣とすることを令する記載のあるのは、明らかに石上神宮の神宝記事を意識しての神祇思想のあらわれとみられる。その文はつぎのようである。

令二祠官一卜三兵器為二神幣一、吉之、故弓矢及横刀納二諸神之社一、仍更定二神地神戸一、以レ時祠之、蓋兵器祭二神祇一、始興二於是時一也、

これによると、兵器を諸社に対して神幣として納め、神を祭ることの起源を垂仁朝に求めようとす

る思想が『書紀』の編者にあったことが知られる。それを具体的な叙述をもって示す代表的なものが、石上神宮の神宝としての大刀の由来である。また天日槍将来の出石の神宝のなかに、出石小刀一口・出石桙一枝のあることもあわせ考えると、[38]大陸からの鉄器文明の流入につれて、日本社会の文化的価値観念にひとつの変容が起り、鉄器に対する呪物観念が昂揚され、はじめには神幣として、のちにはついに神霊の憑り代とされるにまでいたった歴史的経過が推定される。こうした社会的変貌のなかに宗教的信仰の象徴としての刀剱信仰が具象化された適例が、石上神宮において見出されるというべきであろう。

このように兵器を神宝とし、弓矢、横刀をもって神幣とする、武器尊重の観念は上述の三年正月甲子の五十瓊敷命の情願が「皇位」にはなく、「弓矢」にあったという説話的伝承の表現とも相対応するものである。この武器尊重の観念は、武力をもって朝廷に奉仕する物部氏の性格にもっともふさわしく、そこに、大中姫命が「吾手弱女人也、何能登二天神庫一耶、」と辞退したことばも、逆に物部氏がこの社を祀る意義を強調するはたらきをもつものといえよう。

この説話のもつ意味は深厚である。一個の政治権力が国内統一をすすめ、その支配体制を維持してゆくためには、実際に武力・軍事力は不可欠のものと考えられた。この武力・軍事力の行使は勇壮な兵士集団と鋭利な武器の保有が基本となる。そうした武力集団を統率するものは、現実的な政権機構においては、つねに政治的指導者の配下に従属する形をとらざるをえない。平和的な政治支配の実現のために武力・軍事力は手段として必要なものではあるが、それ自体が目的となるものではないからである。

かくて政治支配の手段としての軍事の実権は、つねに政治権力に従属する性格をもつものであるが、武力・軍事力の実際的行使の場にあっては、身命を堵しての非日常的決断や行動が要求される。そうした人間行動に宗教的信仰はほとんど不可欠の精神的基盤となる。武力を象徴する刀剣の威力が「韴《ふつの》霊《みたま》」なる御正体として奉祀される。石上神宮の祭祀は、かような宗教的信仰の聖所として国家的な尊崇の対象となりうるものであった。この社を精神的宗教的依拠とする物部氏が自氏の氏神として奉祀にあたる由来を、いにしえの天皇の兄に当る五十瓊敷命にその濫觴をもとめ、その後継となるべき大中姫命の辞退によって自氏の祖十千根大連に祭主の業がうけつがれたことを唱道している時、そこには当然、天皇統治の業に準ずるだけの政治的意義の重要性を自家が世々継承してきていることへの、栄誉を自負し誇示する姿勢がよみとれる。

ここには、ある意味で神武紀即位前にみえる神日本磐余彦尊（神武天皇）とその兄五瀬《いつせ》命との関係にも似た、人間関係の表現を通しての思想的構造がよみとれる。周知のように、五瀬命は磐余彦尊とともに辺陬の日向の地に軍を発し、速吸之門《はやすひなと》から筑紫・安芸・吉備の諸地をへて浪速から河内に入り、胆駒《いこま》山（生駒山）をこえて中州《うちつくに》に入ろうとしたが、孔舎衛坂において流れ矢にあたり、日神の子孫で、日に向って虜を征つのは天道に逆うとして、ひきかえして茅渟から紀国の竈山に入り、ここで命終している。東征のいたましい挿話といえるが、そこには戦争のはなばなしさに必ず伏在する悲しみをあらわしている。また天皇の兄に当る人物が軍事的努力をしている点にも類似性があり、古代において政治と軍事との関係を象徴的に暗示しているとさえ考えられる。

世襲王権においては、王の子が複数である場合、すべての王子が王となるとは限らない。むしろ王とならない王子が多いのが常態であろう。その場合、王とならない王子たちは種々の形態で王権の護持強化につとめたであろう。とくに戦時には軍事力・武力のうえでの活動にむかう場合が少なくなく、これは上記の五瀬命や五十瓊敷命伝承の成立にもつよく作用した歴史的実態であったであろう。

石上神宮が物部氏の氏神であるとともに、また国家祭祀の意義をになうことは、後世の『旧事本紀』にみえる、つぎの記載においてより明確な主張となってあらわれてくる。すなわち神武朝の定功行賞の記事のなかに、

凡厥奉ㇾ斎二瑞宝一而、祈二鎮寿祚一、兼崇二霊剱一、而治二護国家一、如ㇾ此之事、裔孫相承、奉ㇾ斎二大神一、具件如ㇾ左、

とありさらに崇神朝に係けてつぎの記載がある。[39]

磯城瑞籬宮御宇天皇御世、詔二大臣一、為ㇾ班二神物一、定二天社国社一、以二物部八十手所作祭神之物一、祭二八十万群神一之時、遷二建布都大神社於大倭国山辺郡石上邑一、則天祖授二饒速日尊一、自ㇾ天受来天璽瑞宝、同共蔵斎、号曰二石上大神一、以為二国家一亦為二氏神一崇祠為ㇾ鎮、（下略）

これらには、いずれも物部氏の立場からする後世の潤色が加えられていることは否めないであろうが、かような主張の原由となる伝承が、すでに『記』・『紀』の成立期までにある程度形成されていたもののあることが察せられる。ここに「為二国家一」とあるのは、この社が単なる一氏族の祭祀にとど

まらず、天皇氏をはじめとする国家祭祀の規模を保持することの主張であり、「為二氏神一」とあるのは、この社の古態を示すとともに物部氏がとくに強調した点でもあった。この社は歴史的にも後者の性格が基調をなしているが、同時に国家祭祀の対象であることを大きく誇示しようとしていたことが知られる。

物部氏は、日本神話の体系にも連なる古伝承をもち、天神である饒速日命を祖とする稀有な伝承を誇る雄族であるが、血統的には天皇氏と結びつかない伴造氏族である。それだけに自氏の地位の主張に貢献する、あらゆる条件をその家記伝承に吸収伝持したと考えられる。皇親であり、天皇の兄に当る五十瓊敷命の任とした武神奉祀の要務を、皇親でないにもかかわらず、うけ伝えたという点にこの氏の主張の眼目もあったとみることができるであろう。

しかし、この氏が奉ずる神は、その伝承が示すように、かれの祖先神ではなく、フツノミタマなる平国の剱である。これは武力をもって朝廷に仕えるこの氏にふさわしい信仰の形態であるといえよう。しかし、それは原初から一貫してそうであったのではなく、石上の社の信仰の古態はおそらく禁足地がいまも存在するように、古くは野外の聖域に神を祭る原始的形態を存していたものであろう(40)。ところが出雲の神宝伝承がつたえるように、諸地の土豪の服属に対して、神宝検校に当ったとされる物部氏自体が、実は神宝のもつ呪力宗教の信奉者として登場していたことを示すものといえるであろう。また、それは刀剱に代表されるような金属器文明の盛行という文化史的現象の宗教的信仰の側面における現象形態であったことも見のがしえない(41)。この意味において崇神紀六十年七月己酉の丹波の氷香戸辺の小児への神託に「真種之甘美鏡《またねのうましかがみ》」とある、鏡への宗教的傾倒も同様の信仰の表現として理解されるべき理由がある。

かような鏡や剣への信仰は、もちろん特定の氏のみの崇敬の対象として限定しえないものであろうことが考えられる。春日臣族市川臣が祭主となったと伝えるのは、それが実年代的に何世紀ごろのことであったか、なお検討の余地があり、またこの所伝のみによって石上社の信仰の性格とその展開を規定することはできないが、特定の氏神的信仰の領域をこえたものとなっていった側面は見のがしえないであろう。

物部氏の宗教信仰の様態について、なお論究すべきことが多くあるが、他日の機会をまって追究したいと思う。

**注**

（1）たとえば、つぎの論考がある。
直木孝次郎「物部連に関する二、三の考察」（三品彰英編『日本書紀研究』二、一九六六年）。

志田諄一「物部連」（『古代氏族の性格と伝承』所収、一九七一年）。

横田健一「物部氏祖先伝承の一考察」（『日本書紀研究』八、一九七五年）。

黒田源次「物部氏神考」（『神道史研究』二の一・二・三、一九五四年）。

野田嶺志「物部氏に関する基礎的考察」（『史林』五一の二、一九六八年）。

池田源太「物部・中臣二氏の居地による友交関係の可能性」（『日本書紀研究』八、一九七五年。の

ち、『古代日本民俗文化論考』所収、一九七九年）。
畑井弘『物部氏の伝承』（一九七七年）。
松倉文比古「物部氏の祖先伝承について」（『国史学研究』三、一九七七年）。

（2）『群書類従』巻一・二、神祇部所収。『新校群書類従』一、一〇頁、一九三一年版。

（3）兄の出雲振根は、ひそかに木刀を作って佩き、弟の飯入根とともに止屋淵《やむやのふち》におもむく。兄弟は沐浴しようと刀をおいて水に入った。兄はさきに陸に上り、弟の真刀を佩き、あとから上った弟が木刀を取った時、相撃ち弟の飯入根を殺したという。歌謡における『記』・『紀』の相違は、第一句を記が「やつめさす」とする点のみである。

　　や雲立つ　出雲梟師《たける》が　佩《は》ける太刀　黒葛《つづら》多《さは》巻きさ　身無しに　あはれ

（4）『新撰姓氏録』左京神別に「矢田部連、伊香我色乎命之後也、」とし、摂津神別に「矢田部造」に同様の出自を記している。『先代旧事本紀』に物部大別連公が仁徳天皇の世に侍臣となったが、皇后矢田皇女の皇子代とし、氏の造として矢田部連公の姓を賜与されたという。

（5）『古事記』仁徳段。この伝承には、素朴な年代観からいえば時代が前後する矛盾がある。つまり矢田部氏伝承をみとめない限り出雲神宝の説話そのものが新しい時代のものであることを示しているといえよう。

（6）『先代旧事本紀』巻五、天孫本紀。六世孫の武建大尼命の弟に伊香色雄命がある。その子は七世孫建胆心大禰命であり、その弟の大新河命の子が、八世孫武諸隅連公であるとする（鎌田純一『先代旧事本紀の研究』校本の部、一四一・一四二・一四四頁参照、一九六〇年）。

（7）井上光貞「国造制の成立」（『史学雑誌』六〇の一一、一九五一年。のち、『大化改新』所収、八五—八九頁、一九五四年）。水野祐『古代の出雲』二七一—二九一頁（一九七二年）。井上実「総論（出雲神話）」（『講座日本の神話』五、四—一一頁、一九七六年）。

(8) この古代出雲の政治的形勢については、他日別稿において論究したいと思う。
(9) 中世後期から須佐袁命を祭神とした時期があったが、江戸後期から旧に復したとされている。
(10) この地は『倭名類聚抄』の丹波国氷上郡氷《ひ》上《かみ》郷（現兵庫県氷上郡氷上町付近）で、トベ（戸女）は女酋的首長を指すかと考えられる。
(11) 『先代旧事本紀』巻五、天孫本紀。この点については、本稿に後述（八五―八七頁）する。
(12) 飯田武郷『日本書紀通釈』三の一五四四頁（一九〇九年）。
(13) 『延喜式』巻二一、諸陵寮。新訂増補国史大系二六、五五三頁（一九六五年版）。
(14) 梅原末治「泉南郡淡輪村の古墳」（「大阪府史跡名勝天然記念物調査報告」三、一九三一年）。淡輪古墳群は二基の前方後円墳を中心とし、西小山古墳（甲冑出土）などを含んでいる。
(15) 『日本輿地通志』畿内部、巻四八。
(16) 『古事記伝』巻二四。増補本居宣長全集三、一二五五―六頁（一九三七年版）。
(17) 今井啓一『天日槍』三四・四六頁（一九六六年）。
(18) 窪田蔵郎『鉄の考古学』四七―四八頁（一九七三年）。
(19) 横田健一「物部氏祖先伝承の一考察」（『日本書紀研究』八、一九七五年。のち、『日本古代神話と氏族伝承』一九八二年、所収）。
(20) 岸俊男「紀氏に関する一試考」（「日本古代政治史研究」一九六六年）。
(21) 梅原末治「淡輪村西小山古墳と其の遺物」（「大阪府史跡名勝天然記念物調査報告」三）。末永雅雄『日本上代の甲冑』一八二―一八三頁（一九四四年）。
(22) 横田健一、注（19）論文。和泉地方との関係を重視し、安康・雄略紀の坂本臣の祖根使主が実は日根地方（現今の泉佐野市付近）の首長であったとし、坂本臣の元来の本貫は日根郡であるとする。
(23) 「坂本臣の伝承について」（拙著『日本古代氏族伝承の研究』一〇四―一〇八頁、一九七一年）。

(24) 網干善教「五条猫塚古墳」(「奈良県史跡名勝天然記念物調査報告」二〇、一九六二年)。
(25) 潮見浩・和島誠一「鉄および鉄器生産」(日本の考古学V『古墳時代』下、一九六六年)。
(26) このことから、石上神庫に宝剣を納めるのは、「祭政的刀狩り」ともみることができよう(三品彰英「出雲神話異伝考」『建国神話の諸問題』三品彰英論文集第二巻、四二一—四四頁、一九七一年)。
(27) 『日本書紀』にも「石上振神宮」(履中紀即位前)・「石上振之神椙」(顕宗紀即位前)・「伊須能箇瀰賦屢」(武烈紀即位前)の用例があり、その他『万葉集』、『新撰姓氏録』などにみえる。
(28) 三品彰英「フツノミタマ考」(『建国神話の諸問題』三品彰英論文集第二巻、二五五—二八〇頁)。
(29) 溝口駒造『日本人の宗教』二八五—二八七頁(一九三三年)。葬祭のとき旧火を滅して、新主の相続とともに新火を点じたもので、要するに火オキであるとする。
(30) 日本古典文学大系六七『日本書紀』上、五九三頁補注参照(一九六七年)。
(31) 『古事記伝』巻二四。増補本居宣長全集三、一二五六頁。
(32) 石上神宮編『石上神宮宝物誌』(一九二九年)。大場磐雄『祭祀遺蹟』二〇二—二〇三・四四四—四四五頁等(一九七〇年)。
(33) 佐伯有清『新撰姓氏録の研究』本文篇、一九一—一九二頁(一九六二年)。
(34) 『新校群書類従』一九、四五二頁。
(35) 佐伯有清『新撰姓氏録の研究』研究篇、三九一—三九七頁(一九六三年)。
(36) 田中卓「紀氏家牒について」(「日本上古史研究」一の一〇(一九五七年)。のち、『日本古典の研究』三三五—三四二頁所収、一九七三年)。
(37) かような解釈は、すでに宮地直一「上代史における石上神宮」(『神道論攷』所収、一九四二年)においてもあらわれている(同書三一一—三一二頁)。
(38) 崇神紀三年三月に、「新羅王子天日槍来帰焉、将来物、羽太玉一箇、足高玉一箇、鵜鹿々赤石玉一

箇、出石小刀一口、出石桙一枝、日鏡一面、熊神籬一具、幷七物、則蔵二手但馬国一、常為二神物一也、」とあり、七種の神宝を伝えている。

（39）『先代旧事本紀』巻五、天孫本紀。鎌田純一、注（6）校本、一三八、一四一―一四二頁。

（40）この考えは各地の祭祀遺蹟の研究が進められるとともに、近来確実性を増してきた。沖ノ島の調査結果も参考になろう。石上神宮の禁足地についても同様の推測が可能である。

（41）拙稿「田道間守の伝承―その宗教思想史的意義―」（『仏教文化研究所紀要』（龍谷大学）二〇、一九八二年。本書第三章収録）。

# 第五章　神武紀にみられる神祇思想

## 一

『古事記』・『日本書紀』の両書は、古代国家の成立の歴史的由来を語り伝えることによって、国家の存在理由と、その政治的道義的基礎を闡明《せんめい》しようとする意図をもって編纂された。なかでも『書紀』は、中国の史書の体の影響をつよくうけ、編年体で、いわば年代記というべき形態で編集されたことからも、八世紀初葉における律令国家の理念と現実を、そのありくる由来を記述する形式のもとに、国家の維持と発展をつよく志念した内容のものであることが明らかである。

したがって、その記述の内容は律令国家の頂点に位する天皇統治の歴史的意義を政治的・社会的かつ倫理的に正当なものとして根拠づける目的をになってくることになるが、そこには古代社会に通有的な特色としての、宗教性の濃厚な文辞をもつ表現が少なくない。日本の国土に古くから存在した社会的な習俗・倫理・宗教観念にくわえて、すでにはやくから大陸文化の影響をうけ、むしろそれによって開明性を高めてきた、人的、物的、さらにとくに心的要素を総合したもので、大陸における倫理・宗教観念のわが国における受容同化作用という側面をみのがしえないものとなる。

ここでは、初代の神武天皇に関する記述のなかから、その神祇思想にかかわるものをとりあげて、その特色について考察してみたいと思う。

## 二

神武紀には、神祇に関する記載がかなり多い。が、そのなかで主要な神観念をあらわす語として注目されるのは、およそつぎのようなものである。

㈠　天神（乾霊）
㈡　日神
㈢　雷神
㈣　海神
㈤　国神

まず、即位前紀に天皇の諸兄と子等に対する語としてつぎのように記載する。(1)

昔我が天神《あまつかみ》、高皇産霊尊《たかみむすびのみこと》、大日孁尊《おほひるめのみこと》、此の豊葦原瑞穂国を挙げて、我が天祖《あまつみおや》彦火瓊瓊杵尊《ひこほのににぎのみこと》に授けたまへり。是に火瓊瓊杵尊、天関《あまのいはくら》を闢き雲路を披け、仙蹕《みさきはらひ》駈ひて戻止《いた》ります。是の時に、運《よ》、鴻荒《あらき》に属《あ》ひ、時、草昧に鍾《あた》れり。故《かれ》、蒙《くら》くして正を養ひて、此の西の偏《ほとり》を治《しら》す。皇祖皇考《みおや》、乃神《かみ》乃聖《ひじり》にして、慶を積み暉《ひかり》を重ねて多に年所を経たり。天祖の降跡《あまくだ》りましてより以逮《このかた》、今に一

百七十九万二千四百七十余歳。……（下略）

ここには、「天神」のほかに「天祖」・「天関」の語があり、また「皇祖皇考、乃神乃聖」という。その「天神」とは、ここでは高皇産霊尊と大日孁尊とを指す。『古事記』や神代紀には、神々の名を挙げることがすこぶる多いが、ここには「天神」として、この二神をあげる。その意味は、日本神話伝承を統一的にみたうえで、至高神ともいうべき神格として、この二神をあげたものであろう。すでに『日本書紀』では、神代紀において天照大神（大日孁尊）の子天忍穂耳尊が、高皇産霊尊の女栲幡《たくはた》千千姫《ちぢひめ》を娶り、彦火瓊瓊杵尊を生んだことから、高皇産霊尊はとくにこの皇孫に憐愛をあつめ養《ひた》したことが記されている。この千千姫の母は、『書紀』第六の一書によれば、火之戸幡姫《ほのとはたひめ》という。これらによって、瓊瓊杵尊の祖父神と祖母神として、高皇産霊尊と大日孁尊とが、系譜的・血統的に位置付けられていることが知られる。

本来、高皇産霊神（尊）は、「別天神《ことあまつかみ》」として挙げられる五神のうち、神皇産霊神（尊）とともに子孫の多い産霊神の両神として知られるが、神代紀では、本文に記されず、第四の一書に高天原に所生の神として、天御中主尊の次にあらわれる神である。この第四の一書は、

天地初めて判《わか》るるときに、始めて倶に生《なりい》づる神有《ま》す。国常立尊《くにのとこたちのみこと》と号す。次に国狭槌尊《くにのさつちのみこと》。又曰く、高天原に所生《あ》れます神の名を、天御中主尊と曰す。次に高皇産霊尊。次に神皇産霊尊。皇産霊、此をば美武須毗《みむすひ》と云ふ。

とあるもので、上の三神は、「又曰く」という、間接的な引用の形式で記されている。天地の初めに

生《な》り出でた神々については、異伝がすこぶる多く、右の伝はそのなかの一にすぎないものであり、しかもおそらく比較的後発の一伝と考えられるが、『古事記』では、この伝が中心となり、上の三神を高天原に生《な》り出でたとしている。

そのように『古事記』において重きをなす高皇産霊神は、また一名、高木神としてあらわされているが、この名はこの神の原初的形象を伝えているとみられる点ですこぶる注目に価するものである。高木神とは、その語の通り高い木の神格観である。しかし高は貴の意をふくむ、気高い木の意である。古代社会において神聖な樹木、またはそれをかたどる柱の崇拝があり、呪術宗教的儀礼において、神または神の憑り代として崇拝された。(2) それは万物の生成繁殖の力のシンボルとみなされ、それゆえに「産霊《むすひ》」の名によって称えられるにいたったと考えられる。(3)

このムスヒという、万物生成の原初的根源神をおく考えは、大日孁尊なる女性神の上位に、ムスヒという生成の観念の投映としての産霊神を位置づけるという、より発達した思弁的神観念による加上的構想にもとづくものであって、これによって、「天神」の内容は、「日神」（太陽神）である天照大神（大日孁尊）を基点としながら、より広く、より普遍的な「天」の観念に包摂され、いわば宇宙論的といえる自然生成論の相貌をもった形而上学的神話として再構成されるに至ったといえよう。

この「天神」の観念は、はじめから抽象的に天空一般を指したものではなく、神秘で、ほとんど不可知な、この自然空間世界における、人間とその国家社会の営為が、いかにして平和で安定したものとして維持されていかねばならないかを、具体的な現前の国家社会の成立過程を「語り述べる」形態としての、史書の形式をとって記述したものであって、そうした秩序の根拠として「天神」を語るところに、すでに中国の古典思想の影響と連関するものがあることは否めない。しかし、かような発想の出発点となったのは、列島民族にかなり前からめばえていた自然崇拝・精霊崇拝の要素をふくむ民族宗教の基盤からの、おのずからなる発展の所産とみてよいであろう。いまそれについて詳述する場ではないが、諸民族の原始社会にみられるのと、多くの類同性をもつ民族宗教の諸相は、おそらくとくに弥生時代における水田農耕生活の普及・伸展とともに、在来の地霊中心の呪術宗教形態から、しだいに穀霊ないし農耕神崇拝の方向へと集約され、そうした主要な生業形態の変化から列島社会の政治的支配力の展開が、各地の宗教的習俗に一定の相互類同性をうみだしながら、日神（太陽神）信仰を表象する政治集団の権力の発展とともに、それを頂点とする方向へと展開したことを示している。しかもそれには金属器文化の流入という事実とも係わるところがあり、青銅器・鉄器文明による社会構造の変革が、つよく思想文化の様相に新たな展開を現出させるに至ったものであろう。

したがって、神武紀にみられる範囲でいえば、「日神」である大日孁尊が、少なくとも後世の朝廷の中心をなす大王家の政治的統一の所憑として意識されていた事実が基点となっていることは認められてよいであろう。「日神」といえば、具体的には、日すなわち太陽という特定の事物についての信仰表象が、天空という茫漠とした概念にくらべて、すこぶる個物的であり、しかも朝・昼・夕と運行して日々やむことがない点において躍動的であり、その光熱は地上の動植物、自然や人間に限りないエネルギーを付与して、万物を生成させる点において根源的である。その具体的な存在形態と現実的な作用において瞬時も間断することのない、生命力の源泉とされた。このような「日神」の信仰、その神格化が具象的な観念として、中国人の眼にも特異なものと映ったことは、七世紀初頭の事実として、『隋書』倭国伝のつたえる、「倭王は天を以て兄となし、日を以て弟となす。天未だ明けざる時、出でて政を聴き跏趺して坐し、日出ずれば便《すなは》ち、理務を停め、いふ我が弟に委ねんと、高祖曰く此れ大いに義理なしと、ここにおいて訓へてこれを改めしむ」という文辞からも、倭王が天と日とを崇めていたことが知られ、『記』・『紀』の伝える神話の記載の内容が、倭国の祭政と深く係わることとして、中国王朝にも知られるに至っていたことが察しられる。

神武紀の文辞表現において、「天神」が「日神」の表象より広汎で、ほとんどきわまりない蒼穹を意味し、しかも、そこが「日神」である太陽の所在であって、千古不易の運行の場所であることから、そこに物理的空間としての大空よりも、より広大であり、無辺である「天」の、宗教的ともいうべき形而上世界の意味がこめられていることが考えられる。「天」は実に、「日神」である太陽の背景であるにとどまらず、その無限大の場として表象されることによって、眼前の「器」の世界から、形なく、見ることのできない「道」の世界が不可分なものとして観念されることとなる。そこに中国古典思想にあらわれた、形而上なるものと、形而下なるものとの共存相関世界が開示されることともなる。

これを中国の古典との関連でいえば、たとえば『周易』繋辞伝に、「形而上なる者これを道と謂ひ、形而下なる者これを器と謂ふ。化してこれを裁するこれを変と謂ひ、推してこれを行なふこれを通と謂ふ。挙げてこれを天下の民に錯《お》く、これを事業と謂ふ」とあるのが留意される。ここに、形而上なるもの、すなわち現象以前の、見ることのできないものを「道」というのに対して、形而下なるもの、すなわち山川草木や人間や器物など、形をそなえた現象を「器」というが、両者は分離しては存在しえず、陰陽の変化に即している。これを適宜に裁《た》ちきってほどよくすることを「変」といい、これを推し進めて具体的に処理することを「通」という。かような変・通の結果を挙げて天下の人々の手のとどく処に錯《お》いて実効あらしめることを「事業」という(4)。このような思想を基底において考えると、「日神」のみではいいあらわしえない「天神」の形而上的性格が窺知されるであろう。

神武紀には、「天祖」として彦火瓊瓊杵尊があげられる。さきに「天祖の降跡りましてより」というように、「天神」の命をうけて降臨したことにより、神武の祖となった意味である。しかし瓊瓊杵尊は大日孁尊の「天孫」であり、「皇孫」でもある。ここに血族世襲の王者統治の源流を求める意識がはたらいており、「今に一百七十九万二千四百七十余歳(5)」という年数をもって懸隔の遼遠を示すとともに、現実のヤマト国家における王者統治の世代を累《かさ》ねて継承されてゆく、現前の事実が溯源的に悠久の昔時に投映されて表現されていることが確かめられることとなる。

『周易』繫辞伝のはじめには、有名な「天は尊く地は卑く乾坤定まる」の語があり、「卑高もって陳《つら》なりて貴賤位す。動静常ありて剛柔断《わか》る」という。天然自然の物象をもって、よく現前地上の理をみる思想が根幹をなしている。神武紀において、「天神」は「乾霊《あめのかみ》(6)」とも「皇天《あめのかみ》(7)」とも表記される。上の「乾坤定まる」の観念を基底として、天神―天祖（天孫）―天皇という血統的系譜関係が、神代紀の神話の記述と隔世的に連結され、天孫降臨という段階を経て天上の高天原に展開された論理が、地上の葦原中国において統治の基本原理として展開されることとの妥当性が強調されることとなる。「天神」の威光がその血統を地上に承けた「天皇」にひきつがれて展開される道理が「天道」[8]とされる。

しかも天皇は単に「天神」につらなる貴種であるばかりではない。そのことを基本としてさまざまな記述によって、その血縁者にも多義的な属性として、天皇の性格をも示すものがある。たとえば神日本磐余彦（天皇）の兄に五瀬命《いつせのみこと》があるが、この名はイツ（厳・斎）、清浄・神聖なセ（神稲）を意味している。また次兄の稲飯命《いなひのみこと》のイナ（稲）ヒのヒはムスヒのヒであって、ともに稲の生産力を神格化している名であることが察しられる。即位前紀戊午年六月の天皇の軍船が熊野の神邑《かみのむら》において、海中にわかに暴風にあった時、稲飯命は「吾祖は則ち天神、母は則ち海神なり、如何ぞ。我を陸に厄《たしな》め、復た我を海に厄むや」といって、剣を抜いて海に入り、鋤持神《さひもちのかみ》となったという。サヒは剣または鋤を意味し、農業神であるが、その母は海神とされている。さらに次の兄三毛入野命についても、そのケは食物を意味し、『古事記』に御毛沼命とするように、野や沼地の産物の神の意と解されるが、またその母と姨がともに海神であるという。

これらから知られるように、磐余彦の三人の兄が、稲ないし野の産物等食物の霊格としての農業神であり、磐余彦も神代紀一書に、「狭野尊《さののみこと》、亦は神日本磐余彦尊と号す。狭野と所称《まう》すは、是れ年少くまします時の号《みな》なり。後に天下を撥ひ平げて八洲を奄有《しろしめ》す。故、復号を加へて神日本磐余彦尊と曰す」とあるように、狭野尊をもとの名とする所伝がある。サは神稲を示し、稲の神格化された神であることは明らかである。また、これらの四子の母は、海神の女豊玉姫の妹の玉依姫で、神代紀には「海童《わたつみ》の少女なり」としている。

このように神武天皇をはじめとする四人の兄弟はともに母を「海神」とし、さらに溯れば父の武鸕《たけう》鷀草《がや》葺不合尊《ふきあへずのみこと》もまた母は海神の女豊玉姫とされている。(9)つまり「天神」の裔孫に配するに「海神」をもってするという構図があり、しかも三毛入野命のように、「浪秀を踏みて、常世郷に往ましぬ」といって、常世なる郷国が伝えられることにより、天空とならんで広大な海の神格化が観念されている。それらがいずれも稲や食物に係わる神の母とされることとは、人間の生存に不可欠のこれらの食物が深く海、とくに水との関連において意識されていることの表象とみられるであろう。しかもその奇しき霊能は、現世を越えた神秘力をたたえるものとして、常世の観念にむすびつけられている。(10)このような対称観念は、すでに神代紀の山幸・海幸神話にも連なる思想的背景をもつものであるが、その場合も「幸」なる表象において、食物の生産性との連関性が重視されていることはいうまでもないであろう。

海神とか龍神とかの神話は、南方ことに東南アジアにかなり分布しており、(11)それらとの関連性も問題であるが、日本神話の一環としてみる時、上来述べてきた天神と海神との間に生れたのが、稲霊または食物神であることは、端的にいえば日神（太陽神）と地霊ないし水霊との間にはじめて地上的な食物の生成することを暗示していると解される。このことは、稲飯命が「吾が祖は天神、母は海神なり」といっているところによくあらわれている。海神の特性は、海にあり、天とは対称的な大地を区切る水の世界にある。海は水の集聚するところ、衆多の河川のそそぐところ、しかもその最大最深の世界であり、さらに陸地を遠く隔てて国界を分ける。こうした海の属性は、水の地上における役割から農民にとっては水の精霊の威大に連なって農耕神のイメージと重なるものであり、また遠い異郷常世国や他界の観念にも結びつくものである。

海神はさらに地上にひろがる海のイメージとともに、とくに日本の国土「葦原中国」をとりかこむ四海の観念とも連なる。四方の海は海の産物の場であるとともに海上の支配権も関心事であった。その意味では、天神・地祇の区分に即していえば地祇とせられるが、その宗教的な関わりは「海上から来臨する神」として位置づけられる。神代紀において海宮遊幸の神話が展開していることが、かような神観念の背景として考えられるであろう。とくに日本が地理的には列島であり、島国であって、中国のような大陸とは異なり、陸地と海洋との連関のもとに地上生活が営まれる傾向がつよい。したがって陸と海とを一体的に考えて、天に対する地の概念が成り立っていたとみられる。日本の称呼に、「磤馭慮嶋《おのごろしま》」をはじめ、「大八洲国」・「豊秋津洲」・「中洲之地」・「葦原中国」などの語が用いられ、四方を海にかこまれ大小の島々よりなる国であり、水辺に生うる葦原の中つ国という称呼にふさわしい国である。諾冊二神が海水をかきなして陸地を固めたという国土生成神話も、深くこの海陸相関の観念にもとづき、さらにそれは、国土の政治的統一事業にもつらなって構想されてゆくことになったことが推知されるであろう。

## 三

つぎに神武紀にみえる「国神」についてみよう。「国神」とは、天神が天上の世界というべき高天原の神々であるのに対して、地上の世界の葦原中国の神々である。(12)神武紀における事例をあげると、甲寅年十月に、東征軍の「海導者」となり、椎根津彦《しひねつひこ》の名を賜わった倭直部の始祖とされる珍彦《うずひこ》は、「臣は是れ国神なり。名を珍彦といふ。曲浦《わだのうら》に釣魚《つり》す。天神の子来ますと聞いて、故れ即ち迎へ奉る」といっている。これに准じていえば、筑紫の菟狭《うさ》国造の祖菟狭津彦・菟狭津媛も国神と解される。また、吉野においては、同じように井光《ゐひか》（井氷鹿）が「臣は是れ国神なり」といい、これは吉野首部の始祖であるという。ここではさらに吉野国樔部や阿太養鸕部の始祖と称する磐排別《いはおしわく》・苞苴担《にへもつ》の子が出ているが、かれらはみずから「国神」と名乗ってはいない。けれども同様に考えられ、神武紀二年七月の定功行賞の記事のなかに、上記の珍彦（倭国造）とともに弟猾《おとうかし》（猛田県主）・弟磯城《おとしき》（磯城県主）・剣根《つるぎね》（葛城国造）・頭八咫烏《やたのからす》（葛野主殿県主部）の名が列挙されているが、これらも「国神」と考えられてよいものであろう。

ここで「国神」という語が、珍彦や井光の例のように、「臣は是れ国神なり」という自称としてあらわれることは、注意されるべきで、これはもともと天神の後裔である天皇に対して地方的とはいえ自主的な称呼として用いられている。ただ「臣」という語によって同時にそれは臣従・服従の意志表示ともなっているので、それはもともと天皇権力とは別途に自立していた地方勢力であったことの証拠でもあると解される。もちろんこれは『書紀』の編者の採用した表記法であり文辞表現であるが、そこに「国神」の性格や位置づけがなされているとみるべきであろう。

これらに対して、中央の貴顕氏族についての記載は格別なものがある。すでに神代紀における天孫降臨の条に、中臣・忌部氏の祖神をふくむ五部神の天孫に随従しての降臨が語られ、高天原において活躍した祖神の伝承を有する。また、大伴氏の遠祖天忍日命は一書の伝によって同じく天孫に従って降臨したことを伝えるとともに、神武紀においても戊午年六月に、熊野の山中に皇師が進路を見うしなった時、天照大神の夢告によって頭八咫烏の先導で、大伴氏の遠祖日臣命が大来目をひきいて山をふみわけ菟田下県まで達することができた。この郷導の功により日臣命は道臣命と名を改めたとある。二年二月の行賞でも宅地を築坂(13)邑に賜与されたというが、その祖神が高天原にあったことによって、「天神」に配されることとなる。

また物部氏に関する記載は、この点においてすこぶる特異な伝承をふくむものである。東征の軍が難波碕から遡流して河内草香邑に至り、龍田から胆駒山をこえて中洲に入ろうとした時、孔舎衛坂で長髄彦の抵抗にあい、五瀬命は流矢にあたり進軍できなくなった。この時、天皇の言として「今我は是れ日神の子孫にして、日に向ひて虜《あだ》を征《う》つは、此れ天道《あめのみち》を逆《さか》れり。若《し》かじ、退き還りて弱きことを示して、神祇を礼び祭《いは》ひて、背に日神の威を負ひたてまつりて、影の随《まにま》に圧《おそ》ひ躡《ふ》みなむには。此の如くせば、曽《かつ》て刃に血《ちぬ》らずして虜必ず自づからに敗れなむ」とて、日神の子孫が日に向って征つことの不祥を強調する。五瀬命の負傷はやがて紀伊竈山《かまやま》における死をまねくが、ここに「天道」に逆らうことの不祥を説いて、大和への進路を大きく南方の紀伊熊野に迂回して実行されることとなった。ここには日光にあらわされた日神の威光を「影の随に圧ひ躡《ふ》みなむには」、「刃に血らずして虜必ず自づからに敗れなむ」という神威の具現を期待する宗教的心情がはたらいており、「天神」の威光が、日の方位観念から戦略の変更にも係わることを示し、また熊野の地のもつ意味を明かす所以ともなっている。狭野を経て神邑《みわのむら》の天磐盾に登るとあるのは、谷川士清に「謂二磐石自成一レ盾、神蔵山今見然」(14)との伝承があるように、古代信仰にみられる奇《くす》しき磐石が存して、土地神を祭る儀礼のおこなわれたことを反映した記載とみられる。さらにここに稲飯命の歎きのことばとして、鋤持神となったという上記の記事となっている。

　この地における奇異として、神の毒気《あしきいき》によって人々みな瘁《お》えたという。軍衆が気力を失って振起できなくなった時、高倉下なるものの夢に、天照大神が武甕雷神に葦原中国の平定を命じ、武甕雷神は韴霊《ふつのみたま》という神剣を高倉下の庫《くら》の底板《しきいた》にさかさまに立てて与え、これを天孫に献れと告げた。高倉下がこの夢の告げのまま庫を開けると、その通り剣が立っており、これを天皇に進献したところ、天皇は漸く寤め、軍衆もまたみな醒めて進軍が可能となったという。この記事は『記』・『紀』のもととなった原資料において類似の内容のものと推定され、それだけ古伝承として定形化したものであるが、伝承の中心は韴霊という平国の剣に托して語られ、武甕雷神という「雷神」を介して日神の霊威が地上に直下したという内容である。武甕雷神の名は神代紀では武甕槌神とも表記される(15)が、タケは武、ミカはミイカ（御厳・雷）の約であり、ヅは助詞、チは勢威あるものを示す語である。天空から雷鳴とともに降下する雷電現象は、天神の意志を瞬時に直示するイメージがあり、さらにそれが倒立された神剣として表象されたところに、武威の直接的な暗示がある。『古事記』がその分注に、「此刀名云佐士布都神、亦名云甕布都神、亦名云布都御魂、此刀者、坐石上神宮也」と伝えていることからも、この伝承が、後世物部氏がその氏神として奉祀する石上神宮の神宝の霊威を説くことに主意があったことが知られる。同社は石上布留社とも称されるが、(16)このフツ・フルの語が、光あるいは神霊の降臨と深い関係をもつことは、朝鮮語Purとの同系語の指摘からも認められよう。(17)刀剣がもつ鋭利性・光輝性は、邪悪なものや汚穢のものをしりぞける辟邪の呪力をもって信じられるとともに、その軍事的用途から武威の象徴視されることは当然であり、軍事氏族として知られる物部氏の特性をよくあらわしている伝承である。(18)

こうした物部氏の伝承は、さらにこののち、即位前紀戊午年十二月において、東征軍に反抗した長髄彦が「天神」の子である櫛玉饒速日《くしたまにぎはやひの》命に仕え、長髄彦の妹三炊屋《みかしきや》媛《ひめ》（亦の名は長髄媛《ながすねひめ》、亦の名は鳥見《とみ》屋《や》媛）を娶った饒速日命には可美真手命という児息まであったが、饒速日命が、「天神」としての表《しるし》物《もの》（証拠の品）をみせたのに対して、天皇も同じように「天表」として天羽羽《あまのはは》矢《や》と歩靫《かつゆき》とを示《み》せたことにより、饒速日命は実情を知って長髄彦を殺し、その徒衆をひきいて天皇に帰順するに至ったことをつぎのように述べている。

饒速日命、本より天神慇懃《ねむごろに》したまはくは、唯天孫《あまつかみのみこ》のみかといふことを知れり。且夫の長髄彦の稟性愎《ひととなりいすかしまにもと》佷りて、教ふるに天人の際《あひだ》を以てすべからざることを見て、乃ち殺しつ。其の衆

を帥ゐて帰順ふ。天皇、素より饒速日命は、是れ天より降れりといふことを聞しめせり。而して
今果して忠効を立つ、即ち褒めて寵みたまふ。此れ物部氏の遠祖なり。

これによって、天孫に先立って異なる天神の降臨のあったこと、それが物部氏の遠祖であることが示される。これは天皇の祖系である「天神」が唯一の神系に限定されるものではないことを示す意味で注目される伝承である。この饒速日命に関する『古事記』の記載はすこぶる簡単なものであるうえ、「天神の御子天降り坐しぬと聞きつる故に、追ひて参降り来つ」とあって、瓊瓊杵尊の跡を追って後から天降ったということになる点、神武紀の記事とはかなり相異がある。物部氏の伝承としては神武紀即位前紀冒頭の甲寅年から天磐船に乗って飛び来った饒速日の名がみえていることからも、『書紀』がこの氏により重心をおいた記述としていることは確かである。神代紀にみられる各種の異伝の並挙とも相通ずる諸氏の伝承への寛容な態度ともみられ、諸伝をひろく包容しようという傾向であり、いわばより史書的な精神に立脚しているともいえよう(19)。

## 四

皇軍の中洲平定の中心舞台ともいうべき一段が戊午年九月の記事である。

天皇、彼の菟田《うだ》の高倉山の巓に陟《のぼ》りて、域の中を瞻望《おせ》りたまふ。時に、国見丘の上に則ち八十《やそ》梟帥《たける》（○分注略）有り。又女坂に女軍を置き、男坂に男軍を置く。墨坂に焃炭《おこしずみ》を置けり。其の女坂・男坂・墨坂の号《な》は此れに由りて起れり。復兄磯城《しき》の軍有りて、磐余邑《いはれのむら》に布き満《いは》めり。（○分注

略）賊虜《あた》の拠る所は皆是れ要害《ぬみ》の地なり。故れ道路絶え塞りて通らむに処無し。

ここにいう菟田の高倉山とは、現今の宇陀郡大宇陀町にある山で、ここから域《くに》の中を望んだ時、国見丘に八十梟帥が居たというのは、まつろわぬものの跳梁の状をいう。とくに兄磯城の軍が「磐余邑」に満《いは》んでいたという文辞は注目される。大和宇陀の山間部から国中《くんなか》といわれる平野部に入るには、「磐余」は咽喉の地であって、この地を制することがやがて中洲平定の成否を決する大前提である。それは天皇の和風諡号「神日本磐余彦」にもあらわれているといえよう。まさに磐余の地を扼するものこそ中洲を平げ、天下を統べるものとなるの意を寓するといってよい。上の文に「是れ要害の地なり」といい、「故れ道路絶え塞りて通らむに処なし」という。この墨坂の地(20)はまた大和の平野部と伊勢とをむすぶ交通の要地であることは、のちの崇神・雄略・天武紀等にも徴証のあるところである。

かような皇軍の進路をはばむ難題をいかにして解決するか。ここに天皇は夜みずから祈《うけ》いて夢告をうけた。

夢に天神有して訓へまつりて曰く、天香山の社の中の土を取りて、（〇分注略）天《あまの》平瓮《ひらか》八十《やそ》枚《ち》を造り、（〇分注略）幷せて厳瓮《いつへ》を造りて、天神地祇を敬ひ祭れ。（〇分注略）亦厳呪詛《いつのかしり》をせよ。如此《かく》せば、虜自づからに平き伏ひなむとのたまふ。

すなわち、天の香山の社の中の土をもって平瓮・厳瓮を造って天神地祇を敬祭し、厳呪詛をすれば、賊虜は平伏するであろうというもので、天皇は椎根津彦と弟猾にこれに従事させた。二人は弊衣に蓑笠・箕をつけ、老父・老嫗の貌となって天香山の山頂へ土を取りにいく。天神の夢告によって、敵地である天香山頂におもむくことが非常な覚悟を要することはいうまでもないが、その実行が、事の成否をトすることとなるという。

このことは群虜が老父・老嫗の醜態を咲《わら》って道をあけたことから効を奏することとなるが、二人のもたらした土をもって、天皇は八十平瓮と八十枚の手抉《たくじり》(21)、厳瓮をつくって、吉野川上流の丹生の川上において天神地祇を祭り、その菟田川の朝原において、水の泡のように呪《かし》り著くところがあったので、天皇は八十平瓮で水無しに飴《たがね》をつくることができ、かくして「鋒刃《つはもの》の威《いきほひ》」をからずして坐ながら天下を平げることができるとの予兆をえた。さらに厳瓮を丹生川に沈めて魚の浮き出て流れるのをみて平定の兆をうけ、五百箇《いほつ》の真《ま》坂樹《さかき》を根こじに抜いて諸神を祭った。この祭祀のさまはつぎのように記されている。

時に道臣命に勅すらく、「今高皇産霊尊を以て、朕親《みづか》ら顕《うつし》斎《いはひ》〔顕斎、此を于図詩怡破毗と云ふ。〕を作さむ。汝を用て斎主《いはひのうし》として、授くるに厳媛《いつひめ》の号《な》を以てせむ。其の置ける埴瓮《はにへ》を名けて厳瓮とす。又火の名を、厳香《いつのかぐ》来雷《つち》とす。水の名を厳罔象女《いつのみつはのめ》〔罔象女、此を瀰菟破廼迷と云ふ。〕とす。粮《くらいもの》の名を厳稲魂女《いつのうかのめ》〔稲魂女、此を于迦能迷と云ふ。〕とす。薪の名をば厳　山雷《いつのやまつち》とす。草の名をば厳野椎《いつののづち》とす」とのたまふ。

ついで十月癸巳には、

天皇、其の厳瓮の粮を嘗《な》めたまひ、兵を勒へて出でたまふ。先づ八十梟帥を国見丘に撃ちて、破り斬りつ。

とあって、以下に道臣命の率いる皇軍の奮戦や、「撃ちてしやまむ」の謡などをあげている。

この記載のなかで、神祇思想の面でとくに注目されるのは、「朕親作二顕斎一」とある文辞のみられる一条であろう。この記事は、神武天皇の大和国中への進入の突破口ともいうべき宇陀の地の進軍中にあって、丹生川上の要地において神意をうかがい軍旅の趣くところを察知しようとしたものであって、もとより史実とみられるものではないが、古代における祭祀の風習や儀式の形態を知るうえで、きわめて重要な伝承と考えられる。

さきにもふれたように、これらの祭儀が敵地においてまさに戦闘にのぞもうとする時におこなわれたことは、戦争における勝利の前兆を期待しての儀礼であったことを示している。これはやがて初代の天皇として即位する磐余彦の磐余地方への進出とその統一を可能とするか否かの、神聖な判断を神に請う最重最要の宗教儀礼である。文辞に類句が多く、重畳的表現がとられるのも、この一条の記事のもつ重みが、筆者にとって十分に意識されていたことを思わせるものである。

この軍の先導者である椎根津彦は、倭直の始祖であるとともに、神武紀二年二月に倭国造となったというように、いわば大和国の地霊祭祀の氏族であり、すでに「国神」と称されている。また勅の受け手である道臣命は、大伴氏の遠祖であり、これまた神武紀即位前紀に大来目を帥いる督将日臣命として名を出し、功により道臣命と改名した重臣である。そのような祭祀の場に列なった人々の眼前において磐余彦がみずから「天神」高皇産霊尊を「顕斎」しようというものである。

「顕斎」は「ウツシイハヒ」と訓じられ、顕わにその身を見ることのできない神を、あえて顕わに見えるように斎きまつる意と解される。すなわち「天神」が磐余彦に憑坐《よりま》して磐余彦みずから高皇産霊神となり、顕わに神とあらわれることを示している。これは祭祀の場所とその時間において人主（人皇）が「天神」となることを意味するものである。このような祭儀を明記するのは、この箇所のみであるから、これはいわば人主（人皇）の特権的地位を他と峻別する、きわめて注目すべき記載といわなくてはならない。これはまた、やがて人として現われた神、すなわち「現人之神[22]」の思想の有力な根拠ともなる宗教的儀礼というべきである。

　この場において、道臣命は「斎主」として「厳媛」とよばれ、また埴瓮を「厳瓮」とし、火を「厳香来雷」とし、水を「厳罔象女」とし、粮を「厳稲魂女」とし、薪を「厳山雷」とし、草を「厳野椎」とするという。ここに列挙されるものが、それぞれに「厳」という言葉を冠せられることにより、神性をもつものとして認知されることを示している。

　このなかで道臣命が、「厳媛」という女性の名によってよばれるのは、斎主となる者が古く女性の当ることを要件とし、その由来の久しかった事実を反映するものであろう。伊勢神宮の斎王や賀茂社の斎宮をはじめとして古代からの神事に巫女を主体とする事例の少なくないことからも推察されるが[23]、これを『書紀』においてみると神功紀に皇后がみずから「神主」となり、武内宿禰に琴をひかせ、中臣烏賊津使主《いかつのおみ》が審神者《さには》となった[24]、小山田邑斎宮の記事がある。ここに神武紀にとくに男子であり、ことに皇軍の督将である道臣命が「厳媛」とされ、その古例ともいうべき位置づけをされていることの意味は、またとくに留意されるべきことであろう。倭王権の初期についての伝承は、すでに初代の大王を男子とし、その軍事力による平定を数々の説話的伝承をもって伝えている。それは一定の度合いにおいて史実の反映でもあり、大陸文化のつよい影響のもとに史書編修の意識がたかまるとともに、その傾向はより強められたと考えられる。しかし古代伝承のなかには、とくに宗教的側面においてより原始的ともいえる政治的宗教形態を伝えるものがあり、ことに女巫的首長の存在は人々の記憶から消えさらず、むしろそうした古習を根づよく存続させる宗儀も一部にはあった。このような情況は、律令時代に入って編修された史書においても、いろいろな表現や文辞によって、古習古態を伝えることとなったであろう。

『日本書紀』の編修時においては、神代以来の神話伝承をうける歴代君主を「天皇」とよび、男系君主の継承を常態とする認識はすでに一般化していた。しかし宗教的伝承にしめる、日神アマテラスを女性神とすることには、なんのためらいもなかった。そして、この一神のみを中心とする神統譜の形成構想は、中国風文化の常識からも、またおそらく現前に経験した、とくに五〜六世紀の王権史の実態からも、さらには多様に伝えられる古代の説話的伝承の総体からも困難であり、ことに中国風文化国家ともいうべき律令国家実現の通念にも反することであった[25]。こうした事情は、あえて皇軍の督将である道臣命に「厳媛」という擬装的女巫の名称を付与するという形式によって、このような事例の、文献的実績によって、女巫にかわる男覡の定立化をつよめる意図を史書のなかでも反映させているものとみられるであろう。これは国家の統一にあたって軍事が建国の創業にしめる枢要性からも、律令国家が「凡そ政《まつりごと》の要《ぬみ》は軍事《いくさのこと》にあり[26]」という兵制重視の方策をとったこととも密接な関係のある事実と考えられるであろう。

## 五

丹生川上の祭祀についてみると、その場所が丹生の川上というところに特徴がある。その地は、現今の吉野郡東吉野村小川の丹生川上神社、または宇陀郡榛原町大字雨師字朝原の式内丹生神社の境内地などに比定されるが、いずれにしても森厳たる川の上流であり、後世祈雨・止雨の神として崇められたことからも、水の神として性格づけられたであろう。しかし、かような川上の神は山間部の幽邃の地であるだけに、同時に山の神、山口の神としても係わりをもち、いわゆる水分の神とも深く関連することが察しられる。[27]

またその祭儀において、川上の真坂樹を抜取《ねこじ》にして諸神を祭るとあり、樹木の精霊の機能が重きをなしている。根のついたままの樹木といえば枝葉もゆたかで、それは豊穣の呪力とも係わるであろう。すでに神代紀には、一書に「高皇産霊尊、因りて勅して曰く、吾は天津《あまつ》神籬《ひもろぎ》及び天津《あまつ》磐境《いはさか》を起し樹てて、当に吾孫の為に斎ひ奉らむ」とあり、ヒは霊、モロはモリ（森・杜）と同根の語であって、樹木の多く繁茂した場所が神聖な場所とされた古態が伝えられているとみるべきであろう。また、㈠埴瓮・㈡火・㈢水・㈣粮・㈤薪・㈥草などには、それぞれに「厳《いつ》」の語が冠せられ、それによって呪力あるもの、神性あるものとして呪的宗教的に意味づけられている。なかでも中心となすのは、十月朔の条に、「天皇、其の厳瓮の粮を嘗《な》めたまひ」とあることから知られるように、聖なる埴瓮のなかに煮えたった粮に呪力の核心をみとめたものであろう。埴瓮は粮の容器であり、水は粮を煮沸するため瓮にそそがれた。薪に火をつけることによって埴瓮は煮えたつ。これは人間の文化において、今日、文字通り日常茶飯事となっている食物に火を加える行為であるが、原始的な未開文化社会においては、食物を土器に入れて火をとおすことが大きな変革であり、強烈な記憶の儀式的再現でもあったことを思わせる。さらには土器がしめる社会生活における有用性への神秘観がはたらいているのであろう。

「厳瓮の粮」を嘗めてのち、兵を勒えて「八十梟帥」を「国見丘」に撃ち破ったとあるのは、この聖なる粮にかような勝利をもたらす呪力・威力のこめられていることを示すもので、粮すなわち、おそらく米を煮てこれを嘗めたのち出兵すれば、粮を通して、天神たる祖神の威力が「顕斎」をおこなっている天皇に感染して、天神の威光そのままに勝利をもたらすという、戦争呪術の存在をも示唆している。またかような神事に用いられる粮というのは、釜の中に米と水とを入れて卜占をおこなう、粥占または管占といわれる方法が各地に伝えられていることからも推測されるように、土器による煮沸によって水が湯になるが、この湯《ゆ》は斎《ゆ》庭のユにも通じていることから言語呪術的効果が期待されたことを示している。[28]

神武紀の顕斎の記事は、上にあげたように「今以㆓高皇産霊尊㆒、朕親作㆓顕斎㆒」と書かれ、ここに磐余彦は、『書紀』編者によってであろうが、みずからを「朕」と呼称している。この語は崇神紀以降には天皇の自称として、『書紀』にも詔勅などに頻出するが、神武紀においては、この条以前では戊午年六月丁巳に天照大神の自称として用いられているのみで、磐余彦には用いられず、「我」・「余」・「予」・「吾」などが第一人称名詞としてあらわれている。それが、この顕斎の記事に至って、はじめて

「朕」の語を用いることとなっている。河村秀根はこの語について、『爾雅釈詁』や屈原の説を引いて、いにしえは貴賤みな朕と称したが、秦の始皇に至って至尊の称として定め、漢代を経て今に至ったことを注している。[29]『書紀』がこの至尊の自称をもってしたことは明らかで、磐余彦みずからが天神となる顕斎において、はじめて至尊の自称を考定していたことを示すものである。ここに顕斎の神事によって初代の天皇となるべき人に「至尊」性が賦与されるとする神祇思想が看取されるであろう。

こうした観点からすれば、顕斎以前の皇軍には、敗戦もあり、皇兄の戦傷死もあった。しかしこれ以後にはそれがない。つまり磐余彦の神性は、皇位につくことによって獲得されるのではなく、それ以前の顕斎によって得られるものであり、とくに厳瓮にこめられた厳粮を嘗めることによって得られるものである。それゆえ、即位前紀己未年二月辛亥にはつぎのようにいう。

或曰、天皇往嘗㆓厳瓮粮㆒、出㆑軍西征、是時、磯城八十梟帥、於彼処屯聚居之、（注略）果与㆓天皇㆒大戦、遂為㆓皇師㆒所滅、故名之曰㆓磐余邑㆒、（中略）天皇以㆓前年秋九月㆒、潜取㆓天香山之埴土㆒、以造㆓八十平瓮㆒、躬自斎戒祭㆓諸神㆒、遂得㆔安㆓定区宇㆒、故号㆓取㆑土之処㆒、曰㆓埴安㆒、

ここに留意すべきは、上述のように磐余彦の神性は、厳瓮粮を「嘗」したことによるが、これは聖なる瓮と粮とが一体的に把捉されているものであり、それが征討に勝利をもたらした重大な根拠とされていることである。いうまでもなく、国土の平定は国家統治の前提であり、必須条件である。それが可能となったのは、呪術的宗教的にみれば、天香山の埴土をもって厳瓮をつくり、それによって厳稲魂女を煮沸した聖飯の呪力による成功を意味する。薪や水や火に対して、この場合、埴土の霊力が

重視されるのは、崇神紀十年九月につたえる武埴安彦の伝承において、その妻の吾田媛が香山の土をとり領巾《ひれ》につつんで祈《の》み、「是れ倭国の物実《ものしろ》」といったため、夫の謀反が露見したという伝承が考えあわされる。ここに国の物実としての「土」が、呪言を発することにより、その国の支配権・領有権の掌握を可能にする効力をもつことが示されているからである。おなじ埴安の語にちなむ伝承としての類同性をもつといえよう。

すでに別稿(30)において述べたように、これは特定の場所の「土」のもつ呪力信仰に由来し、大和では香具山などはその代表的な土地であったことが示されている。埴土は、いわばクニダマ（国魂）ともいうべき、一定地域の地霊を意味し、その呪力の集中した厳瓮によって煮沸された粮は、土地の精霊の感染した食物であるから、それを「嘗」めたものには土地の精霊の威力がのりうつって、土地の支配・平定を可能とすると考えられたことが知られる。ここに物種《ものだね》、すなわちもののもととなる材料が身中に入れば、そのものによって成り立つ国土が、全体その威力に帰服するという、融即の論理(31)ともいうべき心意がはたらいているといえよう。かような心意が、呪術宗教的祭儀がつねに期待し、また成就されたと信じられたものにほかならなかった。

## 六

神武紀即位前己未年三月丁卯の令は、橿原奠都の詔ともいうべき内容で、つぎのように記している。

下レ令曰、自二我東征一、於茲六年矣、頼以二皇天之威一、凶徒就戮、雖二辺土未レ清、余妖尚梗一、而中洲之地、無二復風塵一、誠宜恢二廓皇都一、規二摹大壮一、而今運属二屯蒙一、民心朴素、巣棲穴住、習俗惟常、夫大人立レ制、義必随レ時、苟有レ利レ民、何妨二聖造一、且当披二払山林一、経二営宮室一、而恭臨二宝位一、以鎮二元元一、上則答二乾霊授レ国之徳一、下則弘二皇孫養レ正之心一、然後、兼二六合一以開レ都、掩二八紘一而為レ宇、不二亦可一乎、観夫畝傍山（○分注略）東南橿原地者、蓋国之墺区乎、可レ治之、

かように六年の征虜は「皇天《あまつかみ》之威」をもって平定され、「中洲之地」には「皇都」をさだめることとなるが、ここに「大壮」・「屯蒙」・「随時」・「養正」等の語が用いられており、これらは『周易』の語法であって、『書紀』編修時にあたって、易の思想がつよい影響をおよぼしていたことを示す事例と考えられる。[32] とくに「夫大人立レ制、義必随レ時」とは、『周易』の乾の封に「夫大人者、与二天地一合二其徳一、与二日月一合二其明一、与二四時一合二其序一、与二鬼神一合二其吉凶一、先レ天而天弗レ違、後レ天而奉二天時一、天且弗レ違、而況於人乎、況於鬼神乎。」とあるものや、同じく随の卦に「天下随レ時、随レ時之義、大矣哉」とあるものなどとの思想的関連性が注目されるであろう。[33] この文に限っても漢籍の出典は、『文選』や『礼記』などにも求められているが、建都建国に係わる記述であるだけに、単なる修辞の傾向にとどまらず、国運の隆昌を乾坤の霊威に依っていることが推察されるであろう。ここに磐余彦は「大人《ひじり》」とされ、国君の徳をそなえ、その業は「聖造《ひじりのわざ》」とされる。こうした有徳作王の儒教思想とあわせて、「上則答二乾霊授レ国之徳一、下則弘二皇孫養レ正之心一」とあって、乾霊（天神）と対称的に皇孫が地上において正しい道をやしなう心を弘布させるという。「養正」の語は『周易』上経に出ているが、[34] ここに「皇孫」が「天神」から国を授けられた徳をもって地上に正道を弘める使命をもつこ

とを示している。ここには坤霊（地神）を統べる皇孫の徳がつよく天神の血統をうけることに由来するという、貴種尊崇の観念が背後に存在することを窺わせるものがあるといえよう。

こうして辛酉年正月朔の即位がなされるが、同四年二月甲申の詔には、

我皇祖之霊也、自レ天降鑒、光二助朕躬一、今諸虜已平、海内無レ事、可下以郊二祀天神一、用申中大孝上者也、乃立二霊時於鳥見山中一、其地号曰二上小野榛原・下小野榛原一、用祭二皇祖天神一焉、

とあって、明確に皇祖の霊が天より降って、「朕《わ》が躬《み》」を光《てら》し助けたもうたという。これは上述の「朕親ら顕斎を作さむ」の語に相応じているが、とくに皇祖の霊が天より降って光助したというのは、皇祖天照大神の意志が天孫降臨によって血統の継承とともに伝えられていること、さらに熊野の高倉下の神剣降下や、頭八咫烏、長髄彦との戦における金鵄の光の流電のようであったことなどの、霊異の現象を通じてこれを集約したものと解される。このようにして、ここには「郊祀天神」といい、「大孝」を申《の》べるために霊時を鳥見山中に立てたという。「郊祀」の語は(35)、中国における郊野円丘祭を意味する。それは天の神と祖先とを合祀するものであり(36)、この詔の中国思想による修飾の濃厚なことを示す例でもあるが、神祇思想としてはむしろ山中霊時の語に注目すべきであろう。山中は高所であり、天により近い場所である。鳥見山は外山《とび》に比定されるが、それは皇祖の霊が天降りした聖地とされ、かって金色の霊鵄が流電のごとく飛来した鵄邑《とびのむら》を、いま鳥見というのと音通する。おそらく天神を祭るにふさわしい聖所の暗示であろう。しかもここに「天神」とあるのは、高天原の諸神を総称するものでなく上述の高皇産霊尊を指すものと解される。皇祖である天照大神から、さらに加上的に高皇

産霊尊と並称しているところに、天神と天皇の祖先とを合祀し、しかも「顕斎」という融即的発想によって、これを「皇祖天神」と一体的に祭祀する思想がつよく流れていることが知られるであろう。これらが『古事記』にみられない記載であることは、『日本書紀』が初代の天皇紀を律令国家の遠い淵源を語る史書として、中国古典の思想を摂取受容して意欲的に構成したことを察知させる特色というべきである。その神祇思想においても独自の思想的傾斜を示しているといわなければならない。

## 注

(1) 主として日本古典文学大系『日本書紀』(一九六七年)の訓に拠るが、部分的には必ずしもそれに拠らなかったところもある。
(2) 本居宣長は、高木神のギはグヒを約めたので、グヒは芽《め》ぐむ・角《つの》ぐむ・涙ぐむ等のグムであり、物の初まり芽《きざ》すをいうのでムスとも同義とし、産巣日というのと同じとする(『古事記伝』巻一三、増補本居宣長全集二、六三一頁、一九三七年)。ギをグヒなる生育の意に発すると解するにしても、それは樹木の繁殖のはげしいことにも相通じ、その勢力への神秘観をともなったことが推定されよう。
(3) 津田左右吉『日本古典の研究』上、三五二・六〇二頁(一九四八年)。なお、民俗学の立場から樹木を考えた論考として、柳田国男「神樹篇」(『定本柳田国男集』一一、一九六九年)がある。
(4) 高田真治・後藤基巳訳『易経』下、二四六—二五〇頁(一九六九年)。すべての「器」は形あるかぎり、変化を免れえない。故に時に従って変化して、はじめてよろしきに適《かな》う。この変化の理に従いゆく時、陰陽の交替は障りがない。これを「通」という。
(5) 「余歳」は六歳と解され、唐の高祖の武徳九年(六二六)に成った戊寅元暦にもとづく算出とする説に従う。飯島忠夫『日本上古史論』四一―四六頁（一九四七年）。丸山二郎『日本書紀の研究』九三―九七頁（一九五五年）。このような中国古典思想との関係については、さらにくわしく論究する必要があるが、いまはその機でないので簡略に述べるにとどめたい。

（6）神武紀即位前己未年三月丁卯にみえ、坤霊（地神）に対する天神の称呼。

（7）神武紀即位前己未年三月丁卯。

（8）神武紀即位前戊午年四月甲辰。「今我是日神子孫、而向ㇾ日征ㇾ虜、此逆二天道一也」。

（9）祖父の彦火々出見尊の母は大山津見神の女である。

（10）松村武雄『日本神話の研究』四、三九六―四二九頁（一九五八年）。下出積与『神仙思想』一〇八―一四四頁など（一九六八年）、常世国と海神国との一体化について述べている。

（11）松村武雄『日本神話の研究』三、六七六―六九九頁など（一九五五年）。大林太良『日本神話の起源』（一九六一年）。

（12）本居宣長は、国つ神とは、高天原に坐す神を天つ神というに対し、此の国の神をいう（『古事記伝』巻九）としつつ、神武朝の国つ神については、此の土地《くに》の神という意味とし、国人・里人というに類するものと解している（同巻一八）。

（13）築坂邑の地は、現今の橿原市鳥屋町付近に比定され、桃花鳥《つき》坂《さか》の名は宣化天皇の身狭桃花鳥坂上陵にも示されている。

（14）狭野の地は、現今の和歌山県新宮市佐野に比定され、また天磐盾は熊野速玉神社の摂社神倉神社境内の神倉山に擬せられている（谷川士清『日本書紀通証』巻八）。

（15）この神は国譲り神話で刀剣神経津主神とともに出雲の大己貴神に国土を献上させ、奈良時代には中臣・藤原氏の尊崇をもうけるに至る。

（16）履中紀即位前・顕宗紀即位前・武烈紀即位前にも類似の表記がある（拙稿「古代氏族と宗教―物部

氏の伝承について―」「仏教文化研究所紀要」（龍谷大学）二一、一九八二年。本書第四章収録）。

(17) 三品彰英「フツノミタマ考」（『建国神話の諸問題』三品彰英論文集第二巻、二五五―二八〇頁、一九七一年）。

(18) 拙稿「古代氏族と宗教―物部氏の伝承について―」（前掲、本書）。

(19) この物部氏の伝承については、注（18）の拙稿をも参照されたい。

(20) 墨坂の地は、現今の宇陀郡榛原町西方の坂で（日本古典文学大系『日本書紀』上、の註記）、崇神紀九年三月戊寅に、天皇の夢に墨坂神と大坂神を祠れとあったという。両地は大和国から伊勢・伊賀と河内方面への出入口となる要地であった。

(21) 手抉とは、手で土を抉《くじ》って作った器をいう。古墳時代の祭祀遺物にこれに相当するとみられるものが存する。

(22) 現人神に類する語は神武紀にみえず、景行紀四十年是歳・雄略紀四年二月にみえる。

(23) 谷川士清『日本書紀通証』巻八、「今按神主以二女子一者、古之制也、伊勢斎宮賀茂斎院春日斎女等可二以見一」。

(24) 神功紀摂政前三月壬申。ただし『古事記』では、仲哀天皇が琴をひき、武内宿禰が沙庭において神の命を請い、神託は皇后にあったが、天皇が神託を信ぜず没したとする（拙著『日本古代氏族伝承の研究』一四―一六頁、一九七一年）。

(25) 律令国家が中国古典思想のかなり忠実な継承者であったことは明らかである。職員令の太政大臣について「燮二理陰陽一」といい、中務省に陰陽寮をおくが、天武紀四年正月には、すでに陰陽寮・占星台がみえる。

(26) 天武紀十三年閏四月丙戌、「詔曰、凡政要者軍事也、是以、文武官諸人、務習二用レ兵及乗一レ馬、……（下略）……」。

(27) 池田源太「山の信仰」(『古代日本民俗文化論考』五七―六三頁、一九七九年)。
(28) 池田源太「瓶尊に関する古代人の情緒」(『古代日本民俗文化論考』四一―四二頁参照)。
(29) 河村秀根『書紀集解』巻三、小島憲之補注本、二八九頁(一九六九年)。
(30) 拙稿「崇神・垂仁紀にみられる神祇思想の問題」(『仏教文化研究所紀要』(龍谷大学)一六、一九七七年。本書第二章収録)。
(31) レヴィ・ブリュル、山田吉彦訳『未開社会の思惟』上、八五―九七頁(一九五三年)。拙稿「穀物神と土地神」(『仏教文化研究所紀要』(龍谷大学)一八、一九七九年)。出雲風土記にみえる大国魂命の天降り「御膳《みけ》食《を》」しについて関説した。
(32) 河村秀根『書紀集解』巻三、小島憲之補注本、三〇九―三一一頁。高田真治・後藤基巳訳『易経』三七―三八頁。
(33) 河村秀根『書紀集解』巻三、小島憲之補注本、三一〇頁。
(34) 頤《い》の卦に「彖曰、頤貞吉、養正則吉也」とあり、頤はおとがい、下顎の意で、物を食う時の上下顎のはたらきに似ている。この頤口は飲食により人の身を養うところから、頤に養うの意があり、頤養が貞正であれば、身を養い、天地は万物を養い、聖人が賢者を養うなど、すべて貞正を尊ぶこととされる(高田真治・後藤基巳訳『易経』上、二四三―二四四頁)。
(35) 「郊祀」の語を用いたのは、中国帝王の祭祀の記事を模倣したものであることは明らかである(津田左右吉『日本古典の研究』下、三三八頁)。
(36) 『礼記』郊特性に「万物本㆓乎天㆒、人本㆓乎祖㆒、此所㆔以配㆓上帝㆒也、郊之祭也、大報㆑本反㆑始也」とあり、万物はみな天から生ずるが、人には祖先があるゆえ、郊の祭において上帝(天帝)の傍に先祖を祭り、本源の祖先の恩徳を謝するものであるとする(瀧川政次郎「京制並に都城制の研究」『法制史論叢』二、一九六七年)。

# 第六章　神代巻の神名について

## 一

『日本書紀』の記載の特色として、何人も気づくのは、その神代紀と神武紀以降の、いわゆる人皇紀との間の著しい相違のあることである。それは『書紀』の神代と人代とを区別する理由の最要のものとも考えられることであるが、神代紀に多くの異伝が収録列挙されているのに対して、人皇紀には時に異伝を注記することはあるにしても、神代紀が基本的に諸異伝列記の体をとっているのとは、全く対照的に、本文中心の体となっている。このような神代紀の書例は、『書紀』が範とした中国正史の類にも例がなく、『書紀』の編者がとったかなり特異な記述方針を示すものというべきである。

『書紀』がなにゆえにかような記述法をとったかについては、『書紀』の編修された時代の、わが国の文化的境位と編修の意図とを見わたして考定する必要があろう。しかしまず考えられることは、『書紀』が当代の律令国家統治の中枢をしめる学者官僚の編修になるものであり、当代の知的水準に照らして好適と思惟された措置であったにちがいないことで、その点では中国正史に倣って自国の古伝承を能うかぎり、正史にふさわしい体裁で漢文体で記述する必要があったことである。この方途がなによりも慎重を要することは、自国の起原以来の史実が国家の威信をかけて正確に記述されるべきであるからで、しかも古代において、いわば中国文化圏のなかにあって、国家的社会的文化的発展をとげてきたわが国にあって、この書は国内の官人に対する自国史理解の基本となるとともに、ひいては諸外国の官僚や知識人に対する知識の根拠となることも予想される。この場合、特定の年次に比定できない古伝承の、しかも多様な所伝を単純化することは、編集上至難であるとともに、時には古伝承の多様な実態からかけはなれた内容の変化をも、もたらしかねない。このことは神々の名称をとりあげても、『古事記』と対照的な『書紀』の神名表記の特異性を認識する必要があるであろう。しかも、これは決して神名表記にとどまらない。説話内容から思想内容にまでも波及せざるをえない問題をふくんでいる。これらの異伝を性急に単純化したり統一化したりしないで、種々の異伝を相互の出没相異をあるがままに列挙するという、一種の客観的手法は、いわば現代史学の史料列挙にも相通ずるところのある学問的手法とも、その精神において相通ずる面のあることは否めない。つまり性急な結論や独断的な主張に陥ることをさけ、むしろこれが判断を後人の手にゆだねることを可能とする配慮が看取されるといってよいであろう(1)。

このような、いわば決定的な判断を読者にゆだねるという手法は、その記述の対象が神代紀であり、神話的伝承を主体とする時代であるだけに、公平にみて何人にもただちに全体的解明を困難にする事情の介在することは明らかである。とくに国家成立以前の遼遠の古昔に係わることであれば、どの国にあっても、神話的・説話的伝承をもって終始し、神秘性を払拭した事実性を主張しえない傾向を帯びることは通有的現象でもあることが、つとに認識されていたとみてよいであろう。ことに東アジアにおいて中国的宇宙観ないし国家観を基調として、天下的世界観を確立している中国的文化圏にあって、隋・唐の世界帝国に通交している律令国家日本にとっては、かの国との相共通する宇宙観・世界観に対する理解をもちながら、それとは異なる自国の古伝承・神話的世界観に立脚する倫理・宗教ないし社会的習俗を、古記録に依拠して、それなりに忠実に記述表現し、かつそれを伝持しておくことの必要性が意識されていたとみられる。それらの古伝承と密接に連関する、わが国の政治の歴史的展開の事実と、そのなかで成立してきた政治体制の実態を記述し、そのことを通じて自国の政治理想を顕示しようとする、史書編修に対する用意のあったことが察知されるからである。

こうして神代紀における種々の異伝の存在は、天地開闢の説話にはじまり、天孫降臨から筑紫の説話におよぶ各段の検討を要するが、いまは、そのなかで産霊（ムスヒ）神に関する問題を中心として、その周辺の神々について若干の考察をすすめてみたいと思う。

## 二

『日本書紀』において、高皇産霊尊がどのように記載されているかを、神代紀冒頭の天地開闢の段にみると、本文にはこの神名を載せず、次下に列記する六種の異伝のうち、第四の一書に初めてその名を記している。その関係の文辞をあげると、つぎのようである。

（本文）

古天地未レ剖、陰陽不レ分、渾沌如二鶏子一、溟涬而含レ牙、及二其清陽者薄靡而為レ天、重濁者淹滞而為レ地、精妙之合摶易、重濁之凝竭難、故天先成而地後定、然後神聖生二其中一焉、故曰、開闢之初、洲壌浮漂、譬猶三游魚之浮二水上一也、于レ時天地之中生二一物一、状如二葦牙一、便化二為神一、号二国常立尊一〈至貴曰レ尊、自余曰レ命、並訓二美挙等一也、下皆倣レ此〉次国狭槌尊、次豊斟渟尊、凡三神矣、乾道独化、所以成二此純男一、

（第四の一書）

一書曰、天地初判、始有二倶生之神一、号二国常立尊一、次国狭槌尊、又曰、高天原所生神名、曰二天御中主尊一、次高皇産霊尊、次神皇産霊尊、皇産霊、此云二美武須毗一、

これらの文辞から知られることは、『書紀』が天地の開闢を語るに当って、まず当代の国際的知識の中枢として、中国の古代伝承を総論的に掲出していることで、すでに指摘されているように、『淮南子』の天文訓や、『三五暦記』に拠るとともに、『芸文類聚』の天部にみられる古伝承などから[2]、日本の神話伝承に近似する部分を採りあげ文を成していることである。本文の「故曰」以前がそれに当り、このような中国風の開闢伝承をまず掲げることによって、『書紀』が当代の国際的水準に合致した史書であることをまず標榜しているものといってよい。いわば当時の世界史的視野を意識した日本の正史であることの証しともいうべき立場を表わしているといえよう。こうした総論的立場から、つぎに「故曰」以下において、わが国の古伝承をもこのような伝承の一環として位置づけようとする立

場にたつものであることを表明していると解されるであろう。

「故曰」以下は、こうした立脚点からすれば、各論ともいうべき日本の古伝承を集約した文辞であるが、この部分はつぎの四箇の内容を表現していると解される。

㈠　はじめすべてが水上の魚のような浮遊の状にあり、国土も浮き漂《ただよ》っていたこと。
㈡　そのなかから葦牙のような一物の生じたこと。
㈢　その一物が神となり、国常立尊ともうしたこと。
㈣　つぎに国狭槌尊と豊斟渟尊とがあらわれ、すべて三神となったこと。

ここには三神の名があげられており、この神名をいかに解するかは、内容の解釈に深く関連することである。まず、㈢の国常立尊は、この本文ばかりでなく、第一から第六までのすべての一書にみられ、『古事記』にも記されている、古伝承に共通して伝えられる神であるが、それは『書紀』の国常立尊という表記からは、国が常《とこ》（永久）に存立することと解されるであろう。しかしその原意は、タツの語が、いままで見えなかったもの、存在しなかったものが活動をはじめて、下から上へと姿をあらわす意と解されることからすれば、トコ（床）すなわち土台の下からの初現・発現を意味すること(3)の妥当なことが考えられる。また、㈣の国狭槌尊の名は、サが神稲であり、ツチが土であることから、稲を生育させる土地の神を示すと解されるのに対して、豊斟渟尊の名が、豊かな稲の収穫のある沼を称えた意と解され、『古事記』には豊雲野神と記される神に相当することが考え合わされる。つまり、この二神の名は、それぞれ聖なる土地や沼を指すもので、人間の生活に必須の土地の生産力を讃え、それを神格化した名称と解してよいであろう。また、これを原初の混沌浮漂の時に語られるのは、雲という文字の表現もまたふさわしい感触を与えたことでもあろう。

こうした本文の文辞に対してみると、第四の一書の文辞は、余他の一書の伝とも対照して、かなり特徴のある所伝である。すなわち、ここには「天地初判、始有㆓倶生之神㆒」として国常立尊と国狭槌尊とを挙げ、本文の三神とは異なる二神の倶生をいい、次下に「又曰」として、複数の所伝を並挙する形式をとっている。そしてこの後者の伝は、神代紀の本文にも六種の一書にも全く類例をみない、三神の名を列挙する点が注目に価する。

その三神とは、後世、造化の三神とも称される。天御中主・高皇産霊・神皇産霊尊であり、この三神は上記のように他の一書の所伝にみえないで、ただ『古事記』の冒頭には真先きにこの三神の名を掲げていることが注目される。こうした『書紀』本文ならびに一書と『古事記』との同異関係を表示すると、およそつぎ（第一表）のようになる。

このような『書紀』の諸伝と『古事記』との対比から看取されるのは、『書紀』の第四の一書の「又曰」以下の所伝が、『書紀』所載の諸伝のなかでかなり異色の内容であることで、それを『古事記』が採用し、天地初発の最初に掲出しているということは、『記』・『紀』両書の編纂意図なり、性格なりを、同一に考え難いことをあらわしているといえよう。

さらに、その内容から考えられるべきは、この三神の名称は、思想的にもかなり抽象的知的傾向のつよいもので、決して原初的な神観念の表象とは考え難いことを指摘しなければならない。このこと

## 第一表

| | | | |
|---|---|---|---|
| 書紀 本文 | 古天地未剖<br>陰陽不分<br>洲壊浮漂<br>天地之中生一物<br>状如葦牙 | (一)国常立尊<br>(二)国狭槌尊<br>(三)豊斟渟尊<br>乾道独化<br>純男 | |
| 一書 第一 | 天地初判<br>一物在於虚中<br>状貌難言 | 国常立尊<br>亦国底立尊<br>国狭槌尊<br>亦国狭立尊<br>豊国主尊<br>亦名（省略） | |
| 第二 | 古国稚地稚時<br>譬猶浮膏而<br>漂蕩<br>国中生物<br>状如葦牙<br>可美葦牙彦舅尊 | 国常立尊<br>国狭槌尊 | |
| 第三 | 天地混成之時<br>始有神人<br>可美葦牙彦舅尊 | 国底立尊 | |
| 第四 | 天地初判<br>始有倶生之神 | 国常立尊<br>国狭槌尊 | 又曰<br>[高天原]所生 |
| 第五 | 海上浮雲<br>其中生一物<br>如葦牙之初生泥土中 | 国常立尊 | |
| 第六 | 天地初判<br>有物<br>若葦牙生於空中<br>天常立尊　次<br>可美葦牙彦舅尊 | 国常立尊<br>又有物若浮<br>高月生於空中 | |
| 古事記 | 次国稚如浮脂而<br>久羅下那州多陁<br>用弊流之時<br>如葦牙萌騰立物成神<br>④宇摩志阿斯<br>訶備比古遅神 | ⑤天之常立神<br>(一)国之常立神<br>(二)豊雲野神<br>①〜⑤[別天神]<br>（五神） | 天地初発之時、於<br>[高天原]成神 |

| | | |
|---|---|---|
| | | (四)埿土煮尊 沙土煮尊<br>(五)大戸之道尊 大苫辺尊<br>(六)面足尊 惶根尊<br>(七)伊弉諾尊 伊弉冉尊<br>神世七代(十一柱) |
| | | |
| | | |
| | | |
| 神名 | ①天御中主尊<br>②高皇産霊尊<br>③神皇産霊尊 | |
| | | |
| | | |
| | ①天之御中主神<br>②高御産巣日神<br>③神産巣日神 | (三)宇比地迩神 須比智迩神<br>(四)角杙神 活杙神<br>(五)意富斗能地神 大斗乃弁神<br>(六)於母陀流神 阿夜訶志古泥神<br>(七)伊耶那岐神 伊邪那美神<br>神世七代(十二神) |

は、すでに先学の説のあるところであり(4)、いまは少しくこれにふれるにとどめておきたい。

第一表の対照から知られるように、わが創世古伝承は、太古の混沌浮漂のなかから自然に生れた生命のきざしを「葦牙のごときもの」と表現していたことが推察される。いわばきわめて具象的に生命の発現の様相を物語るもので、根元的な天帝による創造というのでもなく、常一主宰的な創世神を説くのでもない。むしろ、もっと小じんまりとした、微細な、いわば植物的な生命の発生・発育にも似た具象的な形相において、生命の初現を物語るものであったとみるべきであろう。

そのことを、『書紀』の本文は、「時に天地の中に一物生れり、状葦牙の如し」といい、第一の一書は、「一物虚中に在り、状貌言ひ難し」といっているが、第六の一書は、「物有り、葦牙の若《ごと》くして、空の中に生れり」といい、第五の一書は「其の中に一物生れり、葦牙の初めて遅の中に生でたるが如し」といい、さらに「便ち人と化為る」として、この一物を人格化して神名として表現する方向を示している。したがって、第二の一書が、「状葦牙の抽け出でたるが如し、此に因りて化生づる神有す、可美葦牙彦舅尊と号す」とし、さらに第三の一書が、「始めて神人有す、可美葦牙彦舅尊と号す」としているのも、この「葦牙のごときもの」の神格的命名であり、いわば形容詞的にしか表現しえなかったものの、名詞化的表現であることが知られる。神格化とは、その意味では古代伝承の固定化・図式化であるというべきであろう。

つまり、「状貌言ひ難し」(第一の一書)きものを、あえて言えば「葦牙の如し」とするのが、古伝承のほぼ一致した表現であり、その小じんまりとした具象性に特徴があると考えられる。それを神格化すれば、可美葦牙彦舅尊という名告《なの》りとなるが、これもその原形が葦牙であることからすれば、そんな「可美」とか「彦舅」とか「尊」とかという、美称をもって表現することも、また本来的ではなかったといわなくてはならない。「可美」が美称であり、また「尊」が神名としての格づけであったことは、『書紀』本文の分注に「至りて貴きをば尊といふ、自余をば命といふ、並に美挙等と訓ふ」としていることからも明らかであり、さらにこれを「彦舅」とすることも、葦牙を神格化するにつれて、葦の生育の場所ともなり、土台ともなる泥《こひぢ》の語から音が顚倒してヒコヂとなったと考えられるが、こうした神名が神統譜のなかに位置づけられるに至って、中国の陰陽五行説が影響を与え、ヒコ（彦）神として男性神格としての性格づけがなされている側面もあわせ考えられるべきであろう。(5)

葦の生育する場所・土台としては、第一の一書に「一物虚中に在り」といい、第六の一書は「空の中に生れり」とし、浮《う》き漂《ただよ》うところは、虚中・空中とされたが、しかし葦牙のごときものは実態として、その根元を渥土によらざるをえないので、ヒヂ・ニ（渥）・ツチ（土）に係わるものとして具象的に表現されることとならざるをえない。すでに葦牙を神格化したからは、その所依の場所をもサッチの語によって表象されることになる。それは聖なる食物を生産するツチであり、サッチノカミとなり、これに国（クニノ）という、一種の美称を冠したと解される。『古事記』ではウヒヂニ・スヒヂニのように純然たるヒヂ神の名が直接表現されている。

このような生命発現のイメージは、決して単なる微細な視角にのみとどまらず、その個別的具象的現象をより大きく、存在全体の発現の根基として、大きく世界的・全体的なイメージに拡大されて、国土全体の根底としての土台の成立として表現されるに至る。第三の一書が、「天地混れ成る時に、始めて神人《かみ》有す、可美葦牙彦舅尊と号す、次に国底立尊、彦舅、此をば比古尼と云ふ」とするのは、諸伝のなかで、最も簡潔な記載であるが、ここに国底立尊という神名表現をみるのは、国土成立の根底そのものを「ソコタチ」の語に凝縮表現している点に、古伝承の直接的な言詮であることを思わせるものがある。形容句の少ないこの文勢は、「国底立」という、他の諸伝に看取されない感触を伝えている特徴がある。

これにくらべると、本文をはじめ他の一書が、『古事記』を含めて、「国常立尊」としているのは、トコタチの語に理念的・祈念的要素が含まれていると考えられるだけ、神名として後発的ではないかと推察される。第一の一書が国常立尊の亦の名として国底立尊の名を掲げるのも、こうした古い所伝の流れをうけとめようとしたものと解すべきかもしれない。トコには常の字が用いられ、その意にひかれて、トコシヘニ・トコシナヘニの意をともなって解されることから、上述のように国家の永久の安定を希求する意がこめられることになったが(6)、これはより発展した文辞表現と解されるであろう。

## 三

開闢の段の神々の名を、このように考えてくると、第四の一書の「又曰」以下の神名が諸異伝のなかでも、きわだって特色のあるものであることは否めない。一書中の別伝という記載の形式も、それ自体特異といいえなくもない。

ここに現われる三神のうち、まず天御中主尊は、『古事記』では天之御中主神で、『書紀』は上に引いた尊の語による統一的用法で表現したものであるが、この神の「天」というのは余神の場合の美称または尊称の意よりも、つぎの「御中主」に冠せられているところからみると、いわゆる天と国との対称語としての天という意味にとどまらず、(7)もっと世界とか宇宙とかという語との連関性の強い意味で用いられていることは否定できない。つまり、天とか宇宙とかという、広大な空間感覚から発想され、その中心的・主宰的神格という観念の表象と考えられるものである。これを上に述べた、小じんまりとした、眼前の微細な個物的具象的な生命の発現に重点をおいた、「葦牙」的な発想と比較すると、明らかに異なる思想的次元から起った神観念といわなければならない。それは「御中主」という抽象的で、しかも政治的支配の中枢を意味する語を神格化することによって、天もしくは全宇宙の中心に実在する主宰神的神格を表現しているものであり、神観念としてより高度な知的文化感覚を基盤として発想されたものといわなくてはならない。このような神観念がなにに触発されて成立したかを考えると、八世紀初頭を若干溯るとしても、六・七世紀代をそれほど隔てない時期と推定されることからすると、それは当時の中国の古典思想の影響下にあった時代であることは否めない。周知のように中国の古典文明では、天下的世界観ともいうべき、「天」中心の世界観が古典思想の基調をなしていた。それはすぐれて政治的・倫理的な世界観であり、しかも独自の宗教的開明性をもつものとして、日本の古代社会に受容された。いま「又曰」以下にみえる三神、なかでも天御中主尊の名を、余他の本文や一書にみえる神名と対比すると、神観念の次元的相異があり、それはこうした中国古典思想を基盤に発想された文化的背景を考えることが妥当である。以下の二神、高皇産霊尊・神皇産霊尊については後述するが、三神を一括して伝承する、「又曰」以下の所伝の神名の特性の一は、このような神観念の基盤をなす文化的次元の相異に由来することは、とくに留意しなければならないところである。

開闢の段に限定しても、天御中主尊の「天」の語は、諸異伝のなかでも稀有な用例に属するものであって、わずかに第六の一書の伝える天常立尊の一例を見出すのみである。その文辞はつぎのようなものである。

一書曰、天地初判、有レ物、若二葦牙一、生二於空中一、因レ此化神、号二天常立尊一、次可美葦牙彦舅尊、又有レ物、若二浮膏一、生二於空中一、因レ此化神、号二国常立尊一、

この所伝は文章の構成からみても、葦牙系の伝承を基本としており、ただ神名として天常立、国常立を対称的に並挙して一種の統合をはかったものであろう。その意味では、天と国との神名並称を特に意識した点に特色がある。しかし、このような天と国との対称的神格化は、これまたどこまで原初的な神話思想かは検討を要するところであろう。天地乾坤の陰陽思想や、天神・地祇・人鬼を分別する『周礼』以来の思想、さらに天尊地卑の観念に連動した中国的政治思想の影響によって古代の神祇思想が、とくに為政者層において漢語的発想によっていかに表現するかについての模索がなされていたとみるべきであるからである。[8] とくにいま留意されるのは、さきの対照表からも知られるように、天常立尊という神名が『書紀』第六の一書のほかには『古事記』にのみ見られるにすぎないことであ

る。これは天と国との連称が神代紀の神名には通例ともなっているにかかわらず、開闢の段ではむしろ天を冠する例の稀なこと、わずかに天御中主尊と天常立尊とに限られることである。しかも天御中主尊が上述のようにいわば異質的神名であることからすると、天常立尊も古伝ではない可能性がつよく、天に対する後発的関心にもとづく、国常立尊への並称としての称呼と考えられる。

それでは、このような天を中心とする神名の出現はなにによるのであろうか。これについてははやく津田左右吉氏の、中国思想に由来するとの観点があり、中国でも天または天の精霊として上帝が崇拝されているが、「とくに天のも中に神があるという思想は上代にはなかった。ただ六朝時代に天帝が元始天王といふ名によって道家の所説に現はれ、それが天の中心の上にあることになつてゐる」(9)とし、六朝ごろの中国思想、なかでも道家思想の影響との関係が指摘されている。この方面への研究は、その後も福永光司(10)・重松明久(11)氏等によってさらに推進されている。このような道家思想を中心とする中国思想のわが国神話への影響は実に大きいことが推定されるが、開闢神話のなかでは、神名として明確に天を冠するものが、右の二神に限られていることと、それが後発的と考えられることが、異伝の文辞の対比から推察されることは、『書紀』の編者自身において、そうした諸伝承の並挙をあえてすることによって、比較的妥当な判断の視点に立ちうるものと考えられたことを示すものである。

第四の一書の「又曰」以下の文辞で、さらに注目されるのは、「高天原所生神名」としていることで、これは『古事記』においては開巻冒頭にみえる「天地の初発《はじめ》の時、高天原に成りませる神の名は」に対比される、神々の居所についての注目すべき文辞であるが、『書紀』では、開闢神話の他の箇所には全くみられない語であって、これまた第四の一書の「又曰」にのみ見出されることである。これは高天原の語もまた諸異伝のなかでは、より後発的な語であったことを示すものと考えられる。

ここで天御中主尊という神名の意味について、さきに天は単に地に対する天でなく、宇宙・世界の意に解すべきことを述べたが、この「又曰」以下の文辞では、突然高天原という語を用いて、三神所生の場所とする発想があらわれていることからみても、高天原の語は天御中主尊と深く係わった形で発想されたものとみるべきことになる。このように高天原という一種の天上界を想定し、その天上界の中心に神があるという考えから生じた神名が、天御中主尊であるとすると、これは、『書紀』本文をはじめ余他の一書、くわしくいえば第四の一書の本文をもふくめて、伝えていない思想内容が「又曰」以下の、この観念ということになり、この意味では異伝のなかで、かなり特異なこの内容を、『古事記』はあえて統一的に高天原と三神という形態を中心に構成しようとしていたことになる。

高天原の観念は、基本的には「天尊地卑」(12)の思想が背景にあり、天への崇拝の念が根底にある。それは地上の世界における政治的上位者の支配統治の宗教的権威の根元を天上の世界に求める思想につらなり、政治的権威が世襲されているところから祖先崇拝ともかかわって遠い祖先が天上界に起源することを示す、降臨説話を生む。そういう形態で政治的上位者の支配統治の権威の根源を天上界に求めるので、天上界の中心的主宰者的存在を要請するに至る。「天尊」の観念が根幹となって、地上統治の諸相が統一的・支配的に考えられることは、国家の統一的体制の成立が理想とされている時代社会の要請によく応えうるものとして、その理念を実現するため積極的に摂取受容されて、指導的精神の依拠ともなりえたであろう。「高天原」の語自体に「天」の尊貴性があらわされ、天の語に冠するに高の字をもってし、尊高の意をあらわしたものと解される。この観念が原初的な開闢神話伝承の段階ではまだ存在していなかったことが、『書紀』の本文と一書の所伝の比較から推察される。それには中国から伝えられた道家ないし道教思想、典籍との関係が追究される必要がある。ことに「天―尊」という神名には「天尊」の思想が直接に表現され、また尊《みこと》を至尊とするのもその影響は否みえない。津田氏の指摘の元始天王についても、道教では「天中之尊」とか「天中之神」・「元始天尊」ともいい、天の中央に至尊の大神が存することを説いている(13)。こうして天上の世界が至上神によって統率されているという思想があれば、その世界の具体的な名称や、その世界の具象的な相状の描写が要請されることになろう。道教の教典に『広黄帝本行記』があり、神人集会の所を「皇天原」と称していることが指摘されている(14)。この書は唐の広明二年（八八一）頃の成立とみられ、後世の書であるから直接には結びつかないけれども、この種の道教思想が七世紀代のわが国にいろいろな形で影響を与えていたことは、大局的にみて蓋然性のかなり高い事実とみるべきであろう。

天御中主尊という神名称呼は、神観念として天の語を通して宇宙的世界の中心的主宰神を神格化した、その意味でかなり発達した神観念の系列に位するものであるが、それに対して並挙される高皇産霊尊と神皇産霊尊についても、神観念の展開におけるその位置について考える必要がある。それら産霊神の性格については、すでにいろいろな指摘がなされているが、いま最も手近なところで上来述べてきた『書紀』の諸異伝との対比から考えることが、その史料としての性格を知るためには見のがしえない方法といわなくてはならない。とくに『古事記』において開闢神話伝承の中心的位置をしめる、この三神が『書紀』ではきわめて傍系的な扱いをしかうけていない事実は重要であろう。こうした『書紀』編修における取り扱いは、この三神を中心に記述される、『古事記』的な神話伝承が、『書紀』編修のおこなわれた、八世紀初葉の律令国家において必ずしも自明的・固定的・教条的に公認されてはいなかったことを示すものといわなければならない。この二書の成立は『記』が七一二年、『書紀』が七二〇年と、わずか八年の間隔をおいているのみであり、その間両書の記載内容に画期的変更をおよばさなければならないほどの、政治的ないし思想的変動があったとも考えられないが、少なくとも神話伝承の扱いの上では、『書紀』は『古事記』の伝承を基本的には開闢神話の中枢には位置づけてはいないことが事実といわなくてはならない。

これは何故にとられた措置であろうか。このことを考えるうえで、一の示唆を与えると思われるのは、『古事記』がこの三神の名を挙げた次下に、「次に国稚く浮脂の如くして、くらげなすたゞよへる時に、葦牙のごと萌え騰る物に因りて成りませる神の名は、宇摩志阿斯訶備比古遅の神、次に天之常立神、此の二柱の神もみな独神なりまして身を隠したまひま」とし、「上の件の五柱の神は、別天つ神なり」としていることである。

つまり『古事記』においては、上の三神にくわえて阿斯訶備比古遅の神と天之常立神の二神の五柱の神を「別天神」とする発想があり、さらにこれは次下の、国之常立神・豊雲野神の二柱を独神で身を隠すとし、ついで

宇比地邇神　妹須比智邇神
角杙神　妹活杙神
意富斗能地神　妹大斗乃弁神
於母陀流神　妹阿夜訶志古泥神
伊耶那岐神　妹伊耶那美神

の五代にわたる男女配偶十神を列挙して、上の独神二柱に継げて、あわせて「神世七代」としているものである。これらは『書紀』本文が、国常立尊・国狭槌尊・豊斟渟尊の三神を「乾道独化」のゆえに「純男」とし、以下に埿土煮尊・沙土煮尊・大戸之道尊・大苫辺尊・面足尊・惶根尊、伊奘諾尊・伊奘冉尊の八神を「乾坤二道、相参而化」のゆえに「男女」とし、あわせて「神世七代」とするのに相対照できるが、『古事記』にみられる「別天神」という発想は全くあらわれていない。

このことは『古事記』が、『書紀』編者のように古伝を列挙するというのではなく、単一化・集約化を旨とし、結果として簡潔な文辞表現に統一するとともに、かなり思い切った独自の発想による古伝承の組織化・編成化を試みたものともいえるであろう。しかも事態の進行は、『古事記』の撰集が時間的に先行しているから、『書紀』の編者としては、『古事記』の内容についても知悉したうえで、しかもあえて古伝の列挙という斬新な手法をとったものと解せざるをえないこととなる。

ところで、「別天神」という概念を導入した『古事記』の発想のもとでの神名の包括には、一定の思想的綱格による理念がはたらいていたと考えられる。それは天つ神・国つ神と対称的に挙げられる天つ神ではなく、天つ神のなかでさらに別出された天つ神ともいうべきものとして、別天神が撰定されたと考えられるからで、いわゆる造化の三神にくわえて宇摩志阿斯訶備比古遅神と天之常立神との二神をもって五神とする特異な発想である。

この別天神の概念は『古事記』にのみあらわれ、他書にみえないことと、またこれが決して古くからの思想ではないことから考えて、この思想自体にはそれほど意味があるものではない。また五神の包括についても一定の体系的な知識によってまとめられたものとは考えられない。ことに阿斯訶備比古遅神を別天神にふくめることには、この神名の原義が土地の上に生り出でたものを意味することからすると甚だ無理なことであって、[15]それに上述の天之常立神が国之常立神から対偶神的に挙げられた神名と考えられることからすると、つぎの神世七代とともに、五とか七とかという神々の数の配置から出てきたことは、まず間違いのないことで、五神というのにもそれ以外に特別の意味があるとは考えられない。中国思想の影響のもとに発想された思想的綱格にもとづくものと考えられる。さきの神名対照表によっても明らかなように、『書紀』では本文はもちろん、六種の一書のすべてが、国常立尊または国底立尊の名を伝えているのに対して、天常立尊の名は第六の一書だけしか挙げていない。この点で、『古事記』の天之常立神の所伝に近似するのは、第六の一書ということができよう。[16]天常立尊（『古事記』では天之常立神）という神名が用いられたのは、『古事記』のような別天神の発想において天神の概念が強められた場合に、国常立尊という神名が天神にふさわしくないことにもとづくものである。

しかし『日本書紀』では、この別天神の思想は採用されなかった。のみならず、一書の所伝としても全く伝えられなかった。右にみたような、この思想の不備があるいは意識されたものであろうか。そのことが『書紀』の第四の一書の「又曰」以下に、わずかに三神を付帯的に記載するにとどめるところにもあらわれているということができるであろう。しかも三神は、後発の、新しい時代になってから構想された神々であると考えられるが、三神のすべてが全く同様に新たに構想されたというのではない。三神のなかでも新古の差違があり、なかでも古くからの伝承に根底をおくと考えられるのは高皇産霊尊である。そのことは、開闢の段以外の『記』・『紀』神話において、この神のしめる地位と役割とからも考究されるべき問題であるといえよう。また神皇産霊尊は高皇産霊尊の対偶神的神格として表象された神と考えられ[17]、そのことは、この三神の『書紀』にあらわれた記載の内容からも窺知されるところである。

## 四

高皇産霊尊については、上記のほか神代紀と神武紀・顕宗紀に記載があり、たとえば神代紀では宝鏡開始の段の第一の一書に、「故会二八十万神於天高市一而問之、時有二高皇産霊尊之息思兼神者一、有二思慮之智一、（下略）」とあって、この神の息思兼神のことを記述している。また宝剣出現の段の終りの第六の一書に、高皇産霊尊の一児として少彦名命のあることを、いずれも一書の伝として記すが、天孫降臨の段では、本文として天照大神の子の天忍穂耳尊が高皇産霊尊の女の栲幡千千姫を娶って彦火瓊瓊杵尊を生んだので、この皇孫をことに憐愛し、葦原中国の主としようとしたこと、中国平定のため天穂日命やその子の大背《おほそ》飯三《びのみ》熊《くまの》之大人《うし》、さらに天稚彦《あめわかひこ》を遣わしたが、いずれも効を奏せず、経津主神と武甕槌神とを派遣し、漸く大己貴神とその子事代主神の国譲りの実現をみたことを記述している。

ことに注目されるのは、高皇産霊尊が皇孫を真床追衾《まとこおふすま》に覆って、日向の襲の高千穂峯《たけ》に降臨せしめたとする点であって、これを記す本文に対応して掲出される八種の一書の伝は、それぞれかなり詳しいもの、簡単なものの差違はあるが、これを高皇産霊尊の名を載せるものと、載せないものとに分けると、つぎのようになる(18)。

一書のうち高皇産霊尊を ｛ 載せるもの……第二(4)・四(1)・六(3)・七(3)・八(1)
　　　　　　　　　　　　　載せないもの……第一・三・五

これらの一書の所伝のうち、注目されるのは、第一の一書で、これは八種の一書のうち最も長文の内容であり、したがってその記事の内容も本文に対応する部分が少なくないにもかかわらず、高皇産霊尊の名を全く載せていない。これは同様にこの神名を記さない第三・第五の一書が比較的短文であることからすると、顕著な事実というべきであろう。

これに対して、高皇産霊尊の名を載せている所伝のうち、長文のものは第二・第六の一書であって、また短文であっても第四の一書はこの神の役割を大きく扱い、伝えている点でみのがしえない特徴をもっているといえよう。ただ第七・第八の一書はこの神の名を載せてはいるが、それは上記の天万栲幡千幡姫がこの神の女児であることを伝えているのみであるから除外されるが、諸異伝を比較すると、天孫降臨の段における記戴に差違のあることが知られる。いま三品彰英氏に従って、諸伝の内容を、(1)降臨を司令する神・(2)司令を受けて降臨する神・(3)降臨の際の天孫の容姿・(4)降臨地・(5)随伴する神々・(6)神器の授与・(7)瑞穂国統治の神勅、という七個の要素からなるものと考えると(19)、こうした分

**第二表**

| 出拠＼要素 | (1)司令神 | (2)降臨神 | (3)容　姿 | (4)降臨地 |
|---|---|---|---|---|
| 書紀本文 | 高皇産霊尊 | 瓊瓊杵尊 | 真床追衾 | 日向襲<br>高千穂峯 |
| 第六ノ一書 | 高皇産霊尊 | 瓊瓊杵尊 | 真床追衾 | 日向襲<br>高千穂添山峯 |
| 第四ノ一書 | 高皇産霊尊 | 瓊瓊杵尊 | 真床追衾 | 日向襲高千穂<br>槵日二上峯 |
| 第二ノ一書 | 高皇産霊尊<br>天照大神 | 天忍穂耳尊から<br>瓊瓊杵尊にかわる | 虚空出誕 | 日向槵日<br>高千穂峯 |
| 古　事　記 | 高木神 | | 降臨間際出誕<br>容姿記載なし | 日向高千穂<br>久士布流多気 |
| 第一ノ一書 | 天照大神 | 天忍穂耳尊から瓊<br>瓊杵尊にかわる | 降臨間際出誕<br>容姿記載なし | 日向高千穂<br>槵触峯 |

析をもって各異伝の構成要素の簡単なものから、複雑なものへという発展の順序を想定して配列した場合に、高皇産霊尊という神名と、それの表わす神格を解明するうえに重要な示唆を与えていると考えられる。すなわち、右の七要素の、なかでも、(1)・(2)・(3)・(4)の四個の要素はとくに諸異伝の関係をよくあらわしていると思われるから、第二表にそれを示しておく。

この表から、諸異伝のうち最も簡単な形で構成されているのは、『書紀』本文と第六の一書であり、本文は最も簡単な所伝を採択しているとみることができる。こうした対比から伝承の原型的なありかたを推定すると、それは(1)降臨を司令する神として高皇産霊尊が、(2)降臨神として瓊瓊杵尊を、(3)真床追衾で覆って、(4)日向の襲の高千穂峯に降臨せしめた、という形式のものであったことが推定されることになるであろう。

このようにして、天孫降臨神話の司令神として高皇産霊尊を定位すること、それは『書紀』の尊名称呼をはなれていえば、タカミムスヒノカミであるが、それが最も簡素な、それゆえに現在知りうる伝承の古態を示唆していると解することができる。とするならば、この神の性格と比重はきわめて注目されるべきものとなる。これが漸次複雑化してゆくには、神話に対する種々の要請・背景からの修飾や変形がくわわっていくことが考えられ、のちに日本神話の最高の神格の地位をしめる天照大神が第二の一書や『古事記』においてこの神に付随して語られ、ついには第一の一書のように全く天照大神一神のみを司令神とする形式になってゆくことにみられるように、神話の時代的発展により、神格の変遷・交替のおこったことが推察されるが、それは神話の発展の後代的現象と解されるところである。このような諸異伝の対比から、高皇産霊尊についての所伝をみると、『書紀』の本文と第六・第四の一書が、この神名のみを伝えていたのに対して、第二の一書が高皇産霊尊と天照大神とを挙げ、これが『古事記』において主客逆転して天照大神を中心の司令神とするとともに、ここで突如として高木神という称呼に変化している。

これを『古事記』の文辞についてみると、天若日子（書紀の天稚彦）の段において、はじめて高木神があらわれるが、その文辞の関係を示すと、つぎのようである。

かれここに天照らす大御神、高御産巣日神、また諸の神たちに問ひたまはく、「天若日子久しく復奏《かへりごとまを》さず、またいづれの神を遣はして、天若日子が淹《ひさ》しく留まれる所由《よし》を問はむ」とのりたまひき。……（中略）……かれここに鳴女《なきめ》、天より降り到りて、天若日子が門なる湯津桂の上に居て、委曲《まつぶさ》に天つ神の詔命《おほみこと》のごと言ひき。ここに天の佐具売《さぐめ》、この鳥の言ふことを聞きて、天若日子に語りて言はく、「この鳥はその鳴く音《こゑ》いと悪し。かれみづから射たまへ」といひ進めければ、天若日子、天つ神の賜へる天の波士弓矢の加久矢をもちて、その雉《きぎし》を射殺しつ。ここにその矢雉の胸より通て逆《さかさま》に射上げて、天の安河の河原にまします天照らす大御神、高木の神の御所《みもと》に逮《いた》りき。この高木の神は、高御産巣日の神の別《また》の名《みな》なり。かれ高木の神、その矢を取らして見そなはせば、その矢の羽に血著《つ》きたり。ここに高木の神告りたまはく、「この矢は天若日子に賜へる矢ぞ」と告りたまひて、諸の神たちに示《み》せて詔りたまはく、……（中略）

これは『書紀』にもみえる天稚彦の返し矢の一段であって、『古事記』では右のように中途から別名の高木神という称呼へと変ってゆく過程があらわれている。この神名のにわかの変化は、「別《また》の名」と断わられているとはいえ、天孫降臨の司令神という中心的神格に係わるものであるだけに、その変容の突然なのと、またその別名が高木神という、対照的に平明な神名であるのとに奇異の感は否めない。事実、これ以降は『古事記』では高木神の称呼が中心となり、降臨段が結ばれているだけに、なにゆえに高皇産巣日命という荘重な神名をあえて変えなければならなかったかという疑問がつきまとい、その理由が問われる所以ともなってくる。

この問題について、本居宣長は精細な考証をくわえている。

高木神、御名義、木は具比《グヒ》の切《ツヅマ》りたるにて、即ち産巣日《ムスビ》と申すと同義なり。其故は、上の角杙《ソヌグヒノ》神活杙《イクグヒノ》神の杙《グヒ》は、具《グ》美《ミ》と通て、具牟とも活く言なり（中略）されば角杙は角具牟と同意なり、葦など角ぐむと云も、角の形して生初《オヒソム》るを云ひ、又なべて木草の生初るを、芽ぐむと云ひ、涙の出初るを、涙ぐむと云て、具牟は、凡て物の初まり芽すを云辞なれば、産霊と同意とは云なり(20)

として、高木神の名が高皇産巣日と同義であることを主張し、また中途から高木神の名に変わる理由については、「つら〳〵思へども、慥《タシカ》に思ヒ得ることもなし」としつつも、強いていえば、二様の伝本があり、この箇所より上は高皇産巣日神とある本により、これ以下はそれが欠けていたため、別本の高木神とある本に依拠したためであろうとの推定を示している(21)。

諸異伝の対比の結果、『古事記』がより古層を伝えると解される『書紀』本文等の所伝にくらべて、天照大神を司令神とする第一の一書の立場に至る直前の形態を示していると解されるが、それが何故に高木神なる、より素朴な神名表現にあえて中途から変更したのであろうか。これについては、『書紀』の高皇産霊尊という神名表記が本文以下各一書に同様用いられているとはいえ、これらすべてがその原本の表記のままとは必ずしも解されないこと、たとえば『古事記』の高御産巣日神という用字表現に類する他の表記があったとしても、『書紀』は、本文と一書を通じてより完成度の強い、尊名表記に統一的に表記する意識の作用していたことが考えられる。かりに産巣日と産霊との用字を比較しても、後者はより漢語的思考性につよいもので、また神を尊とするところにも、『書紀』的な価値意識がはたらいていることは否定できない(22)。『古事記』の天若日子の段に至って、にわかに高皇産巣日神の表記が高木神の名に変転するのは、そこにこれがこの神の別名であることを明記するとはいえ、より素朴と思われる名への変転が起り、しかも天孫降臨の段にも及ぶということは、それなりの内的必然性があるべきものと解されるであろう。『古事記』に、

ここに天照らす大御神、高木の神の命もちて、太子正勝吾勝勝速日天の忍穂耳の命に詔りたまはく、「今葦原の中つ国を平け訖へぬと白す、かれ言よさし賜へるまにまに降りまして知らしめせ」とのりたまひき。

とあるように、高木神の前に天照大御神を挙げ、両神を並記するとはいえ、明らかに天照大御神を中心に記述する様式に変化してきている。

このことは、『書紀』第二の一書において、降臨の司令神として両神を列記しながらも、まず産霊尊を先に記し、つぎに天照大神を挙げるから、『古事記』において両神の位置がはじめて逆転していることが知られ、天照大神中心の筆法に転換していることが注目されなければならない。そしてこの傾向がつぎの『書紀』第一の一書において、降臨の司令神を天照大神の一神のみとする形式に進行させることとなってゆくので、『古事記』は、いわばそういう変化の初例を示していることになる。

高木神という神名表現は、この画期的ともいうべき天照大神中心の筆法への転換と関連して考えられる事実であろう。『古事記』が高御産巣日神から高木神へと表記を改めたのは、宣長の指摘する出典の相違という観点からだけ見られるべきではないであろう。むしろ、もっと内容的関連なり要請なりのあったことであろう。それはさきの異伝の比較から、この神の司令神としての位置の後退と時期を同じくしている現象と考えられ、いわば天照大神の優位性の強調と表裏関係にある事実と考えられ

る。このような場合、『古事記』の表記や表現はいわば先駆的な過渡期的流動性を帯びざるをえないことが予想されるであろう。ことに高御産巣日神の名は、開闢神話以来、とくに「別天神」としての高い神格を印象づけている。それを諸伝に異なった形で、一挙に司令神として第一位の神を次位に位置づけることは、やはりその神名に憚るところがあったとしてもふしぎではない。むしろ、そうした畏敬の意識のない形でこの種の古伝承の改変が随意におこなわれるとすることに、無理があるのではなかろうか。そこでこの神の別名、しかも比較的素朴で具象的な、それゆえ知的に高度な霊格観とは異なる神名が用いられることとなったのではなかろうか。しかも高木神の名をもって終始一貫するには、別天神としての高い神格の位置づけからしても、産霊神という神名に明瞭に表示しておく必要性も否定しえなかったと考えられる。つまり、こうした両様の要請を統一的に記述する場合に、神名の交替により素朴な神名が柔軟な機能性をもって表示され、かくて『古事記』はこの両様の神名を、前後交替して用いざるをえなかったと考えられる。

　この場合、高木神の名の出現が、天若日子の伝承からであることは、降臨神話の前件的位置にあるもので、しかも返し矢という説話的伝承であることが、この素朴な神名にふさわしいものとして受容されたのであろう。上述のように、『古事記』において高木神の出所となったのは、返し矢を忌む話や、死者と誤られるのを忌む縁《ことのもと》を語る説話とされているところに、起源説話的伝承の語られる場のあったことが考えられる。

# 五

かように考えてくると、高木神は高御産巣日神の単なる別名ではなく、むしろ明確な産霊神として定位される以前の、この神の呼称の一であった可能性がつよい。文献的には『古事記』が初見ではあるが、産霊神の原型の、少なくとも主要な性格の一面を伝えている可能性が否めないであろう。宣長の解釈に従って考えるならば、木は具比の約まった語として、杙とされるが、これは杌・株（くひ）と同義で、土中に打ち込む棒を意味し、やがては神霊を招きよせる憑り代とされるものでもある。系譜的には樹木信仰に連なるもので、その意味では、高木神とは文字通り高い木を崇めるものであり、その高とは尊貴の意をふくむ、気高い木、神聖な樹木への尊崇に由来する。そのような聖木を中心とする祭儀と一体的に理解されていたものであろう。[23][24]

これを古典に求めると、神代紀では天石窟の段にみえる「五百箇真坂樹」や、『筑前国風土記』怡土郡条にみえる「五百枝賢木」などが近い例であろう。これらは祭祀の場に必ず現われる神木であるが、その由来するところはさらに古く、太古の森林における祭事に深く関連することが推定される。それが古代信仰の中核とみなされ、神格化された時、産霊神という神観念が形成されていったと考えられる。[25]

この杙の語についていえば、大山咋神の名も、クヒを杙・杌の意と解することができ、その意味では斎杭は川ばかりでなく、山にも打ちこまれたであろう。むしろ山がより本来的であったというべき[26]

かもしれない。山には樹木が多く、とくに杭を打ちこむ必要があったかとの疑問もあろう。しかし大山咋神はまたの名を山末之大主神《やますゑ》といい、山末すなわち山の頂上にあって、山の主として坐す神である。山の頂の祭場には、憑り代に杭が立てられて祭祀がおこなわれたと考えられる(27)。

神功摂政前紀には、伊勢の神が「撞賢木厳之御魂天疎向津媛命」と託宣して、聖なる樹木に憑依して現われたことを述べている。また、やや異なる例として推古紀二十八年十月には、欽明天皇檜隈陵に、堅塩媛を改葬するにあたり、陵のまわりに土山を築き、氏ごとに大柱をたてたとある。これらには別に渡来系氏族の信仰の投映もあるかと考えられるが、古墳祭祀においても、この種の樹木信仰の系譜がたどりうる形迹が窺えるようである(28)。こうした、なお考察を要する問題が少なくないが、他の機会にゆずりたいと思う。

## 注

(1)　三品彰英「天孫降臨神話異伝考」(『建国神話の諸問題』三品彰英論文集第二巻、一一三—一一七頁、一九七一年)。
(2)　河村秀根『書紀集解』巻二、小島憲之補注本、二五—三〇頁(一九六五年)。
(3)　日本古典文学大系『日本書紀』上、五四五頁、補注、参照(一九六七年)。
(4)　津田左右吉『日本古典の研究』上、三二九—三三二頁(一九四八年)。次田潤『古事記新講』二〇—二四頁(一九二四年)。
(5)・(6)　日本古典文学大系『日本書紀』上、頭注・補注、七七—七八、五四四—五四五頁。

(7) 天と国との対称関係から「天御中主」が考え難いことは、天御中主に対する対称神名が、たとえば「大国主」にしても考え難いことからも知られるであろう。

(8) 拙稿「国神と仏教受容」(「仏教文化研究所紀要」(龍谷大学) 二五 (一九八六年)。

(9) 津田左右吉『日本古典の研究』上、三三三頁。

(10) 福永光司『道教思想史研究』(一九八七年)。同『道教と日本文化』(一九八二年)。同『道教と古代日本』(一九八七年)。

(11) 重松明久『古代国家と道教』(一九八五年)。

(12) 『周易繋辞上伝』に「天は尊く地は卑くして乾坤定まる、卑高もって陳なりて貴賤位す」と易理の基幹を述べる。

(13) 福永光司「昊天上帝と天皇大帝と元始天尊」『道教思想史研究』一二九―一三〇頁、所収。

(14) 重松明久『日本神話の謎を解く』一一八―一二〇頁 (一九八三年)。同「天神と国神の構成」(『古代国家と宗教文化』一七五―一七七頁、一九八六年)。「皇天」は「高天」とも表現された可能性があるとする。北魏の酈《れき》道元の水経注には、河水の条に漢代の祭天の聖地として「皇天原」を記し、また唐の杜光庭の歴代崇道記には、太上老君が天から地上に降臨した聖地とする。このような先行の事例が参考になろう (福永光司『道教と古代日本』八三、一七八頁)。

(15) 津田左右吉『日本古典の研究』上、三三九―三四〇頁。

(16) 『書紀』の一書のうち『古事記』と全く一致するものは存しないが、比較的近いのは、いわゆる造化三神を挙げる点では第四の一書の「又曰」以下が相当し、可美葦牙彦舅尊と天常立尊を挙げる点では第六の一書が近い関係にあるといえよう。

(17) 神皇産霊神は出雲系伝承に連なる側面があるが、『記』・『紀』の伝承に現われた範囲では対偶神的性格が主となっていることは否めない。

(18) 括弧のなかは、高皇産霊尊の名の出る回数を示す。
(19) 三品彰英「天孫降臨神話異伝考」三品彰英論文集、第二巻、一一八―一二三頁。
(20)・(21) 本居宣長『古事記伝』巻一三、増補本居宣長全集二、六三一―六三二頁（一九三七年）。
(22) すでに神代紀には「至貴曰ㇾ尊、自余曰ㇾ命」との用字の使用方針を明記している。
(23) 小野壽人「「ムスビノ神」と日本思想」（『史学雑誌』五三の三・四、一九四二年）。
(24) なお、神武紀における高皇産霊尊については、拙稿「神武紀にみられる神祇思想」（龍谷大学短期大学部編『仏教と福祉の研究』一九九二年。本書第五章収録）を参照。
(25) 拙稿「怡土県主の伝承」（『史心』一五、一九九二年）。
(26) 『万葉集』巻一三、三二六三。
(27) 拙稿「穀物神と土地神」（『仏教文化研究所紀要』（龍谷大学）一八、一九七九年）。
(28) 拙稿「韓国の樹木信仰―日本古代宗教との関連―」（『史心』三、一九八二年。本書第十二章収録）。

# 第二篇　飛鳥・白鳳の氏族と仏教

# 第七章　天寿国の考察

## 一

大和の中宮寺に伝えられる、国宝天寿国繡帳は、古色蒼然、腐朽剥落してかつての原本をみるすべもないほどの断片を残すのみである。しかし幸いにして、『上宮聖徳法王帝説』に法隆寺に蔵する繡帷二帳に縫い着けた亀背の上の文字として記載されているものが、その銘文として原形を伝えることが考定され、世に天寿国繡帳銘として知られるところである。いま、その原文四百字を掲げる。(1)

斯帰斯麻　宮治天下　天皇名阿　米久爾意
斯波留支　比里爾波　乃弥己等　娶巷奇大
臣名伊奈　米足尼女　名吉多斯　比弥乃弥
己等為大　后生名多　至波奈等　已比乃弥
己等妹名　等已弥居　加斯支移　比弥乃弥
己等復娶　大后弟名　乎阿尼乃　弥己等為

后生名孔　部間人公　主斯帰斯　麻天皇之
子名蕤奈　久羅乃布　等多麻斯　支乃弥己
等娶庶妹　名等已弥　居加斯支　移比弥乃
弥己等為　大后坐乎　沙多宮治　天下生名
尾治王多　至波奈等　已比乃弥　己等娶庶
妹名孔部　間人公主　為大后坐　瀆辺宮治
天下生名　等已刀弥　弥乃弥己　等娶尾治
大王之女　名多至波　奈大女郎　為后歳在
辛巳十二　月廿一癸　酉日入孔　部間人母
王崩明年　二月廿二　日甲戌夜　半太子崩
于時多至　波奈大女　郎悲哀嘆　息白畏天
皇前曰啓　之雖恐懐　心難止使　我大王与
母王如期　従遊痛酷　无比我大　王所告世
間虚仮唯　仏是真玩　味其法謂　我大王応
生於天寿　国之中而　彼国之形　眼所叵看
悕因図像　欲観大王　往生之状　天皇聞之
悽然告白　有一我子　所啓誠以　為然勅請

采女等造　繡帷二帳　画者東漢　末賢高麗
加西溢又　漢奴加己　利令者椋　部奉久麻

このうち、罫線でかこんだ部分の二十四字は現存する六箇の亀甲図様の背面上に縫着された文字の部分であるが、ほかに正倉院の古裂調査により五字の古裂が検出されているという(2)。

この銘文の概要は、その前半は欽明天皇以降の系譜であり、後半は繡帳製作の由来を述べているものであるが、その由来としては、辛巳の年（AD六二一年、推古天皇二十九年）十二月二十一日、穴穂部間人大后（用明天皇皇后）が崩じ、翌壬午の年二月二十二日、聖徳太子（厩戸皇子）の薨じたこと、この時、太子の妃橘大女郎は、悲哀の念やみがたく、太子（大王）が生前、「世間虚仮、唯仏是真」と告げたことばを玩味して、太子は「天寿国」の中に生れたと考え、その国の形状の観がたいことから、その形状を図像に画いて太子往生の状を観ようと願い、推古天皇に申し上げた。天皇はこの心情を察して、采女等に命じて繡帷二帳を造らせたが、その下絵の作者は東漢末賢・高麗加西溢・漢奴加己利であり、これらを監督したのは秦椋部久麻であった、というものである。

この繡帳の伝来については、『法王帝説』にさきの銘文につづけて、「右在㆓法隆寺蔵繡帷二帳縫著亀背上㆒文字者也、」と記されており、奈良時代には法隆寺に蔵されていたことが知られるが、さらに『法隆寺伽藍縁起幷流記資財帳』につぎの記載がある(3)。

合通分繡帳　弐張　（具カ）其帯廿二条鈴三百九十三
右納賜浄御原宮御宇天皇者、

これによると、天平十九年の資財帳作製当時には、法隆寺に繡帷二帳が存在し、それには鈴三百九十三箇がつけられていたことが知られる。また、これが浄御原御宇天皇によって法隆寺に納賜されたというから、それ以前は宮中か、あるいは他の場所に伝来したものと解される。この浄御原御宇天皇とは、天武天皇または持統天皇を指すのであろうが、とすれば、この繡帳の成立年代について示唆するものといえよう(4)。

## 二

この繡帳銘については、その内容の検討からこれを推古朝のものとすることに対する疑義が提示されている。すなわち、宮田俊彦(5)・福山敏男(6)・林幹弥(7)・重松明久(8)等の諸氏は、それぞれ理由をあげて、推古朝以後の製作にかかるものとする。これらの所論はそれぞれに特色があり、綿密な考説で示唆をうけるところが少なくない。その主要な論点から四項をあげて、簡単に顧みておきたい。

第一は、銘文に使用された仮名の用例についてで、たとえば宮田氏は推古朝およびそれ以前と推定される金石文として、(1)和歌山県隅田八幡神社所蔵人物画像鏡銘、(2)法隆寺金堂薬師如来光背銘、(3)同金堂釈迦三尊銘、(4)同小釈迦光背銘、(5)伊予道後温湯碑銘について、仮名の使用例が四字ないし二字、または皆無であるのに対して、繡帳銘が全文四百字のうち百三十八字をしめ、仮名使用頻度の異常に高いことをあげている。この仮名の使用頻度が年代判定の基準となるか否かという問題については、国語学研究の進展にまつべきであるが、かつて大矢透博士の周代古音の研究(9)にもとづく、仮名の使用例をみても、『記』・『紀』・『万葉集』などの古文献に用例のあるものが平安時代に至るまで用いられており、しかもその傾向は時代が下降するにつれて種類が少なくなっている。なかには奈良時代にすでに使用されなくなったものもある。したがって繡帳銘にみられる古代仮名が『記』・『紀』よりも古い時代の用例とみられることは否めない(10)。仮名の使用頻度から『記』・『紀』以前の年代比定をすることは推古朝説を否定することはなお困難であろうと考えられる。

第二に銘文にみえる用語の問題があり、なかでも「天皇」の語の用いられていることを推古朝とすることに障害とされている。この問題は現今の学界の議論のさかんなところであって、いま詳論するものではないが、かりに天皇号が天武朝を遡りえないとすれば、年代判定の重要な基準となるものだけに、もちろん繡帳の製作年代、とくに銘の年代を考えるうえに大きな問題となる。諸氏がこの点を中心として推古朝成立を否定するのは、その意味では正しい。しかし天皇号の始用時期については、実はまだ必ずしも確定していないとみるのが妥当ではなかろうか。私は現在のところでは、なお津田左右吉氏等の説によって推古朝に使用された可能性を認めるものである。

天皇号の始用といっても、これは必ずしも統一的官制用語としての使用を意味してはいない。つまり、のちの律令制の時代のような一律使用ではなく、他の称号との併用期を経過して、しだいにこの語の使用が熟していったのではないかと考えられる。

推古天皇二十年（六〇四）に制定されたという憲法十七条には「天皇」の語がみえないが、この語を用いるような思想的背景としては「君則天之、臣則地之、天覆地載、四時順行、万気得レ通、地欲レ覆レ天、則致レ壊耳」（第三条）といい、他方、中国の史書にも「倭王以レ天為レ兄、以レ日為レ弟」[11]といい、「其国書曰、日出処天子、致二書日没処天子一、無レ恙」[12]と記していることは、当時の倭の朝廷に政治支配の最高権威を天になぞらえる考え方があり、天や日（太陽）を重んずる考えのあったことを示しており、当代の政治理念の一端をあらわすものとして注意すべきである。推古紀二十八年是歳に皇太子と嶋大臣が共に議って、「天皇記及国記、臣連伴造国造百八十部并公民等本記」の撰録されたことを伝えている。もし当時、天皇号が全く用いられていなかったとすれば、この書名もたとえば「大王記」というようなものであったことになるが、そこまでの断定がはたして可能であろうか。この時、同時に撰録されたという「臣連伴造百八十部并公民等本記」というのも、書名というよりむしろ記事内容を直接に表現したといえそうな、きわめて率直な名称を用いており、その用語は臣連・伴造・国造・百八十部といずれも大化前代、推古朝ごろに実際に使用された語と解してさしつかえない。わずかに「公民」の語に若干の問題はあろうが、これらの用語と平行して提出する、天皇記・国記にも修辞的修飾的要素は稀薄とみるべきではなかろうか。これらのきわめて具象的な書名の称呼は特徴のあるもので、史料的証拠のあったものとみるべきであろう。「天皇記」などの書名が採用されたことは、やがて天皇号が公式用語としての性格をつよめることとなったことを伝える。これを簡単に否定するには、私はまだ問題が多く残されていると考えるものである。

　第三に、繡帳銘の後半の記事に孔部間人大后の薨日を十二月廿一日癸酉としているが、これは十二月廿一日甲戌の誤りである。しかし、かような推古朝の主要人物の忌日を、太子妃の奏請によって天皇の命によって作られた繡帳銘において誤ることは考えられないとして、宮田氏が疑義を提起している。これについてはすでに飯田瑞穂氏の反論がなされており[13]、右の干支のずれは、元嘉暦によって推算して出された長暦が甲戌となっているもので、長暦は元嘉暦によって推算したものであるから、この長暦の推算を検討しなおす必要があり、むしろ、当時大陸における現行暦であった戊寅暦によると、十二月廿一日は癸酉に当り、繡帳銘とは一致することとなり、干支のずれから推古朝成立説を否定することはできないと考えられる。

第四には、重松氏によりて唱えられた、太子の持言「世間虚仮、唯仏是真」の成立時期の問題がある。氏は天平のころ法隆寺の再興に努力した行信の著である『仁王護国般若波羅蜜経疏』から、「世間空虚」・「遣三虚仮」・「唯仏一人、一人居浄土」などの句をえらんで、行信が太子に仮託して作ったものと推定している。また同氏は繡帷二帳について、これを弥勒上生経の変相と弥勒下生経の変相とに分けて考え、前者は高麗加西溢、後者は東漢末賢・漢奴加己利の描くところとする推論を展開しているが、問題の銘文については、おそらく天武天皇によって法隆寺へ施入された二帳に対して、『法隆寺伽藍縁起幷流記資財帳』の成立した天平末年頃、前期の行信によって銘文が加工されたとする。

銘文の成立を奈良時代天平末年まで下降して考定するこの説は、繡帳に対する批判的研究の典型的なものとみられる。しかし上記の持言のような哲理的なことばが、行信でなければ発しえないということはいえない。また弥勒上生・下生に充てる考説は図様に対する新知見として注目に価するが、しかし飛鳥時代にそこまで具体的な形で弥勒信仰が普及し、とくに橘大女郎等の間に繡帳を造らせるほどの状況になっていたかについては、なお断定の域に至っていないと考えられる。

天寿国繡帳の成立、別して銘文の成立時期について、以上のような論議のなされている過程において、天寿国そのものについて論究することは、不用意のそしりをまぬがれえないかもしれない。けれどもそれは必ずしも決定的な障害とはみなしえないから、推古朝末年ないしそれに比較的近い時期の成立とみる立場は、依然として一個の学説として存立している。繡帳とその銘文が推古朝当時のものか否かが確定しなければ、天寿国の思想信仰が全く論議の対象となりえないかといえば、決してそうは解されない。かりに繡帳や銘文が推古朝末期を下降するとしても、おそらく天武朝を下るものではないであろう。銘文が示している思想・信仰の背景を探求することは思想史の問題としても重要である。思想や信仰の変遷は個々の瑣末な事象をある程度越える面が存在する。いま天寿国とは、いかなる思想・信仰の基盤のうえに表現された世界であるかを、宗教思想史の視点にたって、その歴史的実像と意義を追求してみたいと思う。

## 三

天寿国繡帳銘の後段に語られているように、この繡帳は聖徳太子の妃橘大女郎が、太子の母である孔部間人大后と太子の死をいたみ、これを追慕するの念にたえず、太子の往生する天寿国の形状を図像とすることを推古天皇に奏請したことによって造られたものである。これによって、いわゆる天寿国とは、太子の死後往生する世界を言いあらわしたことばであることは明らかであるが、これについてはすでに説かれているように、天寿国という国名をはじめ、繍帳に画かれた図様のあらわす世界が、それ自体、決して太子自身の信仰思想の内容を顕わすものとは即断できないことが、まず留意されなければならない。従来、天寿国を論ずる学者のなかには往々にして天寿国といえばただちに太子の信仰内容を示すものとして、あるいは無量寿仏（阿弥陀仏）、あるいは弥勒仏、さらには釈迦仏等々維摩居士の浄土、特定の仏の浄土と論定するむきもあったが、繍帳の造由があくまで太子追慕の念に発することが明らかなことからも、太子の生前から企図されたものではなく、したがって厳密にいえば、あくまで太子の信仰内容とは区別して考えられるべきものなのである。

もちろん、太子の信仰内容と区別するということは、両者が全く別異のものであるというのではない。むしろ両者には相通ずるところのあったことは否めない。しかし、このような精神的意味をもった来世の表象を全く一致するものとして考えることは、実は決して容易なことではないのであって、そこに天寿国なる来世表象を理解することに慎重であらねばならない所以があるというべきである。

そこで、いま天寿国を考察するのに、およそ三箇の問題の視点をあげてみたいと思う。第一は、天寿国繍帳に画かれた図相から、どのような世界として考えられるかという問題である。第二は、太子自身と区別された、太子周辺の人々にとって天寿国がどのような世界として考えられていたかという問題である。そして第三として、人々と区別されながら、しかも相通ずる面をもっと考えられる太子自身の来世表象がいかなるものであったと考えられるかという問題である。

このうち、第三の問題については紙幅の関係もあり、本稿において深く追究する余裕がないので別の機会にゆずり、ここでは前二者の問題について考察をすすめてみたいと思う。

第一の繡帳の図相については、現存するのが繡帳の断片であり、全体の図様を察することはできない。したがって十分な考案をなしうるわけではないが、部分的とはいえ、今日に伝えられるものから、原形を推定することが全く不可能というわけでもない(14)。いま、きわめて局部的な図相を通じてではあるが、われわれの知りうるところをあげ、そこから窺える天寿国の特色について考えてみたいと思う。

この図相の原画は繡帳銘によれば、「大王往生之状」を観ようとして画かれたという点が、まず留意される。その意味では一定の教義を象徴的に図式化したものではなく、もっと具象的な、事実を経過的に物語る内容のものであったことを窺わせるが、事実、現存の断片の図相にみられるところも、後世のいわゆる曼荼羅のように様式的な諸尊像の静的な列像でなく、様式化以前の動的な人物群像であり、またこれをとりまく環境世界も、自然的・生活的ともいうべき流動相が描かれており、それは後世の密教の曼荼羅にみられるような、教義的で象徴的な、またそれゆえに観念的な教理の世界の図様ではなく、自然的・具象的な、かつ即物的ともいえる世界の描写がなされているところに大きな特色があると考えられる。

たとえば、自然的具象的描写としてあげられるのは、ここに描かれた人物・諸尊像のなかに、明確に仏（如来）・菩薩像と指定しうるものが比較的少なく、むしろより多くの僧形人物ないし供養人とみられる人物像が多いことが注意される。供養人は在俗者であり、なかには婦人とみられるものがふくまれている。試みに現存の繡帳断片のなかから人物像（仏像的なものをふくめて）を数えると、およそ四十四ないし四十六体が数えられるが、このうち蓮台上に坐する仏（または菩薩）像はわずか四体であって、あとの四十ないし四十二体は僧形、または俗形の人物像である。(15) しかもその多くは、自然の草木・花鳥・風月のなかに描き出されているから、さながら現実の人間世界の描写ともみられるほどである。鐘堂とおぼしき堂内にて鐘をつく僧形の人物、屋内に坐して談話する人々のなかには僧俗いりまじり婦人の姿もみうけられる。

これらの図様は、とくに後世の儀軌化したそれを知るものの眼には曼荼羅とよぶことさえ抵抗感をあたえ、むしろ古代末期から中世に盛行した絵巻物や絵解きの図柄により近いものを想わせるであろう。(16)

しかも画法は、もちろん古様であり、あるいは時に古拙でもある。玉虫厨子の密陀絵にみられる自然の草木の描写にくらべれば、非写実的な、図案化された筆致がよみとれ、人物の姿態にも密陀絵ほどの熟練味はみられない。身体の曲線を描くのもデリカシイに欠け、刺繡という制約はあるとはいえ、繊細美において及ばないことは明らかである。しかしこれは反面において、画面全体に一種の明るさをただよわせ、図案化された画法によって、現実からの超越感をたもたせる効果がある。この陰湿でなく明るく陽気な感じをさえ表現している点は大きな古代絵画的な特色として注目される。

服装の特徴もみのがしえない独特の雰囲気をあたえている。とくに眼をひくのは異様なまでに長く、ほとんど履物を覆っている裳であり、それがまた異常に下方で八の字形にひろがっていることである。私自身、かつて最初に写真でこれをみた少年時には滑稽にさえ思われたこの服装は、実に異国風を代表する一の特色であろうが、これについてはすでにはやくから指摘されているように[17]、高句麗の古墳壁画に類似するものがある。この異国的な服装は、事例の稀有な古代の上流階層の服装についての貴重な資料をあたえるものである。

さらに図相の大きな特徴として、月に兎の図柄と、銘を背上に配した亀甲がある。これらは仏教的絵画としての性格の濃い繡帳の画題としては、必ずしもその傾向に合致するものとは考え難い。しかし、かように考えること自体、あるいは日本人的な仏教的先入観によるものといえよう。日本人が仏教的な理想世界を想定する時、それは浄土の荘厳にほかならず、蓮華宝池、宮殿楼閣をそなえ、如来説法の世界であり、浄土三部経等の所説にもとづく浄土観であり、そこには月兎や亀はあらわれてこない。後にあらわれる浄土曼荼羅の世界が当然浮んでくることになる。その点で、これらの異教的ともいえる図相は注目すべき特色をもつものといわなければならない。

ここで問題はおのずから、第二の太子周辺の人々にとって天寿国とはいかなる世界と考えられたかに対する解答を求めることになる[18]。銘と図様においてみとめられる上記のような特色は、この繡帳の伝える天寿国像を示しているので、この図様から看取される宗教思想的特色は、銘文の内容とあわせ考察されるべき意味をもつものといえよう。

この意味で、とくに太子周辺ということには若干の配慮が必要である。すなわち、繡帳の成立年代をどのあたりまで下降すると考えるかによって、太子周辺という概念は実に曖昧なものになる可能性をもつからである。太子の死後、少なくとも二・三十年以内であるならば、生前の太子を知る人々も生存し太子の思想なり信仰なりに親近した人々が、その感化をうけてそれにもとづく天寿国像を描きえたであろう。しかし、生前の太子の感化や影響の考えられない時期にあって作られたものとすれば、生身の太子との必然的関係はあまり認められないことになるからである。

このように考えて、繡帳銘の文意をみると、その文辞は太子の死後、その生身の人格的感化の薄れた時代のものとは考え難い点が少なくない。ことに銘の文辞が常套的用語による平板な追福文にみられない思想性をもち、仏教哲理に対する個別的な理解を示す記述[19]となっていることはみのがしえないところである。すなわち、

于時、多至波奈大女郎、悲哀嘆息、白畏天皇前曰、…（中略）…我大王、与㆓母王㆒如㆑期従遊、痛酷無㆑比、我大王所㆑告、世間虚仮、唯仏是真、玩㆓味其法㆒、謂我大王應㆑生㆓於天寿国之中㆒、…（下略）…

とあるのがそれであって、ここには大王の死後における近親のなかでも、とくに橘大女郎の痛酷な悲哀の状景が生々しく伝えられ、かつ大王すなわち太子の「所㆑告」の「世間虚仮、唯仏是真」の八文字一句の法文を伝えている。この語が仏教経典において常用される成語でなく、他に用例のみえない語であって、しかも深奥な仏教教理の究竟的な体験内容をきわめて端的に表現しているものであることは注目すべき事実といわなければならない。試みにほぼ同時代とみられる他の文章、たとえば法隆寺金堂釈迦像光背銘や元興寺縁起所収の塔露盤銘や丈六光銘などの文辞と対比して、天寿国繡帳銘の法語がいかに他に類例をみない、哲理的な深さをもち、仏教用語として個性的な表現であるかは、た

れもが否定できない事実であろう。家永三郎氏が、この語に対して「太子の思想の表現として疑う余地のない」[20]ものとして高い評価を与えていることは再認識されるべきであろう。

天寿国繡帳に対する研究は、繡帳自体に対する測定や年代考定など、さらに綿密に追究されなければならないが、繡帳銘のもつ思想史的意義は初期の仏教信仰受容史のうえに光芒を放つ事実としなければならない。

この語は、橘大女郎の直接に耳にしたところであり、かつ、おそらくは大女郎周辺の人々の記憶にもとどめられていたであろうことは、簡潔な一句八文字という、きわめて集約洗練された形体のものであり、かりに仏教教理的意味内容がそのまま理解されなかったとしても、人々の耳目に印象づけられ、記憶されていた可能性・蓋然性はかなり高いというべきではなかろうか。この句が天寿国繡帳に配された亀甲文様のなかにあり、後世に伝持された意義はきわめて大きいといわねばならない。いつの頃からか繡帳は破損して宝蔵のなかに眠ることとなり、この句もまた久しく世人の耳目にうつることがなかった。それを文永十一年（一二七四）の頃、中宮寺の信如尼が聖徳太子の母后の忌日が正確に知られないため、その調査につとめ、法隆寺の勅封鋼封蔵の開扉の機をまったが、たまたま盗難事件があって宝物調査がなされた時、はからずも宝蔵の一隅からこの繡帳が見出され、中宮寺へ永代下付を許された。こうして繡帳の存在が再認識され、『法王帝説』所伝の銘が裏づけられることとなったものである。

ただ、しかし繡帳の図様がただちに太子の期する国の実状を正確に表現しえたものであったか否かは、別に考察されなければならない。ここに天寿国がどのようなものとして理解されているかについて、つぎのような点を考察する必要があろう。

天寿国は、太子の「世間虚仮、唯仏是真」という法語によって示されるような、仏教思想を基底とする教化をうけ、またその感化影響をうけた橘夫人およびその周辺の人々が、太子への追慕の情もだしがたく、その「往生之状」をまのあたり具象的・視覚的に想像して、その図画をしかるべき画師に描かせたものが下絵となり、采女等の奉仕によって製作された。断欠となった、その一部分をしかみることができない現状から考えると、この図相がただちに右の法語の思想を表現するものであったか否かを判断することは、いささか冒険的といわざるをえないが、具体的な図様の表現や描写から直ちに法語の意味内容が理解できるものであったとは考えられないふしがある。

くわえて従来もふれられてきているように、天寿国という名称が、仏教経典のいずれにもみられない名目であって、その点に、従来考えられてきた太子の思想との間にも間隔感の存することは否めない。ことに「世間虚仮、唯仏是真」という、仏教的にももっとも簡明直截な思想表現に対比して、「天寿国」という用語のもつ違和感は否定できない。仏教的には、仏国とか、浄土とか、極楽とか、あるいは兜率天とか、仏教的に熟した表現があって然るべきではないかと考えられるであろう。

このことは従来多くの先学によって討究された論議を通じてつねに介在していた疑問であったといって過言ではないであろう。たとえば、「天寿国」の文字について、これを「无寿国」と解し[21]、あるいは「无量寿国」の略称あるいは脱字と考えて、無量寿仏（阿弥陀仏）の浄土と解する立場や、あるいは『上宮聖徳法王帝説』が天寿国について示した「猶レ云レ天耳」という注を縁として、天を仏教的に解して弥勒菩薩の住処である兜率天の内院とし、(22)さらには当時の仏教信仰が釈迦中心のそれであったと解されるとして、釈迦の浄土としての霊山浄土(23)であるとし、また維摩居士の国土たる妙喜浄土(24)とするなどの考説も出されてきた。

これらは、それぞれ仏典の論拠をふまえた議論であるが、特定の浄土に限定して決定することは困難であって、そうしたなかで特定の浄土とはみないで、諸仏の浄土を全体的に想定したものとして十方浄土という解釈をも提示された(25)。これは当時の人々はまだ信仰の対象が特定されるほど明確に細分化された意識をもってはいないとするもので、天寿国も漠然たる常楽の彼岸、一種の理想世界とみるものである。

## 四

天寿国について、これを純然たる太子所期の浄土という観点をとるかぎり、問題は依然として空転をまぬがれえない。問題は、太子がみずから天寿国に往生することを表白したというのではなく、橘大女郎が太子往生の地をそのように想像したという事実から出発しなければならない。つまり天寿国をただちに太子所期の世界と即断してしまうところに、所説の混乱を大きくした要因があるといわなければならない。繡帳銘によるかぎり、正確には「大王往生之状(26)」を観ようと欲したのは橘大女郎であって、それはむしろ太子自身の関知しないところとさえいえるものである。さらに、ここに留意されるのは橘大女郎自身において、天寿国のイメージはどこまで具象的でありえたか、はたしてどこまでの指示を画師たちになしえたかという問題がある。

いったい、人間死後の世界がどのようなものであるかは、何人にとっても不可知である。要は各人が一往の想像をしてみるほかはない。つまり、本来きわめて主観的性格のつよいもので、この傾向は厳密には橘大女郎にとっても、これをいかに客観化するかは至難のことであったろう。現実の存在においてさえ、図画化することは個人差の大きいことであって、各人の構想に差異のあることは当然予想されるところである。まして、これが死後の理想世界となれば、表現の基準も定かでなく、きわめて困難なことになる。要はそれぞれの時代の人々の教養・知性・趣向などの複雑に交錯した表現相をとらざるをえないことになる。この点、仏教教理の一定の枠組みのなかで形成され、仏画の専門家の描いたものであるならば、一定の教義的根拠を有し、経説の出拠、表現の伝統性を尊重したものとなり、その表現にはおのずから一定の綱格の存することはいうまでもない。

しかし天寿国繡帳の成立期においては、まだそうした環境や条件は成立してはいなかった。あるいは未成熟な状況にあった、とみるべきであろう。上述のように、天寿国という語そのものに仏教経典の明証がなく、従って経典に説くところの根拠も明瞭ではない。それは定式化した密教系ないし浄土系曼荼羅の普及以前の時代に属し、いわばそうした古様を示しているものとみられるであろう。それゆえに、現存する断欠のいくつかからは上にふれたように、一種の絵解き、絵巻物に類する物語的表現がみられるのであり、それは在俗の宮廷婦人の、世俗的な立場からの素朴な仏教信仰への関心と、その時代の教養や趣向に、つよく色どられた理想世界の想像図様であったと考えられる。

この点、下絵の製作に従事した三人の画師が、純粋の仏画作家であったか否かはなお断定の限りではないとみられる。もし、このような事情が作画の背景に考えられるとすれば、天寿国の図様は一往橘大女郎の想像を基本としているとはいえ、実際には画師たちの画系・教養・趣向・世界観がつよく反映したものとならざるをえなかったとみるべきであろう。かりに画師たちが描いた図様に対して大女郎が異議をとなえ、一々描き改めさせるというほどの強い指示を与えたか否かを考えてみると、それほどの具体的指示をなしうる立場にあったとは考え難いのではなかろうか。そうした場合、一往の指示はあるとしても、大様は画師の構想に委ねるのが普通ではなかったかと思われるであろう。

その点で銘のおわりに、「令者椋部秦久麻」とある人物の役割は軽くはなかったとみられる。これは繡帳製作の実務の総括的な指導監督の地位にあった人物で、当然図様の構想にも指導的役割をはたしたことが推察される。かれがどのような系類に属するかは、繡帳の図様の構想に大きな影響を与えたと考えられる。椋部はクラベ、またはクラヒトベと訓むもので(27)、蔵部・倉部に通ずることとなり、クラヒトならば蔵人・倉人・椋人に通ずる。秦久麻はハタノクマと訓むと秦氏の人名と解される(28)。この場合、椋部は氏の名としてでなく、職名と解することになろう。蔵部は、履中紀六年正月に、「始建二蔵職一、因定二蔵部一」とあるように、古代の宮廷に奉仕して倉庫の用務に従事したものであり、後世の『古語拾遺』によるとつぎのような伝承がある。

仍令下阿知使主与二百済博士王仁一記中其出納上、始更定二蔵部一、至二於長谷朝倉朝一、……（中略）……令二

秦漢二氏為二内蔵大蔵主鑰一、蔵部之縁也、

ここに秦氏の蔵部との関係が示されており、椋部は蔵部にほかならない(29)。秦久麻には姓《かばね》も伝えられていない。しかもこの種の朝廷における職務は律令制下においても、職員令中務省内蔵寮に「蔵部四十人」とあり、大蔵省にも「蔵部六十人」があって、倉庫の出納管理の業務に従事した。また、奈良朝に活躍した秦氏関係者のなかには、朝廷や寺院において画師・経師・装潢・仏工・鋳工・校生になっている事例が多い。たとえば、画師として古文書にその名をとどめるものとして、つぎのような例があり、いずれも東大寺関係の職務に従事している(30)。

秦連稲村　天平勝宝四年閏三月
秦　堅魚　天平勝宝四年閏三月
秦　龍万呂　天平勝宝四年閏三月
秦　虫足　天平宝字二年二月
秦　稲守　天平宝字二年二月
秦　朝万呂　天平宝字二年三月
秦　稲持　天平宝字二年十月・同六年七月

なお倉人の称は、『続日本紀』神護景雲三年十一月壬午に秦倉人呰主に姓秦忌寸を賜与された記事があり、「山背国愛宕郡計帳」には戸主新秦倉人安麻呂・同奈世麻呂等戸口をあげているが、そのうち二十六人が秦倉人をなのっているなど(31)、秦氏と倉人の関係の後世における徴証としてあげることがで

きるであろう。

もちろん、後世の事例をもって臆測をすすめることは危険であるが、秦氏関係者がこの方面の特技・才能をもち、それがある程度世襲的に伝持された可能性は推察できることであろう。

さらに直接に作画に従事した、東漢末賢・高麗加西溢・漢奴加己利の三人については、絵画という技能的分野に属する作業を協同して実行したことを示しているが、その名から推定して、東漢とか漢とかと名のる末賢と奴加己利は漢氏の関係者であることが知られ、それに高麗加西溢という、高句麗の人と推定される人物をまじえて、漢氏、とくに東（倭）漢氏系統の人々が、高句麗から渡来した人と協同しているところに、当代仏教受容の中心的勢力を形成した蘇我氏とも関係をもっていたであろうことが察せられる。こうした人々を監督する立場に秦久麻が居たとされていることは、いわゆる渡来系氏族の雄族として並称される秦・漢両氏の協同という形態としてもこれを理解することが可能であると考えられる。(32) また高麗加西溢が加わっていることによって、この作画に韓地のなかでもとくに高句麗風の習俗・宗教・服装・文学・詩想などの多義的な生活文化の色彩が反映されたであろうことを示唆するといえよう。

この高句麗風の絵画については、推古紀十八年三月に、「高麗王貢二上僧曇徴、法定一、曇徴知二五経一、且能作二彩色反紙墨一、（下略）」とあって曇徴が絵具・紙・墨の製法に通じていたことを伝えている。また推古紀十二年九月是月に、「始定二黄書画師、山背画師一」とあり、この黄書画師の伴造であったと指定される(33)黄文造は天武紀十二年に連姓を与えられたことを伝えるが、『新撰姓氏録』山城国諸蕃に「黄文連、出レ自二高麗国人久斯祁王一也、」とあって、高句麗からの渡来を伝承している。のちには薬師寺蔵の仏足石記に黄書本実が渡唐して仏足跡図を写したと伝えている。黄書《きふみ》（黄文）とは(34)、仏教経典を意味する。仏教は多く黄蘗《きはだ》で染めた紙に写されたため、かように称された。曇徴の来朝は、おそらくそれ以前においてすでに知られていた絵画技術(35)とはちがった新しい技法の導入を伝承しているものであるが、推古紀の黄書画師等の定置から六年余後のこととされており、それには当然仏画の要素も強いものであったことが推察され、同じ高句麗出身とみられる高麗加西溢とも関係のあったことが考えられる。

## 五

天寿国繍帳の図様において、高句麗の古墳壁画に類似の服装の人物がみられることは、その後の高松塚古墳壁画の検出によって、古代絵画史にくわえられた新視角ともあわせ考えられる必要がある(36)。この古墳壁画は、㈠日月・星辰・四神の図様と、㈡人物群の図様との両者を伝えるが、これらにはすぐれて中国的な思想と文化の系統がうかがえる。それはとくに方位を重んずるもので、天子の都城や宮殿の造営にも、東西を測定し、それに垂直な南北を定めて、東西・南北の大路を通じ、天子南面の宮闕を措定するところにあらわれている。方位を考定するには天体の位置を確知する必要があり、かくて赤道に沿う二十八個の星座をえらび、これを二十八宿とし、月が天を一周する周期二七・三二日に近いことから、月はほぼ一日に一の星座に宿って天を一周すると考えられた(37)。この二十八宿ずつ、東西南北の四方位に当てられ、これに四神を対応させた。これが青龍・朱雀・白虎・玄武の四神で、このうち玄武については、亀と蛇との結びついた画様が用いられた。この方位は五行説ともむすびつき、さらに天空への神秘観は道教思想、なかでも神仙思想の発展とともに受容展開を示した。この玄武をあらわす動物として亀がみられることは留意されるところである。

天寿国繡帳にみえる亀甲は、亀の背面に文字を記すが、この亀の図様は亀を一種の神聖とみる観念を背景としつつも、亀が文字を背負って出現するというイメージにもとづくデザインの形式であって、亀と人間意思の表現形式としての文字との関連につよい関心を示す思想をあらわしている。これも、もちろん中国に思想的起源がある。

かって、藤田豊八氏は中国古代の巨鼇負山説話には、インドのマハーバーラタ Mahābhārata やプラナス Puranas に伝えられる攪海説話において、亀王 Lurma がその背の上に山を戴せているとするものの影響を考え、屈原の『楚辞』天問篇にみえるものが前者の所伝と全く同様であったか否かは不明であるが、両者の間に共通点のあることはほぼ疑いないことを指摘し(38)、また出石誠彦氏は北アメリカ土民の間にも大地を負う亀の説話があり、南アフリカ諸部族の間にも、飢饉の時、亀が背に食物を一杯負って来る説話などがあって、おそらくそれは、亀甲が足または蹠裏の丈夫になることを望む呪術の資料として用いられたもので、その本来の意味は、亀甲のかたさによる同化療法呪術 homoeapathic magic にあることを推考させるとし、中国古代思想展開の上からこの説話の検討をすすめている(39)。

元来、亀は爬虫類で甲をもつことが奇異の感を与えるだけでなく、その甲のなかに頭・尾や四肢を収める時には無生物のような外観を呈するのに、それがおもむろに頭尾四肢を出して運動することから、不思議な存在との念をつよめさせた。これが亀や亀甲に対する種々の観念を発達させる因由となったとみられ、くわえて中国古代に亀甲が、亀卜という卜占の材料として用いられたため、これが促進されたと考えられる。

緯書の河図・洛書には、この種の古伝承を伝えるが、洛書は禹王が水を治めた時、洛水に出現した神亀の背上にあった文字を写したものとされ、洪範九疇という九の大法がそれであるという。この亀が書を負って出現するという思想には、その根底に亀が物を負うという亀甲からの連想のあることが推知されるが、それはやがて人を負うことに展開している。『晋書』の毛宝伝につぎの記載がある。

宝在㆓武昌㆒、軍人有㆓於㆑市買㆓得一白亀長四五寸㆒、養㆑之漸大、放㆓諸江中㆒、邾城之敗、養㆑亀人被㆑鎧持㆑刀、自投㆓於水中㆒、如㆑覚㆑堕㆓一石上㆒、視㆑之乃先所㆑養白亀、長五六尺、送至㆓東岸㆒、遂得㆑免焉、

このほか『捜神後記』に亀が人を載せた記事のあることを出石氏は指摘している。

亀の神聖視は、亀類である鼈をも河伯とする考えを展開させた。高句麗の始祖説話には、朱蒙が、日子であり河伯の外孫であるとされている[40]。『魏書』の高句麗伝につぎのようにある。

朱蒙乃与㆓鳥引烏違等二人㆒、棄㆓夫餘㆒東南走、中道遇㆓一大水㆒、欲㆑済無㆑梁、夫餘人追㆑之甚急、朱蒙告㆑水曰、我是日子河伯外孫、今日過去、追兵垂㆑及、如何得㆑済、於㆑是魚鼈並浮為㆑之成㆑橋、

朱蒙得レ渡、魚鼈乃解、追騎不レ得レ渡、

ここに朱蒙が魚鼈を集めているのは、鼈を河伯に関係づけた思想のあらわれであり、中国古代の亀類を河伯とする思想とのつながりを察することができ、亀類が霊物視されるのはそれが水と縁故の深いものであることから、その動物的象徴とされたことを示している。亀が人を負うのは水に浮くことにより、それはまた橋となって人を済すはたらきをもつ。これは実際に亀類が水辺に棲息して相乗り、並んで浮くことのあることから着想されたものである。

ところで、『列子』の湯問篇にみえる、つぎの記載は巨鼇の背負うものについて、より大きな空想力を伸ばしたものとみられる。

渤海之東、不レ知二幾億万里一、有二大壑一焉、実是無底之谷、其下無底、名曰二帰墟一、八紘九野之水、天漢之流莫レ不レ注レ之、而無レ増無レ減焉、其中有二五山一焉、一曰二岱輿一、二曰二員嶠一、三曰二方壺一、四曰二瀛州一、五曰二蓬莱一、其山高下周旋三万里、其頂平処九千里、山之中間相去七万里、以為二鄰居一焉、(中略)而五山之根、無レ所二連著一、常随二潮波一上下、往還不レ得二暫峙一焉、列聖毒レ之、許二之於帝一、帝恐下流レ於二西極一失中群仙聖之居上、乃命二禺彊一、使二巨鼇十五挙レ首而戴レ之、迭為二三番一、六万歳一交焉、

鼇は、想像上の「おおうみがめ」で、海中にあって蓬莱等の五山を負うというのは、天柱である崑崙山を中心としてひろがる陸地の四方に海があるとする四海の思想にもとづくものであって、いいかえれば、世界を形成する大地を海中に浮かぶものとする観念による。とくに蓬莱等の五山をも戴せて

いる巨鼇は、やがて神仙思想によってこれらの仙山・仙境に居る仙人や仙界との関係が考えられ、仙道で希求される不老不死、すなわち長生長寿が説かれることによって、亀は長生長寿の象徴的生物と観念されるに至った。『述異記』にいう「亀千年㆑毛、亀寿五千年謂㆓之神亀㆒、万年曰㆓霊亀㆒」[41]などという、亀に係けての長寿思想の表現はこのような思想展開の経路のなかに理解できるところであろう。

以上、少しく中国思想にあらわれた亀の意味についてふれたが、それはやく高句麗の始祖伝承に大きな影響を与えており、ひるがえって天寿国繡帳にみられる亀甲文とその背上文字のデザインとの関係において把捉しようとすれば、そこには霊亀長寿の理想を説く神仙思想がつよく影響している事実が窺われ、天寿国という理想世界の図相の由来を物語る文字を象徴的に表現するのにふさわしいものとして着想された趣意が理解できるであろう。

ちなみに朝鮮半島には、現に各地に螭首《ちしゅ》・亀趺《きふ》の碑石がすこぶる多い。新羅の古都、慶州郊外の太宗武烈王碑などにみられる亀趺の意匠が、同様の思想に淵源することは明らかであり、中国古代思想や道教の感化・影響のつよくひろいことを考えさせる一証である。

つぎに月兎との関係をいかにみるべきかの問題がある。古代のインドでは、月のなかの斑点を兎の形とみなしたことが、ヴェーダ文献から窺うことができ、シャイミニーヤ・ブラーフマナでは、月のなかの兎の物語がある。[42]そこでは月のなかの兎は万物を支配し拘束する。ヤマ Yama（死神）とよばれ、「万物を食う者」とされるが、それは実は「死」を意味している。それゆえに人々は献供によってヤマを鎮静させ、ヤマ神との共同・共存をはからねばならないとされる。

また中国では、古く『淮南子』に「月中有二蟾蜍一」とあり、『楚辞』の天問篇には「夜光何徳、死則又育、厥利維何、而顧菟在レ腹」とある。これは月面の陰影を蟾蜍《ひきがえる》とみ、あるいは兎とみたもので、かような例はメキシコにもあるという。月は水の精とされたこともあって、水に縁の深い蟾蜍が考えられたものであり、請雨呪術としてもこれが用いられた。のちには兎と蟾蜍とは、月のなかに共存するという考えも現われるに至った[43]。

月について、死と不死とが語られるのは、月が滅してはまた生ずる現象からきた思想であって、常恒にこれがくりかえされることから、天問篇に「死則又育」というように、月は不死を意味することとなる[44]。かくて月が不死とせられると、そこには不死の薬が存在すると考えられ、『淮南子』の覧冥訓には「羿請二不死之薬于西王母一、姮娥竊以奔レ月、」とあり、羿《げい》が西王母に請うた不死の薬を、その妻姮娥《こうが》が盗み服して月中に奔《はし》り入り、月の精となったとされ、のちには姮娥は蟾蜍となったともいわれている。さらに月に桂の樹があるというのは、葛洪の『神仙伝』に[45]「常称レ疾、閑居不二レ与政争一、善二於補導之術一、服二水桂雲母粉糜角散一」とあり、桂は仙人の食物の一とされたことによる。不死の月に居る仙人の食物には、また不老不死の力能があるとされたものである。月と兎の話が、西王母に結びついていることにより神仙思想とのつながりは明らかである[46]。

中国山東省肥城県孝堂山石室の画象石には、月象の画面のなかに兎と蟾蜍の画相がある。またシャヴァンヌ氏の考古図録[47]には開母廟闕画象のなかに三足烏の図があり、それとともに兎が不死の仙薬を擣《つ》いている画相がある。さらにもと高句麗の版図に属していた平安南道龍岡郡龍岡面安城里の双楹塚の壁画には、月象を示すとみられる円輪のなかに蟾蜍の図があり、日象の円輪の三足烏と対照される。同じく平安南道江西郡江西面三墓里の高句麗古墳からも月の兎と日の金烏の画相がみられ、上述の日月・星宿の画題が深く中国大陸以来の文化の影響下にあったことを物語っており、わが天寿国繡帳にあっても月兎に対する日烏のような画相のあったことを想定させるものである。

霊亀とか西王母とかといえば、中国の神仙思想でそれが日本へ大きな影響を与えたとしても、奈良・平安朝時代においてもみられることで、とくに天寿国の場合に特定して考えることに時代的な限定の困難がまといつく。繡帳の成立期に神仙思想がどの程度の浸透をみせていたかという判断の尺度はどこにおきうるか。こうした中国伝来の思想は、当時の先進文化の一表徴でもあり、当然のこととして宮廷貴族の間に大きな感化を与えていたのであり、そうした思想にもとづく画相の発想は宮廷周辺の画師の画想にも大きな関連性をもっていたとみられる。この意味において考えあわされるべきは、わが古代における他界観の系譜である。とくに天寿国と対比して考察される必要のあるのは常世国の思想である。

## 六

私はさきに、小論「田道間守の伝承(48)」において日本古代社会における宗教思想の展開を考察し、『記』・『紀』などの古典にみえる常世国の思想についても論及した(49)。それゆえ、いまは詳論をさけるが、やや別の視点から天寿国の思想との関係を考えてみたい。

わが古代人にとって、死後における世界が明確に具象的に意識されたか否かについての徴証は必ずしも豊富ではなく、古文献にあらわれた夜見の国・黄泉国がそれに当ると考えられるものである。しかし大陸からの文明の流入は、さまざまな様相において死後の世界への想像力を豊かにしたとみられ、とくに仏教思想の影響は大きいものであった。しかし仏教受容以前から、わが国人につよい影響を与えたと考えられるのが、道教的世界観であった。それは現世における幸福の延長として表象されたが、現世の幸福を代表するのは「長寿」であり、その実現された状態が、常恒の世界としての「常世国」であって、この思想の背後には、すでに不老長生を求める根づよい神仙思想の基盤のあったことは否むことができない。

すなわち、常人のおよびえない長寿の極限には、神仙が存すると考えられ、それは経験的・日常的な現実世界においては容易に接しえない、一種の超越性をもつ世界としての仙境に属することである。しかし反面、それは現実世界と全く無縁な隔絶した世界でもありえないことから、「遠隔」の地という観念によって表象された。その遠隔の地は、天空の彼方とも意識されたが、それは神仙思想においてその理想郷が東海の蓬莱山や西方の崑崙山として表象され、高山崇拝とむすびついているように、高所が崇められたためであり、その極限的な意識が「天空」を崇める観念となったものである。これには中国人のもつ天の思想、それからくる天下的世界観や天帝の観念とも深くむすびついている点のあることはいうまでもない。この思想の特徴は、死後の世界を黄泉国のように地下の世界とみないで、天空とみる点にあり、仙人が長生不死であるとともに天に昇るとか、天を飛行するとかと信じられ、高山や天空に理想世界の存在を想定するところにある。

これについて、わが国の各地の古墳から出土した古代の鑑鏡にみえる文様のなかに、数多くの神仙像があらわされており、またその銘のなかに、この思想をあらわすものがあって、かような鑑鏡への関心は、単に宝物愛玩という器物への興味だけによるものではなく、よりつよく神仙思想やそれに示された大陸的思想文化への憧憬と、それの摂取感化のもとにあった、古代人の精神生活の特色ある傾向をつよく表現しているものとして留意されるべきである。ことにわが国で出土する中国古鏡は、前漢代から六朝時代末にわたる各時代のものが存在するが、なかでも古墳出土のものは三国時代を中心として、その前後におこなわれた神獣鏡・画象鏡・盤龍鏡等が多い事実がみられる。[50]

たとえば、日本の仿製鏡で最も注目すべきは、和歌山県橋本市隅田八幡神社所蔵の人物画像鏡である。この鏡には仿製鏡としてはめずらしく銘があって、それは中国鏡の銘とは異なり、詩句の韻をふまない、いわば日本風の漢文で、文字もまた稚拙なものであるが、つぎのように刻されている。

　癸未年八月日十大王年男弟王在意柴沙加宮時斯麻念長寿遣開中費直穢人今州利二人等取白上同二百早作此鏡

（試訓）癸未《みずのとのひつじ》の年八月、日十大王の年、男弟王、意柴沙《おしさ》加宮《かのみや》に在《いま》せし時、斯麻《しま》、長寿を念じて、開中費直と穢人の今州利の二人等を遣はして、白上同（銅）二百旱を取りて、此の鏡を作る。

いま、この銘のなかに「長寿を念じて」と訓みうる部分のあることは、[51] 上述の鏡に対する呪術的信仰の存在を示すものと解されよう。それが神仙思想の基盤のうえにあることは十分察しられるところで、この隅田八幡神社所蔵鏡の手本となった中国鏡に同范鏡が多く残されていて各地の古墳から出土している。そのうち東京都北多摩郡狛江町和泉（現、狛江市元和泉）亀塚古墳出土の人物画像鏡[52]には鏡銘のなかに、「上有東王父西母」の句があって、鏡面には十一人の人物が四組の群像として描かれているが、そのうち主要人物と目されるものの横に「西王母」という文字があるから、他方のは「東王父」と推定され、この鏡の全体の意匠が神仙思想を基盤としていることは明らかである[53]。

　この鏡銘の「癸未年」については、(1)三八三年説・(2)四四三年説・(3)五〇三年説・(4)六二三年説の四説にわかれており、やや有力なのは、(2)と(3)とであるが、いずれも古墳時代に属している。この鏡自体には古墳出土の形跡がみられないが、古墳時代における神仙思想の普及を察する資料といえる。なお、考古学者が魏の鏡と推定しているものに共通する特徴として、鏡の周縁の断面が三角形に突出していることから、三角縁神獣鏡とよばれている鏡には、文様に神仙思想を題材とする神像と獣形が圧倒的に多いが、このことのもつ意味は大きい[54]。

　このほか江田船山古墳出土太刀銘にも、「服㆓此刀㆒者長寿、子孫注々、得㆓其恩㆒也」などの語句がみえ、長寿の期待されている点では同様の思想の連関することが知られる。

　中国においては、漢代の鏡には神仙讖緯的な宗教的・祭祀的傾向がつよく、『史記』の封禅書や『漢書』の郊祀志にみられるように、武帝の求仙は、泰山や太一壇などの祭祀によっており、祭祀によって仙人となることが可能と考えられていた。しかし魏晋代になると、『抱朴子』の説のように深山幽谷に入って、みずから道術を修めて不死または不老長生を実現しようとする、実践的な神仙の求め方が強調され、葛洪（二八四—三六三）はそのような神仙術の大成者として位置づけられる。その著書である『抱朴子』の内篇には、神仙術を修める道士が鏡を重んずることをしばしば説いている。なかでも留意されるのは、道士のもつ鏡は、山にすむ、もろもろの悪鬼邪魅の妖惑をしりぞけ、その正体を写し出すという呪術的な神霊力をもつものとされていることである。(55) このことは、わが国の古墳に鏡を副葬することが、単に死者生前の愛玩物を埋めるというだけでなく、むしろ死後の生活から鏡の呪力が葬られた者をまもるという呪力的機能に期待がこめられていたことを示している。

古墳出土の鑑鏡がこのような一種の宗教的機能をもっていたものと解される時、それは同時に、いわゆる古墳時代における神仙思想のかなりな伝播をも考定すべきことを示唆しているといえよう。しかも、こうした思想の導入や、古墳に代表される当代文化の重要な荷担者として渡来系氏族のはたした役割もまた大きいことはいうまでもないであろう。

天寿国という、きわめて特徴的な用語をもって表象される世界とは、おそらく文字において痕跡をとどめることのまれであった、いわゆる古墳時代における神仙思想の普及を基盤として、新来の仏教信仰をも、かような信仰観念を土台として理解せざるをえなかった、いわゆる飛鳥期の宮廷人の意識を正直に表白したものであったとみるべきではなかろうか。

ここに考えあわされるのは、『釈日本紀』の述義(56)に引用されている『伊予国風土記』の文にみえる道後湯岡碑銘である。碑そのものは早く逸亡して、この文を伝えるのも鎌倉中期の卜部兼方の撰述によるほかはない。しかも兼方の時代といえば、風土記撰進から六百年近い年月を経過しており、その文辞についてもはたして推古朝当時のものか否かについて、当然疑義が投じられている。私もこれを軽々に当時の遺文とすることはできないと考える。ただし、ここにあらわれる用語のなかには、天寿国を考える場合にみのがしえない一句がある。

惟夫日月照二於上一而不レ私、神井出二於下一無レ不レ給、万機所二以妙應一、百姓所二以潜扇一、若乃照給無レ偏レ私、何異二于寿国一、随二華台一而開合、沐二神井一而瘳レ疹、詎舛二于落花池一而化レ弱、窺二望山岳之巘崿一、反冀二平之能往一、椿樹相廕而穹窿、実想二五百之張レ蓋、臨レ朝啼鳥而戯哢、何暁二乱レ音之聒レ耳、丹花巻レ葉而映照、玉菓弥レ葩以垂レ井、経二過其下一可二優遊一、豈悟二洪灌霄庭意一与、才拙実慚二七歩一、後出君子幸無二蚩咲一也、

とあるのがそれで、ここに日月・神井のはたらきを記すとともに、次下には山岳・椿樹・丹花・啼鳥・玉菓を引いて、自然を素材とする神仙境的世界が描き出されており、また「豈に洪灌霄庭の意を悟らんや」といっているが、洪灌は天の川、霄庭はその仙宮をいうもので[57]、道教的色彩の濃厚な文章である。風土記の文は銘の前文に法興六年丙辰（AD五九六年）のこととして伝えるが、聖徳太子を「我法王大王」とよんでおり、これを推古天皇四年（丙辰）に係けることには無理がある。この前文が後世に作られたことは明らかで、そのため銘文についても年代的に疑わしいものとなるわけである。けれども、その文辞における「寿国」の語が古代における天寿国の観念の神仙思想に沿って用いられた事実を伝えるとみられる点については高い価値を認めるべきであると考えられる。

上来、「天寿国」の思想史的背景をたどって、考察は神仙思想との関係につよく傾いてきた。この

ような考え方は、はやく望月信成氏の説にもみえ[58]、すでに識者の認めるところでもある。しかし、橘大女郎の来世観にかような傾向があったとしても、繡帳の図様は決して神仙思想一辺倒であったのではなく、数多の仏・菩薩・僧等を描写し、仏教的絵解き物語の形状を呈している事実は否めない。しかも神仙思想を多分に内含するとの上記の考察は、必ずしもただちに聖徳太子とその周辺の思想の非仏教的性格を主張するものではない。ただ、そのような当代思想の傾向を指摘すれば足りるものである。これは、いわば歴史的実在の時代的性格としてまぬがれえないものであり、また実にここに歴史的個性の実態があらわされているというべきであろう。ことに来世観というような、永遠常住なるものを思念する方途には、各個にまた歴史的個性的なあり方がとられざるをえない事実を示している。

私はこの仏教思想との関連については、まだ論究するいとまをもたなかった。これについては、別稿において考察をすすめたいと考えている。

## 注

(1)　諸家の研究をあわせ参考としたが、とくに飯田瑞穂氏の研究（「天寿国繡帳銘の復原について」「中央大学文学部紀要」史学科、一一、一九六六年）を参照した。
(2)　石田茂作「天寿国曼荼羅の復原に就いて」（「画説」四一、一九四〇年）。飯田瑞穂「天寿国繡帳銘をめぐって」（「古美術」一一、一九六五年）。
(3)　竹内理三編『寧楽遺文』中、三五二頁（一九六二年）。

（4）この点はあるいは縁起の筆者自身にとっても明確でなく、そのいずれをも指すと解し得る。法隆寺資財帳において朝廷から施入の記事には年次の記載のあるのが通例で、それがないのはあるいは多少伝聞的であったことを示すものかもしれない。
（5）宮田俊彦「天寿国繡帳銘成立私考」（「史学雑誌」四七の七、一九三六年）。
（6）福山敏男「法隆寺の金石文に関する二三の問題」（「夢殿」一三、一九三五年）。
（7）林幹弥「天寿国繡帳と復原」（『南都佛教』八、一九六〇年）。同「天寿国繡帳に関する一・二の問題」（「史学雑誌」六六の九、一九五七年）。
（8）重松明久「天寿国繡帳の浄土」（『日本浄土教成立過程の研究』所収、一九六四年）。
（9）大矢透『仮名源流考』（一九一一年）。
（10）大野達之助『聖徳太子の研究』四七―五七頁（一九七〇年）。
（11）『隋書』倭国伝。
（12）『隋書』倭国伝。
（13）飯田瑞穂「天寿国繡帳銘をめぐって」（「古美術」一一）。
（14）上掲の石田茂作・林幹弥・青木茂作等諸氏によっておこなわれている。
（15）その内訳や分類方法等については、なお後考を期したい。
（16）青木茂作『天寿国曼荼羅の研究』七六―七八頁（一九四六年）。
（17）沢村専太郎「推古朝の絵画」（「仏教美術」一三）。
（18）繡帳の成立時期と銘文の成立時期とはこの問題に深くかかわっている。
（19）家永三郎『上代仏教思想史研究』三五―三九頁（一九四二年）。
（20）家永三郎「歴史上の人物としての聖徳太子」（日本思想大系二『聖徳太子集』所収、一九七五年）。
（21）鎌倉時代に定円の作になる太子曼荼羅講式や、室町末期の聖誉抄にはじまる伝統的解釈というべきものである。近代では、平子鐸嶺・前田慧雲・常盤大定・家永三郎の諸氏によって説かれている。

(22) 松本文三郎「弥勒浄土論」一二頁（一九一一年）。辻善之助「聖徳太子の信仰と天寿国曼荼羅」（『聖徳太子論纂』所収、一九二一年）。福井康順「天寿国曼荼羅の思想的性格」（『東洋思想の研究』所収、一九五五年）。

(23) 大屋徳城「天寿国繍帳攷」（「宗教研究」新五の四・五、一九二八年）。

(24) 大矢透『仮名源流考』六二頁。青木茂作『天寿国曼荼羅の研究』三六―三七頁。

(25) 大屋徳城「上代の造像に於ける個性の問題」（『日本佛教史の研究』一、九七―一〇〇頁、一九二八年）。橋本凝胤「天寿国曼荼羅攷」（「夢殿」四、一九三一年）。

(26) 「往生」でなく「住生」とあるが、そのために「住生」とは違う意味内容をもつとも考え難い。

(27) 椋橋部の略でクラハシベを指す場合もあるというが、とくに関係があるとは考えられない（太田亮『姓氏家系大辞典』二、二一八二頁）。

(28) 拙著『日本古代氏族伝承の研究　続篇』三三二―三三三頁（一九八二年）。

(29) 竹内理三他編『日本古代人名事典』五、一三五二頁。椋が倉に通ずる例として、大日本古文書にみえる人名のなかに秦忌寸椋主（校正・経師）なる人物は名を倉主にもつくる。

(30) 天平勝宝四年閏三月から天平宝字六年九月にかけて、東大寺大仏殿天井彩色その他の作業に従事している。秦虫足は画工司画師である。

(31) 『寧楽遺文』上、一七九―一八〇頁。

(32) 拙著『日本古代氏族伝承の研究　続篇』三二一―三二三頁。

(33) 太田亮『姓氏家系大辞典』二、一九四〇―一九四一頁（一九三四年）。

(34) 栗田寛『職官考』二九三頁（一九四四年）。

(35) 雄略紀七年是歳に「天皇詔㆓大伴大連室屋㆒、命㆓東漢直掬㆒、以㆓新漢陶部高貴、鞍部堅貴、画部因斯

羅我、錦部定安那錦、訳語卯安那等一遷二居上桃原、下桃原、真神原三所一」とあり、崇峻紀元年是歳にも百済から画工白加が献じられている。

(36) 「壁画古墳高松塚、調査中間報告」（一九七二年）。

(37) 藪内清「東洋天文学と高松塚古墳」（末永雅雄編『シンポジゥム高松塚壁画古墳』所収、一九七二年）。

(38) 藤田豊八「支那に伝ふる二、三の myth につきて」（『白鳥博士還暦記念東洋史論叢』八四五―八六九頁、一九二五年）。

(39) 出石誠彦「上代支那の巨鼇負山説話の由来について」（『支那神話伝説の研究』所収、一九四三年）。

(40) 内藤湖南「東北亜細亜諸国の感生帝説」（『東洋文化史研究』所収、内藤湖南全集八、一九六九年）。

(41) 『述異記』巻上。

(42) 辻直四郎『古代インドの説話』一五四頁（一九七八年）。

(43) 劉向の五経通義には「月中兎与蟾蜍」とある。

(44) 石田英一郎『月と不死』石田英一郎全集六（一九七一年）。

(45) 『神仙伝』龍威秘書、所収。

(46) 出石誠彦「上代支那の日と月との説話について」（『支那神話伝説の研究』所収）。

(47) Chavannes, Édouard : Mission Archéologique dans la Chine Septentrionale. 1909.

(48) 拙稿「共同研究　古代における社会と宗教」（「仏教文化研究所紀要」（龍谷大学）二〇、一九八二年。本書第三章収録）。

(49) 拙著『日本古代氏族伝承の研究　続篇』三二一―三三五頁。

(50) 富岡謙蔵『古鏡の研究』三一七頁（一九二〇年）。

(51) この銘文の解読には異説があり、いま「長寿」と訓んだ「寿」の字を「奉」と訓む説もある。その場合は解釈も変ることになるが、しかも道教的鑑鏡崇拝とみられる点では変りない。
(52) 小林行雄『古鏡』一〇九―一一三頁（一九六五年）。
(53) ちなみに、この鏡の銘のはじめに「尚方作」とある「尚方」は漢代から南北朝にかけて王室用の鋳銅工房で、歴代王朝の鏡製作にとりくむ姿勢が知られる。
(54) 小林行雄『古鏡』四七―四八頁。
(55) 福永光司「道教における鏡と劔―その思想の源流―」（『東方学報』四五、一九七三年）。
(56)『新訂増補国史大系』巻八、所収。ただし、日本古典文学大系本その他を参考とする。
(57) 福永光司氏の訓読を梅原猛氏（『聖徳太子』Ⅱ、一一〇―一一三頁、一九八一年）の紹介によって参考とする。
(58) 望月信成「天寿国繡帳の再考」（『日本上代文化の研究』所収、一九四一年）。林幹弥「天寿国繡帳の亀甲図」（『四天王寺』一九一・一九二、一九五六年）。

# 第八章　天武朝の仏教の一考察

## 一

壬申の乱という大きな政治的・軍事的試練を克服して、ふたたび飛鳥の地に都をかえして即位した、天武天皇の治世が、天皇を中心とする強力な国家体制の成立期として重要な意義をもつものであることはいうまでもない。しかも同時にこの時期が思想史的宗教史的にしめる位置の重要性も、またみのがすことができないものがある。この小論はそのような天武朝のしめる史的位置を、宗教、なかでも仏教対策のうちに把捉しようとするものであるが、紙幅の制限もあり、わずかにその一端にふれうるにすぎない(1)。

天武朝が、その施策や事績のうえからみて宗教的側面において特色ある時期であることは、少なからぬ事例によって論証できるが(2)、この時代の政治的主催者としての天武天皇自身につよい宗教的性格のそなわっていたことは、まず注目しておく必要のあることであろう。もちろん、宗教的性格といってもかならずしも一義的には理解できない。とくに天皇が宗教的内面的性格の持主であり、求道者的であったというような規定がただちに可能であるというわけのものではない。しかし、きわめて多面的な意味において、やはり宗教性をもった君主であったことは否定できないところである。

## 二

天武天皇（大海人皇子）の宗教的傾向をしめす事実としては、天智天皇の嗣位に擬せられたとき、出家して天智のために功徳を修することを願い、即日法服を着けていることから、仏教との関連のあることが知られるが、[3] 吉野に至って諸の舎人をあつめ、「我今入道修行、故随欲㆑修㆑道者留之、若仕欲㆑成㆑名者還仕㆓於司㆒」といったことは注意すべきであろう。もとよりこれらの文辞がはたして大海人皇子の心境を忠実に伝えるものであるか否かは疑問の余地があるが、ここには修道と仕官とが本来両立しないものであることが端的に表明されていて、仏教信仰と政治との異質性が明白に意識されているからである。大海人皇子の性格の一面として伝えられる逸話には、その率直果断な性格をしめすものがある。その若年のころのある日、浜楼の饗宴で長槍をもって敷板を刺し貫く行動によって兄の天皇の激怒をかったという事実から、その直情的傾向がうかがわれるが、[4] この時大海人皇子のために天智を諌めた中臣鎌足に対して、それまでの嫌忌の態度を改めて親近したところにも、率直な性格の一面がうかがわれるであろう。

　したがって「若仕欲㆑成㆑名者還仕㆓於司㆒」という明快な言辞は大海人皇子のことばとして、ふさわしいものであり、事実としてもありうることといえると思われる。このことばに対して、退出する者が一人もなかったのに、再度、舎人をあつめて同様のことをいったとき、舎人の半数が留まり、半数は近江京へ退出したという。この場合の大海人の「出家」を単なる政治的偽装とし、天智系勢力の眼をのがれるための政治的手段とみることもできるのであるが、宗教的意図なり動機なりが全くなかったかといえば、かならずしもそうは解されない。「朕所二以譲レ位遁レ世者、独治レ病全レ身、永終二百年一、然今不レ獲レ已応レ承レ禍、何黙亡レ身耶」(5)とあるように、一度は退いて身の安全をはかった大海人皇子の態度には、天智の譲位を「有意而言矣《こころしらいてのたまへ》」と進言した蘇我安麻呂らの好意をうけて(6)、隠謀のあることを疑ってかかった深謀遠慮によるものであり、若年の日の直情的性向はようやく洗練されてきていることがうかがわれる。大海人皇子はこのときすでに四十二歳になっており(7)、人生経験のつみかさねが、かれの政治姿勢を洗練させたことは否めない。ここに多病を理由に皇嗣を辞退し、治病を理由に政界から脱出をはかる態度が出てきたのである。ここに想起されるのは、かつて山背大兄王が推古天皇の崩後、田村皇子と嗣位を競ったときの、ひたむきな皇位への期待感である(8)。聖徳太子の遺子として父の太子の仏教的感化をうけた山背大兄王が推古天皇の遺詔を自分だけに告げられたものと解したことによるとはいえ、嗣位はおのれにありと確信し切望した態度とくらべて、大海人皇子のそれはいかにも対照的であり、政治的な情況判断においてすぐれたもののあることは否めない事実であるが、それとともに人間観照の眼の成長を示しているというべきであろう。もしここで大海人皇子が天智の真意を推測せず、かんたんに皇位を継承したとき、大海人皇子は単に天智政権の継承者にすぎず、独自の政治路線を開拓することもなく、近江朝路線のなかに埋没して虚位を擁するにすぎなくなったであろう。そればかりでなく、武力による圧迫をうける危険性すらあったともみられる点がある。[9] してみれば、大海人皇子の皇位辞退はその意味がきわめて大きく、のちの天武朝政治の基本的方向がこの時すでに一つの萌芽を示しているものとさえいうことができるであろう。

この大海人皇子の政治的情況判断に、「出家」[10]という便法——たしかにそれは政治的観点を中心としてみるかぎり、一の便法にちがいない——がとられたことは、政治に対する宗教のもつ、異質性、宗教のもつ、超党派性・超政治性ないし政治的中立性の利用であって、『書紀』のつたえる大海人皇子の言をもってすれば、「入道修行」・「遁世」の生活は、「欲㆑成㆑名」する仕官の道とは全く異なるもの、別の道であったものである。しかも大海人皇子は「出家」を「為㆓陛下㆒欲㆑修㆓功徳㆒」とするものであり、またみずから「独治㆑病全㆑身、永終㆓百年㆒」うる道であるとしている。ここには仏道修行は、内面的悟道としてよりは、政界からの「隠遁」であり、自身の「治病」のためのものであり、対他的には「為㆓陛下㆒」の「功徳」であるとされている。かような仏教理解が大海人皇子自身のものか、それとも『書紀』の編者のものであるかは、吟味を要するとはいえ、両者の間に本質的な相違・乖離があったとは考えられないであろう。これらの断片的な言辞からも、のちに華やかな展開をとげる、天武朝の宗教政策の基本的性格がすでになにほどか示唆されているものがあると考えられる。すなわち、ここには仏教は私的・個人的には、㈠「隠遁」の道であり、政界などの世俗の世界からの脱出であるとともに、㈡「治病」の法であって、現世の心身の苦悩を療治する道として把捉されるとともに、公的・対他的には、㈢「陛下」すなわち天皇のための「功徳」として表現されていることになるのであってこれらの言辞にみられる仏教理解は、これ以後の天武朝の宗教政策の諸相のなかに種々の形態をとって具体化されているということができるものである。

大海人皇子の出家が、現実の政治的情況に対する自己の立場の処理として、きわめて政治性のつよいものであることは、これよりさき、大化新政に先立って、中大兄皇子が皇極天皇の辞譲をうけて軽皇子を推し、軽皇子が固辞して古人大兄皇子を推挙したとき、古人大兄が法興寺に詣って剃髪し、出家して吉野に入った事実からも推知される。[11]そこには、出家は文字通り「隠遁」であり、政界からの脱出であった意味が看取されよう。かくて軽皇子は固辞することができなくなり、即位して孝徳天皇となったのであるが、孝徳在位中の政治の実権が中大兄皇子の掌中にあったことは、孝徳天皇治世末期における、孝徳の孤立した立場に徴して明らかである。[12]若き日の大海人皇子が、従兄弟にあたる孝徳天皇がいわば虚位を擁しての苦境にあったことを経験し、実見したことによって、やがて自らが皇位継承者に擬せられた時、慎重にこの問題に対処したことは当然といえるのであるが、かつての浜楼の宴にみせた直情的行動が鎌足のとりなしで、無事におさまって以来、兄の天智に対する態度を慎重にするにいたったことを思わせるものがある。

## 三

壬申の乱にあたり、大海人皇子がとった態度のなかから、少しでも宗教的傾向のみとめられる事実を挙げてみよう。大海人皇子は東国に向い、伊賀国隠《なばり》郡において駅家《むまや》を焚《や》き、軍士の士気を鼓舞するとともに近江軍の追撃にそなえた(13)。横河にいたった時(14)、広さ十余丈の黒雲が天に横たわった。大海人皇子は燭《ひ》をかかげて、みずから式《らく》(15)をとり卜占し、「天下両分之祥也、然朕遂得二天下一歟」といったという。かくて従軍の兵士は「即急行」すとあり、勇躍行軍し伊賀郡に至ってその駅家をも焚《や》いたとある。この大海人皇子の卜占は「秉レ式占」とあることからすれば中国的・陰陽道的な「式占」と解されるが、天文遁甲を能くした(16)という大海人皇子の教養からすれば、中国的・大陸的な思想の影響の濃厚なものであったことは否定できない。緊急の進軍にあたって従軍の兵士の士気を統御するうえに有効な方策を積極的に実行した様子がうかがえるであろう。

　つぎに丙戌、朝明《あさけ》郡の迹《と》太《ほ》川の辺において天照大神を望拝したことは、やはり戦勝を祈念するとともに、軍士の士気の昂揚をはかったものであろうが、これについては安斗連智徳の日記に「辰時、於二明朝郡迹太川上一、而拝礼天照大神一」とあり(17)、それによって『書紀』が文を成したことが推定されるので、史実として考定できるものであるが、壬申の乱を通じて大海人皇子が天照大神を祭る伊勢神宮の加護を願い、神宮も援護を辞さなかった(18)ことから、大海人皇子の宗教信仰の一面を明示する事実として注意すべきものである。大海人皇子の宗教的態度がすべて天文遁甲の術という外来的教養から発するものでなく、かれ自身の血のなかに民族宗教的素地が十分に培養されていたであろうことは、さらに壬申紀のつたえるつぎのような記載からも当代の宗教的雰囲気の一面がうかがわれる。

　この年七月、大海人皇子の配下の将軍大伴連吹負《ふけひ》が金綱(19)井に軍をすすめたとき、高市郡の大領高市県主許梅《こめ》がにわかにものがいえなくなり、三日の(20)のち神がかり状態になって、つぎのような託宣を下した。

　吾者高市社所居、名事代主神、又牟狭社所居、名生霊神者也、乃顕之曰、於二神日本磐余彦天皇之陵一奉二馬及種々兵器一、便亦言、吾者立二皇御孫命之前後一、以送二奉于不破一而還焉、今且立二官軍中一而守護之、且言、自二西道一軍衆将レ至之、宜レ慎也、

この託宣の意味は、われは高市社に居る事代主神《ことしろぬしのかみ》であり、また牟狭社《むさのやしろ》に居る生霊神《いくみたまのかみ》であるが、㈠神日本磐余彦（神武）天皇陵に馬および種々の兵器を奉献せよ。㈡われは皇御孫命（大海人皇子）の前後を守って[21]、不破へ送りとどけて帰還した。今も官軍の中に立って守護している。㈢西の道から敵の軍衆が来攻するから用心せよ、というものである。

許梅はこの託宣を述べおわると正気にもどった。このような託宣にもとづいて将軍吹負は許梅を神武天皇陵に遣わして馬や兵器を献じて祭拝させ、また高市・身狭（牟狭）の二社にも幣をささげて祭ったという。こののち壱岐史韓国の率いる近江軍が大坂から来攻したので、時の人は二社の神の託宣まことに是なりといった。

また、別に村屋神《むらやのかみ》が祝《はふり》に神がかりして、「今自二吾社中道一軍衆将レ至、故宜レ塞二社中道一」との託宣があった。この託宣もやがて事実となり、幾日もたたないうちに、廬井造鯨《いほりゐのみやつこくじら》の率いる近江軍が村屋神の社の中の道から来攻した。これも時の人が神の教のまことであることを知らされたもので、かくて三神の告げによって近江軍の侵攻を未然に予知した大海人軍は、将軍吹負が軍を二上山の東麓当麻に進めて、来攻した壱岐史韓国の大軍を撃退すると、金綱井の本営に引き上げ、ここで兵力を増強

し、大和盆地の三道、上津道・中津道・下津道に兵を分けて陣をしき、南下する近江軍を迎え撃とうとした。これに対して近江軍は中津道および上津道に分れて南下したらしいが、主力は中津道にあり犬養連五十君が率いて村屋に軍を進めた。村屋神の託宣によって中津道を防衛したのは将軍吹負であって、一時危急の場面もあったが、吹負の配下に従った大井寺の奴徳麻呂らの奪戦によって難をのがれ、上津道の三輪山付近における三輪君高市麻呂らの攻撃によって近江軍は敗退し、大海人軍は勝利をおさめることができたのである。

壬申紀の記述は、この大和における戦闘の経過を詳しくしているのに対して、近江における戦闘の情況は比較的簡略である。しかし大海人皇子の軍が近江大津京を陥落させたことが壬申の乱の戦闘の中心をなすものであることは否定できない。ただ『書紀』はおそらく大伴氏の活動した大和方面の戦闘に関する記録・資料を手元に多く保有していたため、叙上のような記述の傾向を生じたのであろうと解される。(22)

しかし朝明郡迹太川辺における大海人皇子の天照大神望拝と大和の三神の託宣とは、記事の繁簡を別としてみれば、いずれも壬申の乱における大海人軍の勝利をみちびいた背景として、また精神的心理的基盤としての神祇信仰の存在を端的に表明しているものである。かような宗教的心意が戦乱という非常事態に際して発現する様態を明記している点に、乱の宗教的意義を考えさせる重要な契機がふくまれているといわなければならない。(23)

これらの『書紀』の記載のほか、おなじようにこの内乱の時期における、大海人軍の人々の宗教的心情を物語るものとして、柿本人麿が高市皇子の殯宮《あらきのみや》に作った歌があげられる。

……引き放つ　矢の繁《しげ》けく　大雪の　乱れて来《きた》れ　服従《まつろ》はず　立ち向ひしも　露霜《つゆしも》の　消《け》なば消《け》ぬべく　行く鳥の　あらそふ間《はし》に　渡会《わたらひ》の　斎《いつき》の宮ゆ　神風《かむかぜ》に　い吹き惑《まと》はし　天雲《あまくも》を　日の目も見せず　常闇《とこやみ》に　覆《おほ》ひ給ひて　定めてし　瑞穂《みづほ》の国を　神《かむ》ながら　太敷きまして……(24)

ここには壬申の戦闘が伊勢の神風の冥助によって勝利をおさめたものとして、たたえられている。歌人の詠嘆に修辞的傾向は否めぬとしても当時の知識人の戦乱に対する認識の方向を知りうるであろう。

以上は神祇信仰が壬申の乱の時期における大海人皇子側の精神的依拠として重要なはたらきをもっていたことを知りうる資料であるが、仏教信仰との関連はいかに考えられるであろうか。仏教と壬申の乱との関係については、神祇の場合ほどには明確な徴証はないけれども、諸般の条件から考えてかなり大きな比重をもっていたことが推察される。

そのことを示す第一の事実は、すでに述べた大海人皇子の吉野入山出家であるから、この吉野山が当時の仏教界にいかなる地位をしめていたかについてもふれておかなくてはならない。吉野山には白鳳時代以前から名刹吉野寺が存在し、比蘇寺・現光寺とも称して、奈良時代には「釈門之秀」(25)として道慈と並び称された神叡が二十年にわたって修学し(26)、また唐から来朝した道璿が疾をえてこの寺に退隠したことがある(27)。この寺が当時の政治文化の中心である大和平野や河内・近江からはなれた辺鄙の地にあったこと、幽邃な山間の古寺として独特の風格をもっていたことは、さきに述べた古人大兄皇子とともに大海人皇子の政界からの「隠遁」の場所として適切と考えられたことからも知られるが、道璿のような高僧が疾を治す場所としても適切であったことは、大海人皇子が「独治㆑病全㆑身、永終㆓百年㆒」える場所と考えたことと思いあわせて注目すべきこととといえよう。その創立については欽明紀十四年に放光樟像の縁起譚をかかげている。(28)『日本書紀』の編者のなかには、この寺の由来を尊重する考えがあったとみえ、仏教公伝の翌年に係けて、この寺の起源を説いた意図がうかがわれるが、これは縁起通有の主観的主張である。(29)しかしその寺地から飛鳥時代と推定される単弁蓮花文巴瓦が出土しているから、白鳳時代以前においてすでに寺基を開いていたことが察せられ、白鳳時代に薬師寺式の伽藍配置をとるようになったと考えられる。(30)

　大海人皇子が吉野山へ入ったことは、この比蘇寺への入寺を意味するか、または少なくとも比蘇寺の存在と親密な関係をもつ事実であることは否定できないのであって、(31)それはひいては近江京遷都によって政治的文化的中心でありえなくなった飛鳥を中心とする大和地方の寺院勢力や在地氏族勢力にとって、大海人皇子への親近感をつよめ、大和飛鳥を中心とする、かつての繁栄を復活させようとする気運をたかめることとなったにちがいない。大海人皇子にとっても、近江朝との対立が不可避の状態にあり、近江軍との軍事的緊張がつよまればつよまるだけ、大和を中心とする在地勢力の支持に期待するところは少なくなかったであろう。

『万葉集』に天武天皇の作として伝える著名な長歌には、吉野へむかって竜門の山を越えるに際しての大海人皇子の心境があらわれていると思われるものがある。(32)

み吉野の　耳我《みみが》の嶺《みね》に　時なくそ　雪は降りける　間《ま》なくそ　雨は零《ふ》りける　その雪の　時なきが如《ごと》　その雨の　間《ま》なきが如《ごと》　隈《くま》もおちず　思ひつつぞ来《こ》し　その山道を(33)

ここには、吉野の山中に、雪雨にふりこめられ、思いつめて山越えした皇子の陰鬱な孤独感が回顧詠嘆されているのであろう。そこに都をはなれて深山に隠遁しながら、つねに心をゆるすことのできない近江朝廷への配意が、自然の叙景のなかに、心象的凝結として表現されていると思われるものがある。

この政治的・軍事的緊張感と心理的・人間的葛藤のなかに、大海人皇子が平板な政治的次元以上のもの、孤独からの解放の世界を求めたであろうことも推知されるであろう。「み吉野の」の歌には、宗教的志向というべきものはあらわれてはいないけれども、それに相通ずる人間の孤独感や内省的傾向、自己凝視を通しての詩情があり、つよく胸をうつものがある。かくて大海人皇子が壬申の乱前後の苦境を体験したことが、かれの人間的成長のうえに重要な意味をもつこと、その間の心情において宗教的なものへの接近があったと考えられる余地のあること、さらに飛鳥を中心とする仏教寺院勢力との協調の必要性のあったこと、などが考定されることになる。

この仏教寺院勢力との関係をうかがうに足る資料は、天皇即位後における『書紀』の多くの記事(34)によって確かめられるが、壬申の乱にあたってその片鱗をしめすとみられるのが、大井寺の奴徳麻呂等五人の、大伴吹負配下としての活躍である。この大井寺は、山城国葛野郡大堰(35)、河内国錦部郡百済郷(36)大井などに比定されているが、福山敏男博士の説(37)のようにおそらく大和国十市郡百済の地(38)であって、大海人軍の一部に飛鳥地方からほど遠からぬ地域の寺院からの協力・支援があったと解されるから、そのことから他の寺院配下勢力のなかにも大海人軍に加担したものがあったのではないかと推定される。かような寺院勢力の軍事的協力[39]は主として寺院支配下にある寺田経営の労働力としての部曲や奴婢の存在を想定することによってその形態が察せられるが、それが軍事勢力として大海人軍のなかにおいていかなる役割をはたしたかは明らかではない。しかし奴徳麻呂らの活躍が将軍吹負の危機を救ったことが特記されている以上、決して軽視できないものであったことが知られるし、たとえ軍事的な直接行動による支援でなくても、兵糧などの物的援助や、精神的な協力関係が、大海人軍の活動を勇気づけたであろうことは想像に難くないであろう。かような寺院勢力の大海人軍への協力関係は、吉野入山以来、仏教への傾斜の方向にあった皇子をして、さらに仏教寺院への関心と好意を深めさせていったことであろう。

## 四

壬申の乱平定ののち、六七三年春、大海人皇子は飛鳥浄御原宮で皇位に即いたが、まず実行したのは、乱の功労者に対する優賞や、祥瑞としての白雉の嘉納に次いで、川原寺における一切経の書写と大来《おほく》皇女の伊勢斎王としての派遣であって、仏教と神祇に対する関心のあついことを象徴しているといえよう。すなわち天武紀二年三月是月に、「聚二書生一、始写二一切経於川原寺一」とあるもの、および四月己巳に、「欲レ遣レ侍二大来皇女于天照大神宮一、而令レ居二泊瀬斎宮一、是先潔レ身、稍近レ神之所也」とあるものがそれであって、これらの宗教的施策が、官人考選の詔(40)や新羅・高麗等外国使人の迎接(41)などに先立っておこなわれていること、さらにこの年十二月には、大嘗に侍奉の中臣・忌部および神官人等に、播磨・丹波二国の郡司以下の人夫とともに禄を賜与し、同月、造高市大寺司の任命をおこない、さらに僧義成を小僧都とするほか、佐官の二僧を加え、僧の四佐官の制をはじめるなど、天皇治世初年の行政には、宗教制度・施設の整備に関する治績がすこぶる顕著である。

この傾向は治世第二年以降にも継承されるのであって、天武紀三年によれば、三月、対馬国において始めて銀を産出したので朝廷に貢上されたが、これを諸の神祇に奉納し、大夫に賜与したといい、八月、忍壁皇子を石上神宮に遣わして膏油で神宝をみがかせるとともに、諸家の神府《ほくら》に蔵する宝物をみなその子孫に還すことを勅している。また十月、大来皇女が泊瀬の斎宮から伊勢神宮に赴いたという。

さらに天武紀四年によれば、正月、はじめて占星台を興すとあり、ここに中国文化の明らかな影響がみられるが、さらに瑞鶏・白鷹・白鵄の貢上がある。また諸社に幣《みてぐら》を奉るとあり、二月、十市・阿閉両皇女の伊勢神宮への参向があり、三月、土左大神が天皇へ神刀一口進献のことがみえる。四月には、風神を竜田に、大忌神を広瀬に祭るとあり、これは以後に頻出する広瀬・竜田両社の祭の記事の初見である。以上は神祇に関する記載であるが、仏教に関しては、この年四月、僧尼二千四百余人を請じて大いに設斎したことを記すほか、諸国に殺生を戒める詔を出している。

詔二諸国一曰、自レ今以後、制二諸漁猟者一、莫下造二檻穽一及施中機槍等之類上、亦四月朔以後、九月卅日

以前、莫レ置二比満沙伎理梁一、且莫レ食二牛馬犬猿雞之宍一、以外不レ在二禁例一、若有二犯者一罪之、

これは五年十一月癸未にみえる放生の詔とともに天武朝における仏教教化の一面を示す注目に価する事実である。詔の文辞の表面には仏教的色彩があらわれていないけれども、漁猟をいさめ、とくに畜類・魚類に対する殺傷・虐待の器具の使用を禁じ、肉食を禁ずるのは、仏教の慈悲の精神より発する生物愛護の施策であって、放生の思想と軌を一にする仏教的社会教化の政策がとられたことを示すものというべきであろう。かような社会教化の実践が政府の命によっておこなわれ、違反者には罰則をもってのぞむという施政の態度はおそらく天武天皇の周辺にある仏僧等の献策によるものであろうが、また同時に天皇自身が仏教的感化をうけて、ややもすれば公的施策とは無関係にあつかわれがちな仏教精神の社会的具体化について意欲的な態度でのぞもうとしていたことを示すものと解される。

この肉食の禁や生物愛護の施策がいかなる理由で発せられたかについて、さらに考察をすすめておきたい。詔のなかの四月一日から九月三十日までの間は、「比満沙伎理梁」を置くことを禁じているのは、比満沙伎理の梁《やな》の意味が不明瞭ではあるが梁とあるから漁獲のための梁簀《やなす》の一種であろう[42]。とくに魚類を多量に捕獲できるものの意とも解される。かようなものを一定の期間だけ使用を禁ずるというのは、それ以外の時期には使用を許すことになるから、絶対的な禁断ではないわけで、これは川魚の繁殖期に捕獲を制限したものと考えることができる[43]、とすれば、これは必ずしも放生思想によるものではなく、むしろ魚類保護の施策であったとも解すべきであろう。しかしその理由で、この庚寅詔の全体を単なる保護施策とのみ解することは一方的な見解となるであろう。とくに「莫レ食二牛馬犬

猿雞之宍[44]、以外不レ在二禁例一」といい、家畜や人間に親しみやすい動物の肉食を禁じ、さらに捕獲器具の製造を禁ずることには、単なる保護施策だけでは律しえない、他の要因のあったことを考慮せねばならないのであって、これよりわずか一年数箇月を経過して、上述の京に近い諸国に詔して放生をおこなわせた事実との関係が当然考定されるべきこととなろう。

この放生会は、以後の国史に散見される仏教行事の代表的なものの一であるが[45]、これがとくに天武朝に初見することの意味は、また一考に価することといわなければならない。もちろん上述のように放生の思想は仏教の慈悲の精神を基調とする意味においては、特定の経説との関係を考慮する必要はないであろうが、これがとくに天武朝に起源することが少なくとも現存の文献資料の示すところである以上、放生思想がこの時期に高揚された縁由について、なにらかの特殊事情を想定することができるであろう。その点で天武朝にとくに顕著にみられる現象として一切経の収集および写経の事実、さらに宮中安居講経の事実は、この時代における仏教教化の普及について重要な示唆をあたえるものではなかろうか。

ここで『書紀』にあらわれた講経の記事を一瞥すると、推古紀十四年七月に勝鬘経、同年是歳法華経を皇太子が講じたことを記すほか、およそつぎのような講経または経典関係の記事を見出すことができる。

これらは、いわば正史に偶々あらわれた経典であって実際に大陸から将来され、専門の仏僧の間に読まれた経典類はもっと多種類であったに相違ない。石田茂作博士の調査によると、孝徳紀白雉二年

## 別表　講経関係記事（読経・写経・覓《みやく》経を含む）

| | | |
|---|---|---|
| 推古紀 | 十四年(606)七月 | 「天皇請二皇太子一令レ講二勝鬘経一、三日説竟之、」 |
| | 是歳 | 「皇太子亦講二法華経於岡本宮一、天皇大喜之、播磨国水田百町施二于皇太子一、因以納二于斑鳩寺一、」 |
| 舒明紀 | 十二年(640)五月辛丑 | 「大設斎、因以請二恵隠僧一令レ説二無量寿経一、」 |
| 皇極紀 | 元年(642)七月戊寅 | 「…蘇我大臣報曰可下於二寺寺一転中読大乗経典上…祈雨、」 |
| | 七月庚辰 | 「於二大寺南庭一厳三仏菩薩像与二四天王像一、屈二請衆僧一、読二大雲経等一、……」 |
| 孝徳紀 | 白雉二年(651)十二月晦 | 「於二味経宮一請二二千一百余僧尼一使レ読二一切経一、是夕燃二二千七百余燈於朝庭内一、使レ読二安宅土側等経一、於是天皇従二於大郡一遷居二新宮一、号曰二難波長柄豊碕宮一、」 |
| | 白雉三年(652)四月壬寅 | 「請二沙門恵隠於内裏一使レ講二無量寿経一、以二沙門恵資一為二論議者一、以二沙門一千一為二作聴衆一、」 |
| 斉明紀 | 三年(657)七月辛丑 | 「作二須弥山像於飛鳥寺西一、且設二盂蘭瓫会一、暮饗二覩貨邏人一、」 |
| | 五年(659)七月庚寅 | 「詔二群臣一、於二京内諸寺一勧二講盂蘭盆経一、使レ報二七世父母一、」 |
| | 六年(660)五月是月 | 「有司奉レ勅造二一百高座一百衲袈裟一、設二仁王般若之会一、」 |
| 天武紀 | 二年(673)三月是月 | 「聚二書生一、始写二一切経於川原寺一、」 |
| | 四年(675)十月癸酉 | 「遣二使於四方一覓二一切経一、」 |
| | 五年(667)十一月甲申 | 「遣二使於四方国一、説二金光明経、仁王経一、」 |
| | 六年(677)八月乙巳 | 「大設二斎飛鳥寺一、以読二一切経一……」 |
| | 九年(680)五月乙亥 | 「始説二金光明経于宮中及諸寺一、」 |

| 紀 | 年月日 | 記事 |
|---|---|---|
| | 十年(681)閏七月壬子 | 「皇后誓願之、大斎、以説二経於京内諸寺一」 |
| | 十二年(683)七月是夏 | 「始請二僧尼一安二居于宮中一、因簡二浄行者卅人一、出家、」 |
| | 十四年(685)四月庚寅 | 「始請二僧尼一安二居于宮中一」 |
| | 十月己丑 | 「是月、説二金剛般若経於宮中一」 |
| | 朱鳥元年(686)五月癸亥 | 「天皇、体不安、因以於二川原寺一説二薬師経一、安二居于宮中一」 |
| | 七月丙午 | 「請二一百僧一、読二金光明経於宮中一」 |
| | 七月是月 | 「諸王臣等為二天皇一造二観音像一、則説二観世音経於大官大寺一」 |
| | 八月庚午 | 「度二僧尼幷一百一、因以坐二百菩薩於宮中一、読二観世音経二百巻一」 |
| 持統紀 | 四年(690)五月庚寅 | 「於二内裏一始安居講説、」 |
| | 七月己丑 | 「是日以二絁絲綿布一奉二施七寺安居沙門三千三百六十三一、別為二皇太子一奉二施於三寺安居沙門三百廿九一」 |
| | 五年(691)六月戊子 | 「詔曰、此夏陰雨過レ節、懼必傷レ稼、夕惕迄レ朝憂懼、思二念厥愆一、其令下公卿百寮人等一、禁二断酒宍一、摂レ心悔上過、京及畿内諸寺梵衆、亦当五日誦レ経、庶有レ補焉、自二四月一雨、至二于是月一」 |
| | 六年(692)閏五月丁酉 | 「大水、遣レ使循二行郡国一、稟下貸災害不レ能二自存一者上、令レ得レ漁二採山林池沢一、詔令二京師及四畿内一、講二説金光明経一」 |
| | 七年(693)十月己卯 | 「始講二仁王経於百国一、四日而畢、」 |
| | 八年(694)五月癸巳 | 「(始)以二金光明経一百部一送二置諸国一、必取二毎年正月上玄一読之、其布施以二当国官物一充之、」 |
| | 十年(696)十二月己巳 | 「勅旨縁レ読二金光明経一、毎レ年十二月晦日、度二浄行者一十人一」 |

（ＡＤ六五一）十二月の味経宮における一切経読誦は隋の仁寿二年（六〇二）撰の『衆経目録』か、またはそれ以前の経録によったものではないかと推定される。二千一百余の僧尼を請じたというのが衆経目録の二千一百九部と数において一致していることも参考になろう。[46] さらに天武朝における事績として伝えられる天武紀二年（六七三）三月の川原寺における一切経書写や、同紀四年（六七五）十月の一切経採集は、年代的には唐の麟徳元年（六六四）撰の『大唐内典録』によったことも想定できる。[47]さらに白雉四年（六五三）五月遣唐大師吉士長丹に従って入唐した道昭は在唐七年にして帰朝するにあたり、多数の経論を将来し、元興寺禅院に蔵めたという。[48]

かくて飛鳥・白鳳時代を通じての仏教の普及は単に寺塔伽藍の造立と仏会法儀の盛行とにとどまらず、しだいに経典内容の理解と仏教思想の社会的具象化への風潮をつよめていったことが知られるのであって、かかる風潮が天武天皇の崇仏施策となって治政のうえに顕現されてゆくべき基盤は、すでに徐々に形成されてきていたものということができる。とすれば、天武朝における崇仏施策にはすでに一種の歴史的必然性を有することは明らかであるが、ただこれがとくに天武朝の施策として実行された点については、天武紀五年六月のつぎの記載に注目すべきであろう。

是夏、大旱、遣二使四方一、捧二幣帛一、祈二諸神祇一、亦請二諸僧尼一、祈二于三宝一、然不レ雨、由レ是五穀不レ登、百姓飢之、

これは大旱という緊急の事態に直面して、当時の政府のとった対策であり、一見ありふれた記事のようにみられるが、とくに祈念を神祇と三宝にささげ、しかも雨ふらず、百姓を飢饉にいたらしめた

というものであって、当時の政府にとって、したがって天皇自身にとってきわめて憂慮すべき事態をつたえているのである。ここに五穀の不登をいい、百姓の飢饉をいうのは、当然この年の収穫期に生起した事態をふくめて記述しているものであろうが、あたかもこの年十一月癸未に、前記の放生のことがおこなわれており、さらに同月甲申には、「遣二使於四方国一、説二金光明経、仁王経一」とあって、これら放生と説経のことがこの年の大旱と無関係でないことを示唆している。先掲の別表によれば、仁王経の講説はすでに斉明紀六年五月是月に例があり、この年のことはそれに次ぐ事例であるが、『金光明経』講説の事実はこれが初見であり、以後天武・持統朝を通じて頻出し、さらに奈良・平安時代に入ってからは『法華経』・『仁王経』とともに護国の三部経典[49]として国家的帰依の経典としての地位を確立するにいたるものである。その意味からもこの年の大旱に際して、放生がおこなわれ、『金光明経』の講説がなされたことは重視すべきであると考えられる。上述のように放生を特定の経典の所説と関連して解釈しなければならないほどの思想的必然性は認められないとしても、これらの諸事実との関連から、いま『金光明経』の所説のなかにつぎのような説話を見出すことは留意すべき事実といえよう。

　すなわち、『金光明経』流水長者子品には[50]、往昔、仏が流水《るすい》長者子であった時、各地を遊行して大空沢の中にいたり、ここで諸々の虎狼狐犬鳥獣が多くの肉血を食い馳奔しているのを見た。長者がその因縁をさぐろうと鳥獣のあとをつけてゆくと一の池があったが、その池水は枯涸して十千の魚が死に瀕していた。長者は大悲心をおこし、池の水の源をさぐったところ、大河があったが、諸々の悪人が魚を捕えるため上流の懸険の箇所において、河水を決棄して流させない。これを修治するには九十日を要し、急には間にあわない。長者は天自在光王に請うて二十の大象に皮嚢を負わせ、上流から水を運んで池にそそぎ、食を施して救助するとともに、大乗方等経典を解説したので、この池の魚はのちにみな忉利天に生まれることができた。経説によれば、十千の魚とは今の十千の天子である、という。

かような経説は仏の本生譚（jātaka）として俗耳に入りやすく、著名な捨身飼虎の説話がこの流水長者子品のすぐ次の捨身品の所説であることからも、いわゆる白鳳時代に宣布普及された可能性のつよい説話といえよう[51]。

大旱は国民の困窮するところであるばかりでなく、その責は為政者である天皇に帰せられる。律令政治の思想的根幹をなす儒教思想や讖緯説によれば、君主は徳のある時、天命をうけて天子であることができるのであるが、大旱、疫疾をはじめ、もろもろの自然的・社会的災害は天皇の責に帰せられ、天命もまた革められる。天皇権力確立の過程におけるこれら災害からの免罪の方法は儒教一元の思想に対する矛盾打開の方向をとらざるをえなくなる。すでに上にみたように天武天皇が星の運行による吉兆をみる式占をおこなったことは、占星の術との関連を示し陰陽家の思想を摂取していた証左である。しかし陰陽道が現前の大旱を解決する方策となりえないとき、神祇と三宝への祈念のほかに途はない。かように考えるとき、天武天皇の崇仏は、天皇の上にみたような宗教的性格によるとともに、また現実の政権を保持するものとしての権威の高揚と、政治的矛盾への反省にもとづくもののあったこともまた考えられるべきであろう。その晩年に宮中に「悔過」[52]し、ひたすら「三宝之威」[53]に依頼した天皇が、治世の初年にこの挙のあることは、天武朝崇仏施策の一面を理解するために見のがしえない事実というべきである。

**注**

(1) とくにここでは、即位前後の事情と治世初年の事実を中心として考察したい。

(2) 仏教は伝来以来すでに百数十年を経過し、現在までに知られている寺院址や出土瓦・遺物などの考古学的調査の結果によっても、白鳳時代初期までのものと推定される寺院は、五十五を下らぬとされ、仏教の普及程度について一往の見通しをつけることができる（福山敏男『日本建築史研究』一五四—一六〇頁、一九六八年）。

(3) 持統紀即位前によれば、この時鸕野讃良皇女（のちの天武天皇皇后・持統天皇）も従って吉野に入った。「出家」して「沙門」になったとしても、家庭的俗縁からの離脱を意味したものではないと考えられる。

(4) 「藤氏家伝」上（『寧楽遺文』下、八七九頁）。

(5) 天武紀元年五月是月。

(6) 天武紀即位前。

(7) 川崎庸之『天武天皇』八四頁（一九五二年）。

(8) 舒明紀即位前。

(9) 天武紀即位前に、「因以収二私兵器一悉納二於司一」とある。

(10) 天武紀即位前。持統紀即位前には「沙門」とある。

(11) 孝徳紀即位前。孝徳天皇治世末期には大海人皇子は二十四歳であった。
(12) 拙著『日本古代氏族伝承の研究』四〇六―四一一頁（一九七一年）。
(13) 大西源一「壬申乱地理考」（『歴史地理』二一の三・四・六、一九一三年）。
(14) 横河の地は、おそらく名張川と黒田川との合流地点辺りであろう（大西源一氏説）。
(15) 陰陽道で吉凶を占うに用いる具。栻に同じ。
(16) 天武紀即位前。また天武紀四年正月庚戌には、占星台を興すことを記している。
(17) 『釈日本紀』巻一五、述義所引の私記による。明朝郡は朝明郡の誤りである。
(18) 直木孝次郎『日本古代の氏族と天皇』二六二頁（一九六四年）。
(19) 所在地が明らかでないが、一往、現在の奈良県橿原市今井町付近に比定されている（吉田東伍『大日本地名辞書』一、二五四頁参照）。
(20) 直木氏は翌日と解される（『壬申の乱』一七四―一七五頁、一九六一年）。
(21) 伴信友は、事代主神と生霊神とが後世の神祇官の八神の列に入っているのも、天皇の大身を守護する由縁によるためとする（『長等の山風、付録二』伴信友全集四、五五五―五五七頁）。
(22) 直木孝次郎『壬申の乱』一八七頁、一九九頁注2（一九六一年）。
(23) これら神助の事実については伴信友の強調するところである（『長等の山風、付録一』伴信友全集四、五二〇―五二二・五五七―五五八頁）。
(24) 『万葉集』巻二、一九九。表記法は日本古典文学大系本『万葉集』による。この戦に伊勢神宮の方から吹いた風によって天武天皇の軍が勝ったことを歌っている（直木孝次郎『日本古代の氏族と天皇』二六二頁）。
(25) 『続日本紀』天平十六年十月辛卯（道慈伝）。
(26) 『扶桑略記』第五、天平二年十月十七日乙酉。

(27)「内証仏法相承血脈譜」伝教大師全集一、二二一頁。「伝述一心戒文」巻下、伝教大師全集一、六一七—六一八頁。
(28) 欽明紀十四年五月戊辰、「河内国言、泉郡茅渟海中有㆓梵音㆒、震響若㆓雷声㆒、光彩晃曜如㆓日色㆒、天皇心異之、遣㆓溝辺直㆒入㆑海求訪、是月、溝辺直入㆑海果見㆓樟木浮㆑海玲瓏㆒、遂取而献、天皇命㆓画工㆒造㆓仏像二軀㆒、今吉野寺放㆑光樟像也」
(29) 拙著『日本古代氏族伝承の研究』二〇一—二〇四頁。
(30) 天沼俊一「比蘇寺址」(『奈良県史蹟勝地調査会報告書』四、一九一七年)。石田茂作『飛鳥時代寺院址の研究』(一九三六年)。福山敏男『奈良朝寺院の研究』三四—四〇頁(一九四八年)。堀池春峰「比蘇寺私考」(『奈良県総合文化調査報告書(吉野川流域)』一九五四年)。
(31) 家永三郎『上代仏教思想史研究』一八一頁(一九四二年)。
(32) 伴信友『長等の山風、付録二』伴信友全集四、五二二頁。
(33)『万葉集』巻一、二五。この歌の別伝が巻一三相聞にあることから恋の歌とも解されているが、いま伴信友の説に従いたい。
(34) 天武紀には例えば、川原寺・飛鳥寺・浄土寺・檜隈寺・軽寺・大窪寺・巨勢寺・大官大寺など諸寺との関連が説かれている。
(35) 河村秀根『書紀集解』巻二八。
(36) 伴信友『長等の山風、付録二』伴信友全集四、五五五頁。
(37) 福山敏男『奈良朝寺院の研究』一四八—一五一頁。
(38) 家永三郎『上代仏教思想史研究』一七四—一七五頁は『古事記伝』巻三三に従い広瀬郡大井説をとる。吉田東伍『大日本地名辞書』一、二三六—二三七頁。
(39)「大安寺伽藍縁起幷流記資財帳」(『寧楽遺文』三七五頁)。

(40) 天武紀二年五月乙酉。
(41) 天武紀二年閏六月壬辰・己亥・八月癸卯等。
(42) 比満沙伎理は「遮レ隙」（谷川士清『日本書紀通証』）、「隙挟」（敷田年治『日本紀標註』）の意などの解釈がみられる。満を弥・瀰とする本もある。
(43) たとえば、清原貞雄『奈良時代史』前編、五七頁（一九四三年）。
(44) 雞は鶏と同じ。猿は京都北野神社所蔵兼永本・鈴鹿市所蔵中臣連重本は猨に作る。
(45) はやくは敏達天皇七年に係けて殺生の禁制が『扶桑略記』・『聖徳太子伝暦』にみえるが、史実としての信憑性に欠ける。持統紀五年十月、畿内および諸国に長生地各一千歩を置き、『続日本紀』養老五年七月、鷹狗鶏猪等を放たせ、神亀三年六月太上（元明）天皇不豫に際して諸国に放生せしめ、また天平宝字三年六月には、唐僧曇静の奏により、諸国に放生池を置き、ついで国毎に放生田を設けて、その獲稲をもって魚鳥を贖う資に充てさせ、同八年放生司を置くなど枚挙にいとまがない。
(46)・(47) 石田茂作『写経より見たる奈良朝仏教の研究』二一―二四頁（一九三〇年）。
(48) 『続日本紀』文武天皇四年三月己未（道昭伝）。
(49) 『山家学生式』伝教大師全集一、一二・一二頁。
(50) 北涼曇無讖訳の旧訳で四巻十八品よりなる（『大正新修大蔵経』一六、経集部三、所収）。
(51) 七世紀後半の作と推定される、玉虫厨子の須弥座右側面に描かれている捨身飼虎図によって、かような説話の普及の一端がうかがわれる。もっとも上原和氏も指摘されるように捨身飼虎図が元来『金光明経』捨身品に拠る主題であったとしても、説話としてすでに出拠経典からは独立して、捨身の美しさ自体が深い人間的感動を呼んで伝誦されたものであろう。ただそれにしても竹林の虎が現れるのは『金光明経』および『菩薩本生鬘論』だけであり、その点にこの経典の時代的感化の一面を想察できることは否めない（上原和『玉虫厨子の研究』三一―三六頁、一九六四年）。

(52)　天武紀朱鳥元年六月丁亥、同年七月庚子。

(53)　天武紀朱鳥元年六月甲申。

# 第九章　白鳳仏教における実践性

## 一

白鳳時代の仏教が、中国六朝の影響を脱して初唐仏教の影響のもとに展開したことは、つとに指摘されているが、他面この時期は日本における律令制国家の形成期にあたることから、国家権力の仏教に対する統制力が強化され、いわゆる国家仏教ないし律令仏教の成立期と目されていることも周知のところである。したがって、この時期の仏教は国家の強力な支配下にあり、仏教僧侶の主体的実践も国家権力のもとに手段化され、形骸化されて、内面的に充実した実践性を評価しえないとする見解も導き出されてくる。かような見解は、奈良時代に鎮護国家の仏教が盛行する前件として、この時期の仏教の特性を把捉するものとして、その意味は少なくはない。しかしながら、白鳳期の仏教が全く仏教的な主体的内面的実践性を有しないものとする見解にもまたしたがいえないのであって、この点にむしろこの時期の仏教の一特性を見出すことができると考えられる。

天武朝の政治が、天皇を頂点とする皇親中心の強力な国家体制の樹立を企図したものであり、大化以来の新政をになってきた兄の天智天皇の政治の功罪をつぶさに実見した天武天皇の、新たな構想と意欲とによる中央集権的律令体制強化の方向に基調をもつことは明らかである。

このことは仏教対策における国家的統制の強化にも明確にあらわれているが、本稿ではこの天武朝から持続朝にかけての、いわゆる白鳳時代の仏教にみられる清新な行道的実践の深化に着目したいと思う。これは在来この時代の仏教を、寺院の造立・法儀斎会の盛行や国家統制の強化という側面を中心として位置づけてきたのに対して、それらの様相をみとめるとしても、仏教それ自体の歴史的展開の中心は、やはり仏道の実践という行道的側面を無視しては成立しえないと考えられるからであって、かような視点から白鳳仏教の基底としての行道・実践の実態を考え、その実践性について論究したいと思う。

## 二

当時の仏教は大陸における唐仏教の隆盛と密接な関連をもつが、大化以後の日唐交通のうえで注目されるのは、遣唐使に付随する留学僧の派遣である。ことに白鳳期の仏教界の指導者層を知るうえに孝徳紀白雉四年五月壬戌の記載は重要なものである。

発二遣大唐一大使小山上吉士長丹、副使小乙上吉士駒〔駒、更名糸〕学問僧道厳、道通、道光、恵施、覚勝、弁正、恵照、僧忍、知聡、道昭、定慧〔定慧内大臣之長子也〕安達〔安達中臣渠毎連之子〕、道観〔道観春日粟田臣百済之子〕、学生巨勢臣薬〔薬豊足臣之子〕、氷連老人〔老人眞玉之子、或本、以二学問僧知弁、義徳、学生坂合部連磐積一而増焉〕并一百廿一人、倶乗二一船一、以二室原首御田一、為二送使一、又大使大山下高田首根麻呂〔更名八掬脛〕副使小乙上掃守連小麻呂、学問僧道福、義向、并一百廿人、倶乗二一船一、以二土師連八手一、為二送使一、

この時の遣唐使は二群にわかれ、大使吉士長丹《きしのながに》を大使とする百二十一名と、高田首根麻呂を大使とする百二十名によって編成された。この第二群はこの年の七月、途中薩摩半島の南の竹島付近で遭難沈没し、わずか五名のみが竹島に漂着するという悲運をたどった(1)。しかし第一群は無事使命をはたしており、そのなかに十三乃至十五名(2)の僧侶の名があげられている。大使吉士長丹は翌五年（六五四）七月、百済・新羅の送使とともに筑紫に帰泊し、唐国の文書・宝物をえて帰朝した功により、少花下位を授けられ、封二百戸を賜わるとともに呉氏の姓を与えられている(3)。

この白雉四年（六五三）は、遣唐使発遣の翌六月、仏教界から政治に参画し、ことに孝徳天皇の信任をえていた僧旻が歿している。大化改新以後の政府にあって、高向玄理とともに国博士に任じられ、国政に献策したかれの死は、推古天皇十六年（六〇八）遣隋使小野妹子に従って隋に学び、帰朝して『周易』を講じ、その講筵には中臣鎌足も参じた(4)といわれる経歴からも、推古―孝徳朝期に活動した仏教界を代表する人物ともいえるから、その世代の終焉を告げるものであって、奇しくもその前年に右にみられる僧侶たちが入唐したことは、つぎの世代をになうべき俊秀への期待がかけられていたといえるであろう。

これらの留学僧のその後の消息をみると、道厳(5)・道通・恵照・僧忍・安達・道観については文献の

徴すべきものがなく、また第二群にみえる道福・義向は竹島付近で溺死したと考えられる。また或本にみえる学問僧知弁についても未詳であるが、義徳は持統紀四年（六九〇）九月丁酉によると新羅の送使に従って帰国したことが知られ、在唐三十八年の長期にわたる人物として注目される。しかしその後の経歴を伝えていない。

覚勝・知聡・定慧については、孝徳紀白雉五年二月に引く伊吉博得言にその名を伝えている。

伊吉博得言、学問僧恵妙、於レ唐死、知聡於レ海死、智国於レ海死、智宗以二庚寅年一付二新羅船一帰、覚勝於レ唐死、義通於レ海死、定慧以二乙丑年一付二劉徳高等船一帰、妙位、法勝、学生氷連老人、高黄金、幷十二人、別倭種韓智興、趙元宝、今年共二使人一帰、

これによって、覚勝は唐において、また知聡は海において死亡し、帰来していないことが知られる。定慧は周知のように藤原鎌足の長子であって、母は車持君国子の女与志古娘、俗名を真人といったという。[6]『家伝』下には貞慧に作るが、上記のように乙丑年すなわち天智天皇四年（六六五）九月唐から派遣された朝散大夫沂州司馬上柱国劉徳高等の船に乗じて帰朝したという。かれの性格は聡明、好学で鎌足もこれを異としたというが、入唐の時わずか十一歳、長安の懐徳坊慧日道場において神泰にしたがって遊学すること十余年におよんだという。神泰は玄奘の門下にあって訳場に入り、経論の翻訳をたすけ、また新訳の経論には注を製作して講じた人物である。『摂大乗論疏』十巻、『倶舎論疏』三十巻等の著作がある。玄奘訳『瑜伽師地論』の序文には「蒲州棲厳寺沙門神泰詳証大義」と記され、かれのはたした役割がうかがわれる。定慧は内経のみでなく外典にも通じ、帰国の途次、百済

において詩一韻を誦し、「帝郷千里隔、辺城四望秋」の句をなしたが、その国の士人が才能を妬み毒殺したといわれる。『家伝』によると白鳳（白雉か）十六年（六六五か）十二月二十三日大原の第においで二十三歳にして歿し、高麗僧道賢が誄を作ったとある。かれが直接玄弉につかなかったのは若年のためであろう。しかし資質すぐれたかれがもし長命を保ったならば、仏教界にも顕著な事績をのこしたであろう。後述の道昭と同じく玄弉系の唯識説を学んだ人物で文才に長じたことなど、この期の良家出身の仏僧として典型的なありかたを示しているといえよう。

つぎに恵施については、その帰朝年時は未詳であるが、『聖徳太子伝私記』[7]にみえる法起寺塔婆露盤銘につぎの記載がある。[8]

上宮太子聖徳皇壬午年二月廿二日　臨二崩之時一、於二山代兄王一勅二御願一旨、此山《（岡）》本宮殿宇即処専為《（傳將カ）》レ作レ寺、及《（乃入カ）》大倭国田十二町近江国田卅町、至二于戊戌年一、福亮僧正聖徳皇御分、敬二造弥勒像一軀一、構二立金堂一、至于乙酉年、恵施僧正将《（爲）》レ意二御願一、構二立堂《（寶カ）》塔一、丙午年三月露盤営作、

これによって恵施は法起寺に関係深く、おそらくこの寺に止住し、乙酉年すなわち天武天皇十三年（六八五）、天皇の御願を竟えんがために堂塔（宝塔か）を構え立て、丙午年すなわち慶雲三年（七〇六）三月、露盤銘を営み作ったことが知られる。さらに『続日本紀』によると、文武天皇二年（六九八）三月壬午に、「詔以二恵施法師一為二僧正一、智淵法師為二少僧都一、善往法師為二律師一」とあって、僧正に任じられたことがみえ、僧綱の最上階にあって当時の教界に有力な役割をはたしたことが知られる。かれの歿したのは大宝元年（七〇一）であるから、[9]その活動の中心が天武・持統・文武の三朝に

わたる約二、三十年間にあり、その重要な画期となったのが白雉四年（六五三）の入唐であったことは疑いえない。当時二十歳前後であったとして、その歿年には六十八歳前後であったことになる。『七大寺年表』文武天皇二年の条には、「僧正恵施〔三月十八日壬午任唐学生小豆氏〕」、「大宝元年入滅」としている[10]。この経歴から察せられるように、かれは法起寺の塔の建立に力をつくしており、聖徳太子尊崇の世潮のなかに生き、また僧正に任じられるなど僧綱制という国家仏教的体制のなかで主要な地位をしめた人物であり、いわば入唐修学の成果を国家仏教的に推進したとみられるが、とくに仏教的実践面において特色をしめす所伝はみられない。

つぎに弁正については、『懐風藻』にも弁正法師という人物がみえるので、それと同人とする説[11]と、異人とする説[12]とがある。少しくこの点について論及しておこう。『懐風藻』にはつぎのように記している。

弁正法師者、俗姓秦氏、性滑稽、善二談論一、少年出家、頗洪二玄学一、大宝年中、遣二学唐国一、時遇二李隆基龍潜之日一、以レ善二囲碁一、屢見二賞遇一、有二子朝慶、朝元一、法師及慶、在レ唐死、元帰二本朝一、仕至二大夫一、天平年中、拝二入唐判官一、到二大唐一、見二天子一、天子以二其父一故、特優詔、厚賞賜、還至二本朝一、尋卒、

これによると弁正は大宝年中に唐に入ったとあるが、これはおそらく大宝元年（七〇一）正月、粟田朝臣真人が遣唐執節使となり、同二年六月発船した時、これに従ったことを伝えるのであろう。これはさきの白雉四年（六五三）を隔てること四十九年となり、同一人物の再度入唐と解されないこと

もないが、年数の隔りの大きすぎることは否めない。しかしその二子がともに渡唐したといい、弁正自身もまもなく唐で歿しているというから、このことだけからすれば同一人物とすることもできないことはない。つまり弁正の最初の渡唐がおそらく十歳台の時であり、その経験がかわれて二度目には二子同伴の入唐が実現したともいえそうであるからである。かれが少年で出家したことは右の伝にも明らかであり、また性格が滑稽であるというのは多智の意で、頭の回転がはやくよく知慧のまわることを意味する[13]。話の上手なことも外交上欠かせぬ長所であったろう。そのうえ囲碁に長じていたというから、かれの特長は仏教的な修道よりもむしろ社交的な性格が人々のみとめるところであったようである。その子の朝元もまた天平年中、入唐判官となったというが、これは天平五年（七三三）四月の多治比広成が大使として派遣された時であろう。この再度の入唐は父の例を踏襲したものかもしれないことになる。時に唐の開元二十一年で玄宗（李隆基）の優詔をえたことからも、父の弁正が唐室にあたえた印象のよかったことが察せられる。朝元は天平七年（七三五）三月、大使とともに無事帰朝したようで、四月には外従五位上を授けられ、同九年図書頭、同十八年主計頭を歴任した[14]。

ところが、かように解した場合に疑問となるのは、十歳台で出家し、渡唐修学した弁正に二子があるのは何故かという点である。かれに世間のみとめる二子があることは一定の時期結婚していたことを示し、これは仏僧としての戒律をまもるものとして不適当と考えられるからである。『懐風藻』の目録には「唐学士弁正法師二首」とあり、また右の伝に「頗洪二玄学一」とある。これは目録にみえる「僧正呉学生智蔵師」や「律師大唐学生道慈師」・「沙門道融師」などとくらべて弁正の特長を示している。玄学は老荘の学を指す(15)から、かれが仏教のみならず、ひろく当代の思想の学に通じていたことを思わせる。こうしたいわば外道の学の教養とも考えあわせ、かれが少なくとも一定の在俗期間を経験したか、あるいは少なくとも厳密な戒律をまもる修道生活の形態をとっていなかった時期のあることが察せられるであろう。しかもかようなことを第一回の入唐以前に想定することは困難であろう。また帰朝後還俗してのち、再び出家したとも考えるのはむつかしいであろう。かようにして同人説にはかなり難点のあることが明らかとなる。

　これに対して異人説にたつと、弁正または弁浄・弁静とも称される人物について、つぎのような経歴がたどりうる。『続日本紀』養老元年（七一七）七月庚申に、「以二沙門弁正一為二少僧都一、神叡為二律師一」とあり、ついで天平元年（七二九）十月甲子に、「以二弁浄法師為二大僧都一、神叡法師為二少僧都一、道慈法師為二律師一」とあり、さらに同二年（七三〇）十月乙酉に、「大僧都弁浄法師為二僧正一」とあって、弁正が少僧都―大僧都―僧正という段階を順次すすんでいった僧綱制を官僧としてそのまま体験した人物であることが知られる。また『僧綱補任』にはこの弁正が天平八年（七三六）寂したとしており、大宝以降在唐し、かの地に歿した弁正とは全く別人の弁正が、天平前半の教界において重要な地位をしめていたことが知られる。このような弁正のゆき方は前記の恵施のそれとよく似ており、それに近い人物像が浮び上ってくる。

　以上の五名について、かんたんにその経歴を一瞥したが、かれらの仏教における行道的側面の特徴をとくに大きく評価することはできなかった。ただ定慧についてはなお論ずべきことがあるが、いまは論及しない。しかしのこる道光と道昭とについては、かなり実践性における特徴を指摘することができると考えられる。

## 三

道光については、南都の所伝によったとみられる史料が凝然（一二四〇―一三二一）によって伝えられている[16]。

第四十代天武天皇御宇白鳳四年[17]乙亥四月、請二僧尼二千四百余人一、大設二斎会一、僧尼雖レ多未レ伝二戒律一、天武天皇御宇、詔二道光律師一、為二遣唐使一、令レ学二律蔵一、奉レ勅入唐、経レ年学レ律、遂同御宇七年戊寅帰朝、彼師即以二此年一、作二一巻書一、名二依四分律抄撰録文一、即彼序云、戊寅年九月十九日、大倭国浄御原天皇大御命、勅二大唐学問道光律師一、撰二定行法一〔已上〕、奥題云、依四分律撰録行事巻一〔已上〕、浄御原天皇御宇、已遣二大唐一令レ学二律蔵一、而其帰朝、与二定慧和尚一同時[18]、道光入唐、未レ詳二何年一、当下日本国天武天皇御宇元年壬申至二七年戊寅歳一者上、

これによれば、道光は天武天皇の治世に遣唐使に従って入唐し、律を学んで同七年に帰朝したという。この所伝には、「白鳳四年乙亥」（AD六七五年であろう）というような年紀がみえ、また孝徳紀白雉四年（六五三）五月の入唐とも異なる記事があり、この点年紀の誤りがあるか、または再度の入唐を意味するものであるかのいずれかであろう。前者とすれば、道光は白雉四年入唐、天武天皇十年戊寅帰朝で、在唐二十五年余におよぶことになり、後者とすれば、白雉四年入唐後一度帰朝、再度天

武朝に入唐し、同七年に帰朝したことになるが、これでは期間も少なく、その間遣唐使の派遣された徴証もない。それゆえ、前者をとらざるをえない。とすれば、道光の在唐二十五年という経歴はこの頃の入唐留学生のなかでも長期間にわたった例として注目される。[19]それだけに道光の律学に対する世人の期待も大きく、勅して行法を撰定せしめたものであろう。持統紀八年（六九四）四月庚午に「贈律師道光賻物」とあって、このころ道光が示寂していることが知られるが、これはこの年から四十一年前の入唐を考定するのに不都合はなく、また律を学んだ道光が「律師」とよばれていたこともふさわしいことである。

凝然のこの記述には、律宗の伝統に関する後世の意識の反映している点もあろうが、しかし『書紀』などの伝ええなかった仏教界内部の事情をくわしく伝えている点において貴重な所伝というべきであろう。白鳳の年号は坂本太郎博士によると、奈良時代に孝徳朝の白雉の年号の別称として用いられ、平安朝になって世人の意識が不明確となってから、天武天皇癸酉年（六七三）に備後国で白雉を得たという『日本書紀』の記事をもとに流布された民間の説が、壬申年（六七二）を白鳳元年とする説に展開したものであろうと考えられている。[20]かような白鳳の元号普及期においてこの説が伝承されてきたことを示している。したがって直接には奈良・平安時代における律宗の立場からする自宗中心の思想が流れていることも否めない。たとえば道光が遣唐使として律蔵を学ばしめられたとしているのは、正確には学問僧として遣唐使に随ったことをいうものであり、上述のように解すると天武天皇の詔によって律を学んだとしていることも疑わしく、それは帰朝後勅命によって行法を選定した事実を重視して、唐における律蔵の学修そのことも詔命によるかのように記したものであろう。しかし、あえて「彼序云」として道光の著書『四分律抄撰録文』の序文を引用していることは原史料の出拠を明示している点で価値をもつもので、事実を伝えていることを認めるべきであろう。凝然の文章は必ずしもよく整ったものとはいえないが、そのためかえって古い伝承の文辞を伝えている面があるものと考えられる。

そして、これによれば戊寅年すなわち天武天皇即位七年（六七八）九月十九日、天皇の大御命《みこと》によって「行法」を撰定したのであって、その奥題には『依四分律撰録行事』巻一とあったという。さらに凝然は道光の帰朝が定慧と同時であったといい、これは『家伝』に白鳳（白雉か）十六年乙丑とし、天智天皇四年に相当するが『日本書紀』の記事とも符合する。にもかかわらず入唐年時を「未詳」としており、白雉四年の入唐記事にふれていない。

道光がみぎのように勅命によって「行法」を選定したと伝えられていることは、正しく天武天皇による仏教行法への期待とその摂取の要請を示すものであって、この時代における仏教のあり方へのつよい期待をあらわしたものというべきである。そしてそれが具体的には律蔵の学修という内容を意味していたことは、当時の中国仏教界の趨勢に対する認識のあらわれとみるべきである。

すなわち、インドにおいて部派教団の制規として戒律は分立したが、中国では魏晋時代（三～五世紀）から訳出され、江北では多く僧祇律、江南では多く十誦律が用いられ、たとえ受戒に際して四分律に依るとしても、日常の僧団の制規は僧祇律・十誦律によるのが実情であった。これは四分律の訳本が仏陀耶舍[21]の所訳しかなく、不完全なものであったことによるものである。北魏時代に入り五台山の法聡が四分律の研究をすすめ、その門流は道覆・慧光によって継承され、四分律学が勃興した。慧光門下に道雲があり、その門下に智首が出た。南山宗の祖道宣（五九六―六六七）は智首について具足戒をうけ律典を学んだ。終南山にあって禅那を好み、のち玄奘の訳場にあって上首となり、また長安西明寺の上座となったが、のち終南山に帰住し四分律を高唱した。

これらの四分律の英匠の活動はあたかもわが国に仏教が伝来したころからの中国大陸における仏教界の新しい動きであったが、それが最高潮に達した道宣の活躍期に入唐したのが白雉四年（六五三）、すなわち唐の高宗の永徽四年の遣唐使の一行であった。道宣による南山律の高揚が屢次にわたる遣唐使や留学生の帰国によって伝聞され、中国仏教の新しい動向として、わが国の仏教界に知らされたであろうことはたしかであろう。そうした新しい動向の認識のもとに天武天皇の詔も発せられたのであろう。

凝然は、こうした中国仏教界における戒律学修の盛行をつぎのように述べている[22]。

厥時唐朝道成律師、満意、懐素、道岸、弘景、融済、周律師等、盛弘㆓律蔵㆒之時代也、道光定謂㆓彼律師等㆒、習㆓学律宗㆒、南山律師行事鈔応㆓此時道光齎来㆒、（下略）

ここにみえる満意・懐素はともに相部宗の祖法礪（―六三五）の門下、融済は道宣の門下、道岸・弘景は道宣門下の文綱の門下であって道宣も学んだ人であり、鑑真もまた弘景に学んでいる。

道光はこれらの諸律師についたとしても、道宣の感化を受けることがもっとも大きかったようで、道宣の『四分律行事鈔』をわが国に将来した人物として注目すべきである。これは当時の教界に新しい刺戟をあたえ、行道実践の上に戒律への関心をつよめつつあったことを考えさせるからである。かれが単に律典を将来したばかりでなく、みずから著述をものしていることは、少なくとも戒律実践への関心と反応をつよめさせたことは否めない。いま天武朝においてこうした傾向がどこにあらわれているかをみてみると、その一として安居の問題がある。

当代の仏教には経典の読誦や講説の例ははやくからみられるが、一切経の書写、収集、安居および悔過のことははじめてあらわれているものである。このうち一切経の書写は、深遠な仏教教理を外的に具象的・物質的に表現し、「法宝」と称されるように仏教を象徴する代表的財物として、つよい魅力をもって人々に印象づけられたであろうことは想像にかたくない。それは大陸文化への憧憬とともに、漢字経典への知的関心が一種の呪術的効果にまで転化し、それがまた信仰を増幅させた所以であろう。それに対すれば、安居は少なくとも経典の読誦や書写よりは内容的理解を中心とするものであり、それだけ実践性とのかかわりの大きいものというべきであろう。すでにかなりの数にのぼる寺院が建立され、僧尼の数も増加し、ことに大陸朝鮮からの僧侶の来朝があって、僧尼は単に法儀に参加するだけでなく、たとえ部分的とはいえ求道への意欲と知的要求がおのずから仏教の教学内容への関心を深めつつあったであろう。

天武紀十二年（六八三）七月是夏に始めて宮中に僧尼を請じて安居がおこなわれたことをつたえている。「始請㆓僧尼㆒安㆓居于宮中㆒、因簡㆓浄行者卅人㆒、出家」とあるのがそれで、さらに翌々十四年

（六八五）四月庚子にも、「始請二僧尼一安二居于宮中一」とある。これらはともに「始」と記している点に矛盾があり、おそらく後者の「始」の字は衍字と考えられるが、これ以後の安居の例はつぎに述べるように数少なくない。これは時期的にみて道光の新知識導入と密接な関係があるのであろう。

　ところで、これらの安居が純粋に講学修道のためのものであったかというと必ずしもそうは解されない。本来、安居は仏教教団が雨期に僧侶の外出を禁じて各自の修道に資せしめようとしたもので、あくまで教団の自立的な運営に係わるものであるが、わが国ではみぎの例にみられるように「宮中安居」という形態をとり、朝廷を主体とする安居の設定がなされている。その点で、この六八三年という年は、三月乙丑に「任二僧正、僧都、律師一、因以勅曰、統二領僧尼一、如レ法、云々」とあるように、いわゆる僧綱制が定着し、国家の仏教統制の強化された年であることも思いあわされる。したがって安居がなにを直接の動機として開始されたかは重要な問題であるが、その点では天武紀十二年のつぎの文脈が留意される。

　秋七月丙戌朔己丑（四日）、天皇幸二鏡姫王之家一、訊レ病、庚寅（五日）、鏡姫王薨、是夏、始請二僧尼一、安二居于宮中一、因簡二浄行者卅人一出家、

　これを一貫してよむと、この安居は始められた日を明確にしていないが、ほぼ同じ時期に鏡姫王の病という事実があったことが知られる。鏡姫王は藤原鎌足の嫡室であり、鎌足の病気平癒のため山階寺を建立したとされる皇族[23]であって、これによって、この時の安居が鏡姫王の病気平癒を祈るためのものであったとの推定も可能であること[24]になる。けれども、これは断定はできないことであるし、ま

たかりにそのためのものであったとしても、そのことによって安居そのことの意味がすべて病気平癒にのみあって、仏道実践の意義をもたないものであったとすることはできない。またこの安居に際して浄行者が簡ばれて出家している事実もみのがせない点である。

当時の安居にかような病気平癒の祈禱のこめられていたことは、朱鳥元年五月癸亥に、「天皇体不安、因以於二川原寺一、説二薬師経一、安二居于宮中一」とあることからも明瞭であって、仏教教団の自立的な安居という性格が稀薄であること、宮中という場所の設定や、病気平癒などという呪術的効果の期待など、本来の安居とはほど遠い内容をもつものであったことは否めない。しかも当時の諸大寺が独自に安居を開いたと解される史料もないことからすると、宮中において開かれる安居という形態が一種の慣例化していたことも推定され、天武天皇の宮廷と安居との密接な関係が指摘できるであろう。

このような事実に着目すると、天武天皇の詔によって道光が『依四分律撰録行事』を著わした事実と、天武朝の宮廷における安居重視の事実とは関係のあることとみるべきであり、おそらく道光のもたらした四分律宗の行儀にもとづく安居への期待というものが、この時期の宮廷仏教界の新しい動向としてあらわれてきたことを示しているとみてよいであろう。もっとも、道光によってただちに四分律宗の行儀がそのままわが国に移植されたのではなく、まだきわめて不完全な形のままではあったろうが、しかし新来の戒律理論ということがかなり宮廷人の関心をあつめたのであろう。

『四分律刪繁補闕行事鈔』三巻は三十篇に分けて四分律の要義を述べているが、その安居策修篇第十一には[25]、夫静処思レ微道之正軌、理須下仮レ日追レ功策二進心行一、随レ縁託レ処志唯尚上益、不レ許二駝散乱レ道妨レ業、故律通制二三時一意存レ拠レ道、

といい、つづけて、

文偏約二夏月一、情在二三過一、一無レ事遊行妨レ修二出業一、二損二傷物命一違レ慈寔深、三所為既非故招二世謗一、以二斯之過一教興在レ茲、

と述べている。これらは戒律実践のために安居策修の必要性を述べるものであり、教団的行儀のまだ十分に整っていなかったとみられる当時のわが教界を刺戟し、僧侶の行儀の実態に反省を与えること決してすくなくはなかったであろう。このことは当時の安居が上記のように「宮中安居」という国家＝天皇権力を背景とする特殊形態をもって開かれたとしても、個人的修道の意義を全く否定しさるものとはいえないことから一定の評価をすべきであることを示唆する。たとえば戒律のなかには自恣犍度があり、夏安居の末日（七月十五日）、各自相互に過事のないことを知って受蔵（法臘を重ねる）する。

然九旬修レ道精二練身心一、人多迷レ己不二自見レ過、理宜三仰憑二清衆垂レ慈誨示一、縦宜二己罪一恣二僧挙レ過、内彰レ無二私隠一、外顕レ有二瑕疵一、身口託二於他人一、故曰二自恣一、

とあるのがそれで[26]、自恣は安居の結了におこなわれる重要な行事であるが、これによって修道の階梯に「悔過」が要請され、修道者は自己の行為に対する内省を深める機縁となる。このような実践が、同時に平行的にすすめられる経典の講説によって思想的教理的理解をも深めさせる一つの方途であっ

たことは否めないであろう。

宮中における経典講説の例は、推古朝の聖徳太子の伝承を別としても、はやくは舒明紀十二年（六四〇）五月辛丑の恵隠による無量寿経講説の例があり、とくに孝徳紀白雉三年（六五二）四月壬寅にはふたたび恵隠の講説のあったことをつぎのように記している。

請二沙門恵隠於内裏一、使レ講二無量寿経一、以二沙門恵資一為二論議者一、以二沙門一千一為二作聴衆一、

これは講経にあたり講師のほかに、発問して講師と問答往復する論議者の居たことを示し、こうした論議者の存在は安居にも想定できよう。持統紀四年五月庚寅に「於二内裏一始安居講説」とあり、安居における仏典の講説のおこなわれていたことが知られる。さらに同紀七年乙丑にみえる、つぎの記載は当時の安居の規模を数的に示している。

是日、以二絁絲綿布一奉二施七寺安居沙門三千三百六十三一、別為二皇太子一奉二施三寺安居沙門三百廿九一、

かように天武朝における安居の重視は、たとえそれが「宮中安居」の形態をとるものとはいえ、多数の僧侶の経典理解と仏道実践への気運を促進した側面をみのがすことはできない。こうした新しい動きには道光の戒律理論とそれにみちびかれた実践への関心のたかまりをよみとることができるであろう。これはいわゆる国家仏教的限界内の現象とはいえ、やがてあらわれる主体的実践への誘因となったものとみることができよう。

# 四

道昭については在唐時代からの史料がある。(27)後世法相宗第一伝といわれるその功績は大きく、はやくから注目された人物である。『続日本紀』文武天皇四年三月己未の道昭卒伝は説話的要素をふくむとはいえ、くわしい内容をもつ点において同書の僧伝中でも代表的なものである。その一節にまず「和尚戒行不レ欠、尤尚二忍行一」とあって、戒律の実践において出色の観のあったことをあげているが、これには平安初期の戒律意識の反映もあろう。しかし要はその実践面が注目されているところにある。かれの忍行の例として、かつて弟子が和尚の性格をためそうとして、ひそかに便器に孔をあけて被褥（ふとん）を汚《けが》したところ、和尚は微笑して「放蕩小子汙二人之床一」といっただけで怒らなかったという逸話があげられてある。きわめて卑近な内容ではあるが、それだけに仏教的実践が日常化された形で人々に訴えた感化力が想察される。深奥な教理もこれが日常生活の場において生かされることがなくては実践的なものとはいえない。この逸話は道昭のすぐれた資性、自らにきびしく他には柔和な人となりを端的にあらわしており、単なる説話と断ずることはできないであろう。

道昭は、白雉四年の入唐後、玄奘（六〇〇―六六四）を師として受業し殊遇をうけた。(28)㈠玄奘がかれを同房に住まわせたこと、㈡かつて玄奘が西域で飢えに困った時、一人の沙門から梨子（なしの実）を与えられたので元気をとりもどしたが、その時の沙門が道昭であるといったこと、㈢道昭の帰国にあたり、玄奘所持の舎利・経論と鐺子（なべ）を与えたが、それが帰途霊験をあらわしたこと、

㈣帰朝して禅院に坐禅し、三日に一度たち七日に一度たったこと、㈤ついに香気がその房より出て弟子たちが驚いてみたところ、和尚は端坐して命終していたこと、㈥粟原に火葬したのがわが国火葬の始めであるが、この時飄風《つむじかぜ》が起って骨灰を吹きちらしたこと、などにみられるように、道昭の伝記にはかなり説話的要素もふくまれている。道昭の卒伝はかれの死後約百年を経過して書かれたものであり、この間における南部の唯識法相の学の展開はめざましく、ここに玄弉と道昭との関係を重視する発想が宗徒の尊崇心を縁として説話化を促進させたことであろう。

帰朝後の道昭は、元興寺の東南隅に禅院を建てて住したので天下の行業の徒がこれに従い禅を学んだという。この禅院はのちに『日本三代実録』(29)に元興寺別院の禅院寺を道昭が「壬戌年三月」に創建したとしており、これは天智天皇元年（六六二）に相当し、道昭四十四歳の時となる。道昭将来の経巻については、『正倉院文書』天平十九年十月九日付で、写経の底本として禅院寺本を借りうけた写疏所解があり、これに約九十余部の経論疏が列記されているが(30)、そのなかにつぎのようなものがふくまれている。

| | | |
|---|---|---|
| 仏説正斉経一巻 | 選比丘尼伝一巻 | 三階律周部九巻 |
| 十二明了論一巻 | 発智論廿巻 | 治禅病秘要法一巻 |
| 禅経三巻 | 讃釈迦弥勒二聖因果行一巻 | 婆羅提木叉一巻 |
| 秘要法二巻 | 法花経疏二部廿巻 | 末那四或章一巻 |
| 比丘尼木叉一巻 | 薩婆多論八巻 | 五種衆生義一巻 |

菩薩蔵経疏十巻
倶舎論疏卅巻
集論疏十三巻
観所縁々論疏一巻
成業論疏一巻
雑羯磨抄一巻
花厳抄五巻
六現観章一巻
道品章一巻
大乗三性義章一巻
五果章一巻
無垢称経疏六巻
仏性論四巻
菩薩資粮論六巻
布薩文一巻

禅要経一巻
雑集論十六巻
四宗論一巻
六度集八巻
大品経疏一巻
唯識論疏十巻
摂大乗論疏十一巻
智度論疏五巻
顕揚論抄一巻
大乗四善根章一巻
十二縁起義一巻
中有章一巻
広百論十巻
十地経論十二巻
妙法蓮花経優婆提全(舎カ)一巻

大業摂論十巻
優婆夷浄行法門一巻
勝鬘経疏三巻上宮王製
大乗集論疏二巻
涅槃経疏卅巻
維摩疏六巻
宝性論四巻
中辺分別論二巻
十二因縁経疏一巻
法集経五巻
曇無徳羯磨一巻
涅槃五種仏性義一巻
大方等如来蔵経疏二口

かくて道昭の仏教は入唐以降、玄奘の化風をうけ、瑜伽唯識の学を中心としたが、その入唐前には摂論宗の学を修めていたのであろうと考えられている。[31] しかしここに法相宗はもとより、ひろく中国からの仏教典籍の流入によって教学的基礎のかためられる基盤ができたのであり、入唐以後に道昭の実践の特色があったことはいうまでもなかろう。それは瑜伽唯識の行法としての禅であるが、後世の禅宗のそれと同一視できないことはいうまでもなかろう。それについて留意すべきは、道昭在唐の八年間（六五三—六六一）においては、玄弉は高宗に従って洛陽におもむき、また長安にかえり、さらに西明寺に住し[32]、のち玉華宮寺[33]において、『成唯識論』等を訳出しており、道昭はおそらくこれに随侍したことであろう。すなわち道昭は玄弉の新訳経典のほとんど大部分に接することができ、またそれらをたずさえて帰朝したと考えられる。少なくとも玄弉仏教の基本的なものを学修するに足る時間的余裕もあったとみられる。したがって瑜伽行実践の行法としての、唯識無境を証悟するための内観、唯識観がなされたとみられるであろう。

しかし、この道昭の実践は単なる内面的な観心という宗教的に局限された実践にのみとどまるものではなかったことは注意しなければならない。この点に道昭の実践の画期的な意義を見出すべきであると考えられるからである。「於レ後、周二遊天下一、路傍穿レ井、諸津済処、儲レ船造レ橋、乃山背国宇治橋、和尚之所二創造一者也、和尚周遊凡十有余載、有二勅請一還止二住禅院一、坐禅如レ故、……」とあるように、ふたたび勅請によって禅院に止住するに至るとはいえ、禅院における内観の実践のみにとどまらず、すすんで天下に周遊し、井を穿ち、船を儲け、橋を造るなどの社会的な公益を主眼とする積極的な現実社会への具体的な行動が看取される。みぎのうち山背国の宇治橋については、宇治橋断碑[34]に「世有二釈子一、名曰二道登一、出レ自二山尻恵満之家一、大化二年丙午之歳、構二立此橋一、済二度人畜一」とあり、

『日本霊異記』にも道登説が伝えられていること、また道登が大化元年の「十師」[35]の一人でもあることからすると、道登とする説はあながち否みえない伝承である。とくにもし「大化二年丙午之歳」（六四六）という年記を重視するならば、道昭は当時十八歳となり、年齢的にも道昭とすることは無理ではないかと考えられる。ただ、のちの民間周遊の時期に道昭が知識をむすんで橋の造立をした可能性は考えられ、これを「創造」としたのは『続日本紀』の伝記の誇張ではなかろうか[36]。

道昭にみられる積極的な社会的実践は超俗的・出世間的な、現実社会からの脱離のための実践とは異なる、世俗的・世間的な、現実社会への回帰、民衆生活への寄与という、現実的救済への方向を志向するものであって、まさに大乗的な戒律実践の特性を顕著にあらわしたものというべきであろう。かような実践性への志向は、元来は政治的施策のうえに実現されるべきものであって、律令国家の政府官僚が立案実行するのが順当であり、その意味では仏僧である道昭がことさらなさねばならないことはいえない性質をもつことも否めない[37]。しかし、かような批判はおそらく現代的な政治通念のうえにたつ観察であって、当時の国家政治においても十全な社会的施策を望むことが無理なことはいうまでもなく、したがって道昭の行動は現実に民衆の苦難をみ、社会生活における必要性を痛感したことによっておこされた、よりよき民衆の生活への志向と、利便とを考えての積極的な利他の実践であったことは、おそらく否みえない事実と考えられる。

道昭のこのような社会的実践の基本的な動機はどこにあるのであろうか。このことを直接に明示する文献の徴証はただちに見出しえないとはいえ、少なくともその一つの要因が仏教的行道を通じて強められた、かれ自身の性格にもとづいているとみられることは事実であろう。ふたたび道昭伝のさきに引載した一節を想起するならば、道昭の人となりを記して、まず「戒行不レ欠、尤尚二忍行一」といって、持戒堅固な風貌をつたえている。「戒行」ということばから、われわれのうける印象はもっぱら出家の守るべき戒律を体して、かりそめにもこれを破り、違背することのないよう、ひたすら努力精進するタイプの律僧であり、ことに「忍行」を尚ぶといわれるだけに、何事にも忍辱の心を持した修行僧の姿であろう。もちろん道昭にそのような配意がなかったというのではないが、しかしひたすらあやまちのないよう恐れているという、小心翼翼とした消極的修行僧ではなく、また灰身滅智を理想として社会に背をむけて個人的安心立命のみを追求する小乗的修行僧でもない。きわめて現実的積極性をもった大乗的な戒律実践者としての新しい人間像が体現されていることに注目しなければならないと思う。

　このような道昭の実践の意味を理解してくると、かれの行動が律令官僚のなすべくしてなしえなかったことを補完し、事実上、律令政治に対する民衆の不満を緩和するという律令政治の補完物的役割をはたしたという側面をも必ずしも否定しえないかもしれない。しかもそれは、官僧として立身した道昭にとっても、そうした評価は甘受しなければならない側面をもつというべきかもしれない。しかし、これは古代においても政治と宗教との関係を明確に区別し、政治の領域に係わることを政治家でない、宗教家（仏僧）がおこなった場合、これをすべての政治の補完という視点のみをもって解釈するあやまちを犯すものではないであろうか。

さらにこの点については、道昭の仏教的実践のなかでも、その戒律実践の具体的様相がどのようなものであったかを顧慮することが必要となる。なぜならば、仏僧としての道昭は、たとえ官僚として出発したとはいえ、仏教的行道をみずからの体験として深化させてゆく過程において、みぎのような実践にふみきるべき論理的必要性を自覚するにいたっていたであろうことも考えておかなければならないからである。そして道昭の仏教的行道が中心とする教学的基盤が瑜伽唯識の学にあったこともまた明らかなところである。それでは唯識において戒律実践の依拠はどこにあったのであろうか。

これについての道昭伝の文辞をみよう[38]

又謂曰、経論深妙不レ能二究竟一、不レ如学レ禅流二伝東土一、和尚奉レ教、始習二禅定一、所レ悟稍多、於レ後随レ使帰朝、臨レ訣、三蔵以二所レ持舎利経論一、咸授二和尚一(而)曰、人能弘レ道、今以二斯文一付属、……(下略)……

すなわち、これによると、玄弉は道昭に勧めて経論の研究は深妙で究めがたいものであるから、むしろ禅を学び、これを日本へ伝えることに重要な意義のあることを説いており、道昭もまたこれにしたがってはじめて「禅定」を習うにいたったという。かれが帰朝ののちの行迹として、道昭伝には、

登時《スナハチ》、船進還二帰本朝一、於二元興寺東南隅一、別建二禅院一而住焉、于レ時天下行業之徒、従二和尚一学レ禅焉、

と記していること、また『東大寺具書』にも[39]、

孝徳天皇御宇九年癸丑、道昭和尚渡二大唐一、値二同三蔵一伝二同宗一、帰朝之後、於二本元興寺辺一建二

法相禅院二弘レ之、

と記して「禅院」なる名称が用いられ、天下行業之徒が和尚に従って「学レ禅」としていることからも認められるところであろう。

玄奘はみずから瑜伽唯識の教義に精通している教家でありながら、こうした学理追究的思索が往々にしておちいる、はてしない理論追究の弊害をみとめ、証悟が単なる知識欲追究の結果えられるものでなく、あくまでも実践的修習を併行させなければならないものであると考えていた。あたかも道昭在唐中の顕慶二年（六五七）、当時五十六歳の玄奘はすでに西域で得た六百余巻の経論を訳了しており、何十年ぶりかでかれの生地、洛陽の東七十里にある陳堡谷を訪れ、ほとんど死に絶えた親戚のなかでただ一人の姉に再会し、なき父母の墓に詣で、荒れた墓を改葬した。ついでほど近い少室山の少林寺に隠退したいと高宗に願い出た。その表文のなかにつぎのようにある(40)。

但断二伏煩悩一必定慧相資、如二車二輪一、闕レ一不レ可レ至、如レ研二味経論一慧学也、依レ林宴坐定学也、玄奘少来頗得レ専二精教義一、唯於二四禅九定一未レ暇二安心一、今願託二慮禅門一、澄二心定水一、制二情猨之逸躁一、縶《ツナガム》二意象之奔馳一、若不レ斂二迹山中一不レ可二成就一、……（中略）……実可三依帰以修二禅観一、

かように玄奘はいままでの多忙な訳経から、「禅観」を主として、その余の時間を訳経にあてることを願い出たが許されなかった。しかしこの表文に晩年の玄奘の心境がよくうかがえる。経論を研究し、教理の奥義を究めるのは慧学であるが、当時の玄奘は慧学を専精することをえて、むしろ林中に宴坐して禅観を修する定学に大きな救いを求めていた。こうした心境は、おそらく遠来の道昭にもつ

たわっていたであろう。道昭伝の述べている玄奘の示教はその意味でも事実をつたえているものであろう。とくに「唯於二四禅九定一未レ暇二安心一、今願託二慮禅門一、澄二心定水一、制二情猨之逸躁一、縶二意象之奔馳一」といっていることは、玄奘の示唆をうけている道昭の実践の内容がどのようなものであったかを考えるうえに注目される。おそらく道昭の実践もみぎの慈恩伝にみえる「四禅九定」の実修ということもふくむもので、それがのちに「法相禅院」とも称される面から道昭の禅の内容をうかがう、一の手がかりをあたえるものであろう。

四禅九定の四禅とは四静慮であろう。四静慮は初・二・三・四の四種の静慮で、一は有尋有伺静慮、二は無尋無伺静慮、三は離喜静慮、四は捨念清浄静慮ともいわれる。第一静慮で憂根を出離し、第二静慮で苦根を出離し、第三静慮で喜根を出離し、第四静慮で楽根を出離し、かくて無相（無学位）において捨根を出離するといわれる[41]。これこそ悟界に至る妙智を発起するための縁である。また九定は菩薩の静慮波羅蜜多であろうと解される。これには㈠自性・㈡一切・㈢難行・㈣一切門・㈤善士・㈥一切種・㈦遂求・㈧此世他世楽・㈨清浄の九種の相の静慮がある[42]。また『瑜伽師地論』本地分中の菩薩地を別訳した『菩薩地持経』巻六の方便処禅品には九種大禅をあげ、菩薩不共の深広の禅としている[43]。したがって、これらはともに『瑜伽師地論』の所説によると解され、玄奘の所集の禅定のもとづくところを示している。そしてこれらのことを説いている『瑜伽師地論』は道昭によってはじめて我国に将来されたのではないかと考えられている[44]。

四静慮の説はもと『倶舎論』巻二十八（定品）にあるが、大乗の説としては上記の『瑜伽師地論』

のほか、『顕揚聖教論』巻二や『大乗阿毘達磨雑集論』巻九などにもみえる。そして『雑集論』十六巻や『顕揚論抄』一巻の名が、さきの禅院寺の典籍にみえていることは、おなじく道昭の将来本のなかにふくまれていた可能性を示す事実であろうし、そのほか、『禅経』三巻・『禅要経』一巻・『治禅病秘要法』一巻などがみえることも、小乗禅とはいえ禅観に関する経典として留意されるべきであろう。これらの禅観が唯識の行法として実践されたとしても、まだ教義的に大成された法相宗の窺基の著わした『法苑義林章』や『成唯識論述記』にみられるような観法がそのまま実践されたとはいえない。たとえば五重唯識といわれる修定観心の実践にまですすんでいたとはみられない。『義林章』は新羅の智鳳が窺基に面授してわが国に伝えたといわれ[45]、いわゆる第三伝である。しかし、のちにかように大成される唯識教義にもとづく実践の素地となるものは、すでに玄奘においても示唆されていたとみられよう。また、そうした定形化された実践法以前のものであるため、とくにこれを唯識観といわないで「学禅」といい、「禅定」といったのであり、また玄奘によって「託二慮禅門一」「澄二心定水一」といわれたというべきであろう。

　したがって、かかる禅定にはおそらくつよく一般仏教的な行道の理念が流れていたとみられ、その点では後世の法相宗が通仏教的な持律持戒をつたえているように、戒律の伝持されたことも疑いない。鑑真以前とはいえ、すでに初唐仏教の感化をうけている当時の教界において、行道面における重要な規矩は帰するところ、戒律の尊重が最少限度要求される仏徒としての行儀の規準であった。したがって道昭についても「学禅」・「禅定」のことのいわれるのも、そうした戒律との結びつきがおのずから存在したものであり、「戒行不レ欠」という評価が提示されるにいたったと考えられる。こうした表現は鑑真以後平安朝初期にかけての戒律重視の思潮にそった仏教界の動きをふまえた道昭評価の視点であったが、しかしそうした評価を生みだす基底には持戒（戒学）―禅観＝唯識観（定学）―唯識教義（慧学）という相互関係のむすびつきの特異性があったことも指摘するに足る事実であろう。

　道昭の禅定修習がかれの唯識観の実践と考えられることを述べたが、それではかれの社会的な活動はそれとどのようにかかわりあうのであろうか。この問題を考える場合、重要な示唆をあたえるのは、道昭門下の行基の存在である。周知のように行基は律令制を基底とする仏教の国家的隆盛のなかにあって、時には政府の行政方針や断圧に抗して、きわめて積極的な社会的実践をおこなった代表的人物である。この行基の社会的実践の根底には仏教徒としてのあつい実践的精神の流れていることは明らかであるが、そうした社会的実践の先蹤を道昭にもとめることのできることは、この両者に共通する仏教的実践性という基底があるというべきではなかろうか。端坐して唯識観法に深く入るとともに、出でて天下に周遊し、社会的救済に挺身する、しかもその唯識の経籍の学修を怠らない、このような静と動、自利と利他の実践のすがたを道昭においてみることは、仏教的実践の一の典型的なものというべきではなかろうか。

## 五

　上来、白雉四年五月壬戌の留学僧派遣の記載を縁として白鳳時代の仏教の一面を考察した。そして道光と道昭の仏教において、実践的性格のあらわれていることに着目した。白鳳の仏像の純真・清澄な美しさはなにに由来するのであろうか。その青年のような初々しさは国家仏教成立期の権威主義と結びつけて考えられるようなものではなく、もっと率直で素純な感受性をもつものの表現であろう。それは大陸の新仏教を学びとって、これをおのが国土に植えつけようとした若々しい情熱と時代の感覚の反映であろう。唐国家創業期の新しい意欲を膚に感じて帰朝した人々の創造的精神になぞらえることのできる、新鮮な美である。道光が律典をつたえて新たな戒律実践の目をひらかせ、道昭が禅観に入るとともに出でては天下を周遊し、社会的実践にもやした意欲において、それをうかがえるのではあるまいか。

白鳳仏教の全体をこれをもって覆うことはできないけれども、白鳳仏教における真摯な実践的性格の端的なあらわれは、同時代の新鮮な美の表現に相通ずる、時代の精神や感覚と無縁のものとすることはできないと考えられる。

## 注

（1）孝徳紀白雉四年七月に、「被レ遣二大唐使人高田根麻呂等、於二薩麻之曲、竹嶋之間一、合レ船没死、唯有二五人一、繋二胸一板一、流二遇竹嶋一、不レ知二所計一、五人之中、門部金、採レ竹為レ筏、泊二于神嶋一、凡此五人、経二六日六夜一、而全不二食欲一、於是、褒二美金一、進レ位給レ禄」とある。

（2）本文には十三名、また或本の伝に知弁と義徳の二名が見え、これを加えると十五名になる。

（3）孝徳紀白雉五年七月丁酉・是月。

（4）『家伝』上。
（5）道厳を崇峻天皇元年（五八八）来朝した百済僧と解する説（竹内理三他編『日本古代人名辞典』第五巻、一一七九頁、一九六六年）もあるが、年代に六十五年のへだたりがあり、別人とすべきであろう。
（6）『尊卑分脈』巻三、新訂増補国史大系、五八巻、二八頁（一九六六年）。
（7）顕真『聖徳太子伝私記』下巻（『大日本仏教全書』聖徳太子伝叢書、一一六頁、一九一二年。『寧楽遺文』下巻、九六六頁、一九六二年）。
（8）『寧楽遺文』下巻、九六六頁。傍注は会津八一『法隆寺・法起寺法輪寺建立年代の研究』（『東洋文庫論叢』一七、一九三三）による復原文である。
（9）『七大寺年表』（『続群書類従』巻七九二、釈家部所収）。
（10）『続群書類従』巻七九二（続群書類従完成会版、二七輯上、四六三頁）。
（11）飯田武郷『日本書紀通釈』五、三三九八頁（一九〇三年）。日本古典文学大系『日本書紀』下、三一九頁頭注（一九六五年）。
（12）竹内理三他編『日本古代人名辞典』第六巻、一六〇〇頁（一九七三年）。
（13）林古渓『懐風藻新註』八〇―八一頁（一九五八年）。
（14）天平十八年正月、太上天皇の御在所の雪見の宴で、左大臣橘諸兄が朝元にたわむれたことが『万葉集』巻一七にみえている。
（15）ちなみに玄学については、塚本善隆「魏晋仏教の展開」（『塚本善隆著作集』第三巻所収、一九七五年）の論究が参照される。
（16）『三国仏法伝通縁起』巻下。
（17）凝然はこの年を天武天皇即位四年（六七五）と考えているようで、これは壬申年即位によるもの、

(18)『日本書紀』にも天武紀四年四月戊寅に僧尼二千四百余を請じての設斎の記事がある。
(19) 定慧は『日本書紀』天智天皇四年（六六五）には、劉徳高の船に乗って帰朝したとする。
(20) 木宮泰彦『日支交通史』上、二二六―二二〇頁（一九二六年）、森克己『遣唐使』一一五―一一六・一四〇頁（一九六六年）。
(21) 坂本太郎「白鳳朱雀年号考」（『日本古代史の基礎的研究』下、制度篇所収、一九六四年）。
(22) 罽賓（カシュミル）の人、鳩摩羅什に学び、ＡＤ四〇八年（東晋の弘始十年）請われて長安に来り、『四分律』六〇巻、『同戒本』一巻、『長阿含経』二二巻を訳した。四一二年廬山に入り蓮社に列ったといわれる（『出三蔵記集』巻一四、『高僧伝』巻二等）。
(23)『三国仏法伝通縁起』巻下。
(24)『興福寺伽藍縁起』（『続群書類従』巻七九六、釈家部八一所収、続群書類従完成会版、二七輯下、一一一三頁）。
(25) 石田瑞磨『日本仏教における戒律の研究』三〇頁（一九六三年）。
(26)『大正新脩大蔵経』第四〇巻、律疏部、三八頁。
(27)『大正新脩大蔵経』第四〇巻、律疏部、四二頁。
(28)『宋史』巻四九一、「次孝徳天皇白雉四年、律師道照求レ法至二中国一、従二三蔵僧玄弉一受二経律論一、当二此土唐永徽四年一也」、『仏祖統記』巻三九、永徽四年「日本国遣二沙門道照一入二中国一従二奘法師一伝レ法」。
(29) これは湛然の『止観輔行』巻一にみえる、天台智顗の南岳慧思に謁した消息に類似した話である。深浦正文「唯識の日本初伝と玄弉道昭の関係について」（『大和文化研究』九―一一、一九六四年）。
(29) 巻卅二、陽成天皇元慶元年十二月十六日壬午に、「以二禅院寺一為二元興寺別院一、禅院寺者、遣唐留学僧道昭、還レ此之後、壬戌年三月創二建於本元興寺東南隅一、和銅四年八月移二建平城京一也、道昭法師本願記曰、真身舎利、一切経論、安二置一処一、流二通万代一、以為二一切衆生所依之処一焉」とある。

(30)『大日本古文書』一二、天平十九年十月九日写経所解、七〇七―七一一頁（一九〇一年）。

(31)富貴原章信『日本唯識思想史』、一九〇―一九一頁（一九四四年）。なお、田村円澄『飛鳥・白鳳仏教論』（一九七五年）各論第一章では道昭を唯識・法相宗よりも摂論宗の将来者として位置づけられている。

(32)唐の高宗の勅により顕慶三年（六五八）長安に造営され、祇園精舎の結構を模すという（『扶桑略記』巻六）。道宣を上座、神泰を寺主、懐素を維那とし、玄奘がこれを監したという。

(33)唐の太宗の玉華宮を、高宗が顕慶四年（六五九）寺とし、玄奘を請じて、『能断金剛経』一巻、ついで『大般若経』六〇〇巻をこの寺において訳了し、麟徳元年（六六四）二月ここで寂した（『大唐大慈恩寺三蔵法師伝』巻一〇）。

(34)『寧楽遺文』下巻、九六二頁。

(35)孝徳紀大化元年八月癸卯。

(36)佐久間龍「道昭伝考」（横田健一編『日本書紀研究』第六冊、一五三―一五五頁、一九七二年）。

(37)養老の営繕令のなかには津橋道路堤防などの土木工事を規定しており、これらは大宝令にも存したであろう。平安時代に入ってからも道昌の大井河堰修復の例などがある（『日本三代実録』貞観十九年二月九日）。

(38)『続日本紀』文武天皇四年三月己未。

(39)『続群書類従』巻七九四下、続群書類従完成会版、二七輯下、七六頁。

(40)彦悰『大唐大慈恩寺三蔵法師伝』巻九（『大正新脩大蔵経』第五〇巻、史伝部二、二七三―二七四頁）。富貴原章信『日本唯識思想史』一九九頁。

(41)『瑜伽師地論』巻一一、本地分中三摩呬多地第六之一（『大正新脩大蔵経』第三〇巻、瑜伽部上、三二八頁)。

(42)『瑜伽師地論』巻四三、本地分中菩薩地第一五初持瑜伽処静慮品第一三(『大正新脩大蔵経』第三〇巻、瑜伽部上、五二七―五二八頁)。

(43)龍谷大学編『仏教大辞彙』二、八三四―八三五頁(一九一四年)。

(44)二葉憲香『古代仏教思想史研究』五二九頁(一九六二年)。

(45)『七大寺流記』。

(本稿は科学研究費―代表恵谷隆戒教授―による共同研究の成果の一部である)

# 第三篇　歴史を学ぶ・歴史を考える

# 第十章　『天皇記』・『国記』とは何か

## 一

　大化の変革（六四五）にあたり、蘇我氏は中大兄《なかのおおえ》皇子を中心とする改革派によって打倒され、蘇我蝦夷《えみし》・入鹿《いるか》父子が死んで、新政治推進の世をむかえた。この蝦夷が、自邸に火をはなって自殺した時、『天皇記』『国記』という二書物が他の珍宝とともに焼かれたことが『日本書紀』に伝えられている。「蘇我臣蝦夷等、謀《ころ》されむとして、悉に天皇記・国記・珍宝を焼く。船史恵尺《ふねのふびとえさか》、即ち疾《と》く焼かるる国記を取りて、中大兄に奉献《たてまつ》る」とあるのがそれで、『国記』は火中から船史恵尺が取り出して難をのがれたというが、部分的に損傷をうけたと解されるであろう。

　この『天皇記』と『国記』という書名については、これより二十五年前にあたる推古天皇二十八年（六二〇）、聖徳太子と蘇我馬子が共に議《はか》って『天皇記及び国記、臣連伴造国造百八十部幷公民等本記』を録したことが伝えられている。これは推古朝の修史として著名な事実で、さきの書名はこれと一致しており、同一の書物を指すと考えられる。蘇我馬子はその編集指揮者の一人であり、当時の政界における権勢からみても、国家編集のこの書の原本ないし稿本を、かれが自邸に保管しており、それがその子の蝦夷の代までうけつがれたか、あるいは蝦夷が邸内に持ちこんでいたか、のいずれかとみてよいであろう。

このことについては、後世にもかなり喧伝されたらしく、平安初期の『新撰姓氏録』の序文にも、「皇極鏡を握り、国記皆燔《や》く。……天智天皇は儲宮なり。船史恵尺燼書を奉進す」という。燼書とは「もえのこった書物」の意味で、火災の危難のとき、かろうじて搬出された『国記』の価値が世人にながく印象づけられている。

書物はいつの世にも知識の源泉であり、文化の宝庫である。文化を尊ぶものは書物を大切にする。中国でも「燔書阬儒」（『漢書』）は悪事を代表する。『書紀』がこれを取りあげたのは、事実を述べたまでであろうが、しかし同時に、蘇我氏の悪事を摘発する意図もうかがえる。

ちなみに船史はのち天武期に船連となり、平安初期には宮原宿禰と改姓して、いまの大阪府羽曳野《はびきの》市野中寺付近に居住していた渡来系氏族である。恵尺の子の道昭は、唐へおもむき玄奘三蔵《げんじょうさんぞう》から仏教を学び、法相宗《ほっそう》を日本に伝えた人として有名である。船氏にとっては、恵尺の行為は文筆・記録に携わることを職とする自氏にふさわしい祖先の功業として銘記されたであろう。

## 二

このように蘇我氏本宗の滅亡時に焼失したのは『天皇記』であり、『国記』はかりに一部損傷をうけたとしても一応残存した。『天皇記』はその書名から考えても、おそらく前からあった帝紀すなわち帝皇日継といわれるものにほぼ相当するであろう。すなわち、大和王権の統率者としての天皇（大王）の歴代継承の系譜の記録である。ただし、これをとくに『天皇記』とよんだのは、この推古朝のころに「天皇」の語が用いられたことと関係がある。天皇号の始用時期については、ほかに欽明朝説や天武・持統朝説もあって、その後者によるときは『天皇記』という書名の存在は否定されることになり、『大王記』とでもよみかえて理解しなければならないことになる。あるいはまた『天王記』という書名も想定されるかもしれない。しかし私は現在のところ、天皇号が推古朝に使用された可能性を認めるものである。おそらくこの時、『天皇記』の名で王家の系譜を記述することが、編集目的の一つであったであろう。

天皇号は憲法十七条にはみえないが、これは推古朝でも比較的後年になるほど使用の気運がつよまったのではないか。また当時の用語例はすべて画一的におこなわれたものではないであろうという事情も考えあわされるべきである。事実、天皇はスメラミコトまたはスメミマノミコトなどと読まれ、今日のようにテンノウと読むようになるのは、後世、漢風諡号が用いられた奈良朝以降のことである。この書の焼失は、この天皇号の始用問題についても知られるように、推古朝およびそれに至る時代の政治の実態をうかがわせる直接の史料の消失したことを意味しており、その影響の大きいことが知られよう。

日本紀元の問題も重要な関係がある。推古天皇九年辛酉（六〇一）を起点とする一蔀二十一元（一二六〇年）前を初代の神武即位元年とする紀年算定法が、この『天皇記』から始用されたのではないかという推定は、きわめて有力であり、『天皇記』の編集目的の一つにはこの年紀推算があったとみられるが、その実態を知る直接の手がかりは、この書の存しない現在では失われてしまったといえる。さらに継体・欽明朝の両朝並立問題を解明するうえでも有力な材料が存したのではないかなど、この書の焼失はいろいろな点で惜しまれる。

『国記』は天皇統治下の国の記録で、おそらく大陸の諸国に対するわが国の古来の内政・外交の重要記事を載せたものであろう。推古天皇二十八年には、このほか『臣連伴造国造百八十部幷公民等本記』という書がみえ、この異様に長い書名は、それだけ内容をかなり具体的に表現しているというべきである。臣連・伴造とは当時の朝廷に仕えた中央貴族や中堅的官僚を指し、国造とは地方各地に伝統的権威をもつ地方豪族、百八十部は朝廷に従う部民の総称、公民は天皇治下の人民を理念的によんだのであろう。これらがすべて詳密に記述・編集されたかどうかには若干疑問もあるが、おそらくそれらの大様の記録が本記といわれたので、『古事記』序文の表現に従えば、『天皇記』は帝紀であり、『国記』以下の本記は本辞・先代旧辞に相当するといえよう。

これらは推古朝に編集され、しかも上記のように蘇我馬子の影響のもとにおこなわれたから、当然のこととして当時の歴史意識・価値意識がつよくはたらいていた。それだけに蘇我氏またはそれと深く関係した事項が比較的くわしく記述されていた可能性が高いといえよう。

# 三

推古朝という時代は、聖徳太子の時代として、また政治や文化の新しい動向のあらわれた時代として、しばしば問題となるが、この時期の歴史を伝える『書紀』の記事は、必ずしも詳細とはいえないから、蘇我氏の動向を窺おうとしても明確でない点が少なくない。その点で、もし『天皇記』や『国記』が残存していれば、もっとくわしい事実が判明するのではないかという期待感がある。もっとも推古朝はこれらの史書編集の当代にあたるため、簡単にしか記述されていなかったとも解される。しかし推古朝にいたる近い時代、すなわち蘇我氏の勃興・向上・興隆の過程期については、少なくとも『書紀』にみられない記事があったに相違ないであろう。このことは、『書紀』の立場が律令国家確立期の精神に立脚して、絶大な天皇権力を中心とした記述の形体をとっているため、こうした権力体制の確立する以前の、蘇我氏をはじめとする多くの氏族の存在様態を正確には伝えていないのではないかという批判的見地からは、当然に出されるべき問題である。

そこで蘇我氏との関係で、この書の記載の特徴となるものを推察すると、『書紀』にも天皇家との姻戚関係や執政・朝鮮関係・屯倉経営・仏教興隆その他の政治動向についての記述があり、それなりの評価は可能であるが、それ以上のくわしい伝承や記録が存在していたのではないかという推測も生じてくる。

周知のように、『書紀』には蘇我氏の専横や崇峻天皇殺害・上宮王家全滅の記事があいついでおり、蝦夷・入鹿の伏誅は当然という筆致になっている。しかし、たとえば仏教興隆の実質的推進者は蘇我氏およびその配下の渡来系氏族であり、官司制の導入や、屯倉・田荘などの大土地所有に立脚する部民支配など、経済的機構に応じた政治支配の方式・財政への関与などを通じて積極的な大陸文化の受容が蘇我氏を焦点として展開したことを考えるならば、つねに開明的姿勢をとりつづけたこの氏の功績は逸しえないものがある。これらの蘇我氏本宗の、とくに稲目やそれ以前の世代の人々の功業についても、さらに別の伝承なり記録なりがあったのではないか。こうした点を想察すると、われわれが現在の『日本書紀』を通じて描き出している古代史像とはかなり異なった歴史像がうかび上ってくる可能性があり、そうした問題を考えるうえで史料的価値が高いものであろうことはいうまでもない。けれどもそれを過大に想定して、たとえば蘇我氏が実際に天皇の位に即いたのではないかとか、蘇我王朝が存在したというような臆測にまで発展させ、そうしたことを伝える記録が、この『天皇記』や『国記』の一部分の焼失によって消滅したとかいう想像にまで走ることはゆきすぎであると思う。

蘇我氏本宗は滅びても、後述のように同族の人々が多数中央政界で活動しているから、見えすいた虚偽の記載がまかり通るということは困難であるという、反面の事情も考えるべきで、現在伝えられる『書紀』の記載が根本的にくつがえされるなどということは軽々しくはいえないものである。

## 四

蘇我蝦夷が自邸にこれらの史書類を保持していたのはなんのためであろうか。単に一時的な偶然のことか、蝦夷のごく気まぐれな行為であったかというと、これは必ずしもそうとは解されない。なぜなら、当時の蝦夷は国政の重要な部面に介入し、大きな権力をふるっており、たとえば推古朝に定められた冠位十二階のほかに、みずから私に冠位を設けて授けていた。『書紀』によると、蝦夷は病にかかって朝廷に出仕せず、紫冠という冠位を子息の入鹿に授け、私に大臣の位に擬していた。この紫冠は十二階のうちの徳冠であろうと考えられてきたが、これには確証がなく、紫冠は蘇我氏が独自に考案して大臣位の表示としたものではないかといわれる（黛弘道氏説）。ただ十二階の上位に当たる徳冠と解することもあながち否定できない。いずれにしても蝦夷が入鹿にこれを授けたということは、冠位の授与にたずさわっていたことを示し、蘇我氏専権のあらわれと解される。

また、『書紀』には述べていないが、『新撰姓氏録』大和国皇別の布留宿禰の条に「斉明天皇の御世、宗我《そが》蝦夷大臣、武蔵臣を物部首幷に神主首と号《な》づく」（佐伯有清氏の訓による）とある。斉明天皇とあるのは皇極天皇を指すのであろうが、この文によると、蝦夷が武蔵臣に対して物部首の姓を与え、従来臣姓であった武蔵臣が首姓となり、石上神宮の神主首（かむぬしのおびと）となったと解される。つまり武蔵臣が蝦夷から物部首の姓を与えられ、物部連の祭る石上神宮の祭司の副となって奉仕したものらしい。これによれば、蝦夷は時には氏姓を与えることもあったことになる。この種の伝承は、『紀氏家牒』にも「蝦夷大臣、物部族神主家を以って僕となし、物部首と謂ひ、また神主首と云ふ」とも記されている。

これらの蝦夷の行為は、天皇のおこなうべきことをかれが実行したと伝えている点に、その専権ぶりを想わせるが、これら冠位や氏姓に対するかれの動きをみる時、その邸内に政府の公の史書・文書をおいていることが、こうした政治上の機能の発動状況を生みだす要因ともなっているといえよう。いいかえれば、国家枢要の史書・文書を自らの意志で私宅に保管しうるような権勢をもたなければ、冠位・氏姓に関しての大きな機能は発揮できなかったろう。このようにみてくると、政務上の要請と文書類の保管とはつよくつながっている問題であり、蝦夷の行動は単に偶然的なこととは解されない。蝦夷には政治権力をより強大化しようとの欲求があり、それが冠位や氏姓の授与という行動をとらせたのであり、そうしたことを可能にする、実務上の要請は史書・文書類の私宅保管という方途に出させるに至ったものというべきであろう。このように考えると、蝦夷の『天皇記』等の史書の自邸保持には、かれのつよい政治権力への意思が秘められていたと思われる。

## 五

蝦夷・入鹿誅滅事件が、世人、とくに蘇我一族の人々に大きな衝撃を与えたことは当然である。やがて事件から二ヵ月余をへた大化元年九月、古人大兄《ふるひとおおえ》皇子の謀反がおきた。

古人大兄皇子は、蝦夷の強力な支持で即位した舒明天皇の皇子で、中大兄皇子の異母兄に当たる。母は蝦夷の妹法提郎媛《ほてのいらつめ》である。この古人大兄皇子は、さきに入鹿が聖徳太子の子山背大兄王を斑鳩《いかるが》宮に攻めた時にも、入鹿を支援したほど蘇我氏寄りの立場にあり、しかも大極殿で入鹿が殺される場に同席して眼前にみていたから、中大兄皇子の新政にはとうてい同調できない、旧蘇我氏勢力に依存する代表的人物であった。

しかし皇子一人では事は起こせない。これに協力したのは蘇我田口臣川掘であった。けれども、そのほかの蘇我諸族はあまり協力した気配がみられない。のみならず、十日もたたないうちに一味の吉備笠《かさのおみしだる》臣垂が中大兄皇子のもとに自首したので、はやくも古人大兄皇子はとらえられて斬殺され、この一件は落着をみた。当時の大勢はおそらく蘇我氏一族が石川麻呂のもとに結集する方向に動きつつあったとみられ、その意味でもこの事件は、実は中大兄皇子が古人大兄皇子を排除するための策をめぐらしていたことが背後にあったのではないかと考えられる。

蝦夷・入鹿とつづいた蘇我氏本宗の滅亡は蘇我氏の全滅を意味してはいない。大化の新政権において右大臣となったのが蘇我倉山田石川麻呂であったように、こののちも蘇我氏の人々は朝廷にあって顕著な政治活動をつづけている。しかし政界の主導権がこの氏族からはなれていったことは当然であろう。そのなかから何人かの人物をあげてみよう。

馬子の子で、蝦夷の弟に倉麻呂がいる。推古天皇の死後、蝦夷が皇嗣を定めようとして群臣と議した時、倉麻呂は、「今たやすくいえない、更に思慮して後にいう」とて独自の姿勢を示していた。かように蝦夷全盛の時期においても自立的な態度をみせた倉麻呂の子が、大化の右大臣石川麻呂である。その自立的姿勢は父親ゆずりであったらしく、はやく中大兄皇子ら革新派から注目されていた。

皇極天皇三年（六四四）、中大兄皇子はかれの支持を得るため中臣鎌足を介して、かれの長女を妃としようとしたが、この女は石川麻呂の異母弟の日向《ひむか》に奪われて実現せず、かわりにその妹の遠智《おちの》娘《いらつめ》が奨められた。かように両者の連繫ができ、大極殿における入鹿殺害へと進展したのであった。

蝦夷父子討滅ののち、石川麻呂は事実上、蘇我氏の新しい本宗となり政界に活動するに至る。

大化五年（六四九）、にわかに石川麻呂への讒言《ざんげん》事件が起こった。すなわち、日向が石川麻呂に中大兄皇子に対する害心があると誣言《ぶげん》したものである。中大兄皇子はこれを信じて石川麻呂の難波京の邸宅を軍をもって包囲したので、やむなくかれは二子とともに大和の山田寺に入った。日向らの軍の来攻をうけるなかで、衆僧と長子興志《おこし》以下数十人に対して君臣の分をさとし、「われ生々世々に君主を怨まず」と誓って自殺し、妻子等八人が殉死したという。

しかも事件の後、使者が石川麻呂の資材を収めたとき、生前のかれが重要な文書や宝物の上に特に「皇太子の物」と記して尊重していたことがわかり、報告を聞いた中大兄はかれに反逆の心のなかったことを知り、誣言した日向を筑紫大宰帥として中央政界から退けたのである。

## 六

孝徳天皇の死後も中大兄皇子は即位せず、生母の皇極天皇が重祚して斉明天皇となった。孝徳天皇には唯一人の皇子があり、有間皇子という。石川麻呂の弟赤兄《あかえ》は、この有間皇子をそそのかして政治を批判させ、天皇に対する反逆行動をとらせ、ついに挙兵するに至らせた。しかし有間皇子は逆に捕えられて絞首された。こうした事件の首謀者であった赤兄は変後、なんらの処分もうけず、かえって中大兄皇子が即位して天智天皇となるとともに右大臣に任じられている。これは、実は中大兄が有間皇子の失脚をねらって赤兄をして画策させたと考えられる。中大兄は赤兄の女を嬪《みめ》として納《い》れており、両者の関係の密接なことが知られる。

赤兄の兄の連子は、天智朝に大臣となった。短期間だが蘇我氏の中心に位置した人物で、当時は中臣鎌足が健在であったが、連子の死後五年して鎌足も死んだ。大化以来、ひきつづき中央政界に勢威をえていたのは、鎌足を別とすれば蘇我氏であった。鎌足の死にあたり、天皇がその邸に行幸したとき、赤兄が詔を読みあげており、また大友皇子が太政大臣に任じられた時、左大臣に赤兄、右大臣に中臣連金、御史大夫に蘇我臣果安《はたやす》、巨勢臣人・紀臣大人が任命された。この五臣は晩年の天智天皇の信頼があつく、大友皇子が皇位を継承してゆくよう後事を托して誓盟をおこなわせた人々であった。その筆頭が赤兄であったことは、死の床にあった天皇にとって最も信頼できるのは、有間皇子の変以来、気心の通じたかれ赤兄であったことを示している。

かくて蘇我氏は壬申の乱（六七二）に近江方となったが、他方、吉野方の大海人皇子（天武天皇）の近くには蘇我安麻呂がいた。かれは連子の子で、病床の天智天皇が弟の大海人皇子を召した時、ひそかに皇子に慎重な応答をするようにすすめている。この安麻呂のあとは奈良時代に入り、石足・年足・名足とうけつがれ、名門石川氏として発展してゆく。すなわち、天武朝の八姓の制定にあたり、蘇我臣は石川臣となり、朝臣姓を与えられており、以後の律令官人機構のなかで活路を見出してゆくことになる。皇室や藤原氏との姻戚関係では、石川麻呂の二女が中大兄皇子の妃となって、のちの持統・元明両女帝の生母となっているし、連子の女は藤原不比等の室となって武智麻呂・房前を生んでいる。

　このように蘇我氏の人々の動きはつねに多様である。決して単なる一枚岩ではない。政治的立場においても、しばしば相反するものが、この氏のなかで併存している。そこには時勢の変化によく対応してゆく活力がよみとれるのではなかろうか。それはまた開明的だったこの氏の性格とも一脈相通ずるものがある。氏姓社会から律令社会への転換期に登場した蘇我氏の歴史は、正しく古代史の展開の一縮図という観がある。

# 第十一章　天皇権力を支える古代豪族「大臣」

## 『日本書紀』が強調する臣僚の姿勢

古代豪族といえば、史上にその名をとどめているものはかなり多い。しかし、大化前代の雄族として、もっとも注目すべきは大臣・大連として、中央政治に指導的役割をはたした諸氏であろう。ただ、古代史の研究の現段階は、この大臣・大連諸氏の歴史的実態の全容を必ずしも明らかにはなしえていない。まだ解明の手のとどいていない問題があまりにも多いのである。第一に、大臣・大連クラスの諸氏について伝える、最古の史料とみるべき『古事記』『日本書紀』の記事が、どこまでが史実で、どこからが伝説かということも、厳密にはまだ見きわめられてはいないのである。したがって、なにか自明のこととして語られる、大臣・大連の制についても、その多くはまだ推論の域を多く出ていないことを、まず断っておかなくてはならない。

そのような前提のもとに、古代豪族と天皇との関係を考えてみると、この天皇という称呼についても、いったい、いつから用いられるようになったかについて、学界の議論はまだ必ずしも一定してはいない。私は推古朝ごろからとする説をとっているが、ここでは一応、天皇がまだ大王と称されていた時代をふくめて天皇権力という語を用いておくことにする。『古事記』や『日本書紀』が成立した八世紀初頭のころには、もうすでに、わが国の古代の歴史について、一定の歴史観ができあがっていた。かんたんにいえば、それは当時成立していた律令制度にもとづく律令国家の体制の成立の由来を認識する必要からうまれた歴史観であって、いま、問題としている「天皇」統治の歴史的由来を物語るとともに、天皇政治を扶翼し、その体制に忠実に随順することに、つよい使命感と充足感をもちうるような内容をもつものであった。

いいかえれば、律令官僚・官人たちにとっては、この書をよむことによって、かれらの生きる日本という国の歴史への自覚を深めさせるとともに、天皇政治に歴代奉仕してきた、かれらの祖先にあたる人々の業績を認知させるような事績が豊富に記述されているものであった。

大臣とは、この天皇に奉仕する「棟梁之臣」（景行紀五十一年）で、それは「ムネマチキミ」とか、「ムネトルマチキミ」または「ヲホマツリコトヤツコ」「ムネハリノマエツキミ」などと訓じられ、「マチキミ」「マヘツキミ」の首座にある重職の意と解される。『書紀』では武内宿禰《たけしうちのすくね》をその初見とする。このことは『古事記』成務段に「かれ建内《たけしうち》宿禰を大臣として、大国小国の国造を定めたまひ、また国々の堺、また大県小県の県主を定めたまひき」と述べて、いわゆる『帝紀』には、成務朝にはじめて大臣がおかれ、武内宿禰が任命されたとしていたことを推定させる。もちろん、その実年代比定には問題が残されているが、こののち、仲哀・神功・応神・仁徳紀に、くりかえし大臣武内宿禰の忠誠をあらわす説話が出ていて、『古事記』にくらべて『書紀』ははるかに武内宿禰の記述描写が具体的である。

ところが、右のような「大臣」像の記述の増加とならんで注目されるのが、『書紀』の記載の様式として、きわめて顕著な「執政記事」の類型的記載が『古事記』にみられない明確な形態をもって、くりかえし出てくる事実である。ことに典型的な事例として、雄略紀から崇峻紀までの間で、顕宗・仁賢両紀を除く十天皇紀において、「執政記事」が明確に定形化してあらわれている。たとえば雄略紀即位前十一月には、

天皇命二有司一、設二壇於泊瀬朝倉一、即天皇位、遂定レ宮焉、以二平群臣真鳥一為二大臣一、以二大伴連室屋、物部連目一為二大連一

とあるが、このように「以二――一為二大臣一（または大連）」という記載形式は、若干の異同はあるものの、ほとんど踏襲的に以後崇峻紀までの十天皇紀にあらわれてくる。ここに「執政記事」の定形化という現象がみられるわけである。もちろん、このような記事の定形化は単に『書紀』の文章表現の問題であり、いわば執筆分担者の趣向のあらわれともみることができよう（くわしくは拙著『日本古代氏族伝承の研究』を参照されたい）。しかし、単純に修辞上の問題として見すごせないことで、国政の重職の存在に係わるだけに、そこには一定の政治形態をもって国政機関の常態とみる、一種の政治史観的発想がはたらいている事実を看取することができよう。

このような政治史観を、『日本書紀』はみずからつぎのように語っている。

夫《そ》れ天地の間に君として万民を宰《をさ》むることは、独《ひと》り制《をさ》むべからず。要《かなら》ず臣の翼《たすけ》を須《もち》ゐる。是に由りて代代《よよ》の我が皇祖等《すめみおやたち》、卿《いまし》が祖考《みおや》と共《とも》に倶《とも》に治《をさ》めたまひき。朕《われ》も神《かみ》の護《まもり》の力《ちから》を蒙《かうぶ》りて、卿等《いましたち》と共に治めむと思欲《おも》ふ。（孝徳紀大化二年三月東国国司等への詔）

国家を統治するという事業は、いくら天皇に権力があるといっても、天皇個人のなしうることではなく、忠実な臣僚の全面的な協力、つまり「扶翼」の姿勢が定まっていなくてはならない。国家の正史としての『日本書紀』は、この趣旨をとくに強調しようとしているものである。

　数多い古代豪族の活動の様相を一括して認識することは困難であるが、いま古代豪族のなかでも、とくに臣姓氏族の雄である大臣諸氏の動向の一端をとりあげてみたいと思う。

## 天皇政治の扶翼者たち

大王（天皇）支配下の、大小豪族の服属体制は、中央政権の規模の拡大整備につれて、大陸における行政組織の知識の影響のもとに、いわゆる官司制への方向をとり、行政組織の充実をみるにいたるが、それはのちの律令制のような膨大な官職をもつ巨大機構にはおよばないまでも、それへの歴史的前提として、一時代を画した行政組織の段階であったことは否めない事実である。

　この行政機構の実態を、比較的当時の事実に近い用語で表現しようとするならば、推古朝の、いわゆる国史編修の記載がひとつの参考になると考えられる。すなわち、推古紀二十八年是歳にみえる、皇太子（厩戸皇子）と嶋大臣（蘇我馬子）とが共に議《はか》って撰録した『天皇記』等の書の名のなかに

『臣連伴造国造百八十部幷公民等本記』という名称のみえることは注意する必要があると考えられる。なぜかといえば、ここには天皇統治下の重要な臣僚を、中央と地方にわたって包括し、さらに部民等の庶民をふくめて、当時の用語によって国家を構成する諸身分を、端的に、かつ総括的に表現しようとした趣旨が想定されるからである。この書の実体は明らかではないところがあるが、まず(1)臣・(2)連をあげ、つぎに(3)伴造をあげているのは、有力な姓《かばね》をもつ豪族と、中央朝廷に従属するトモの統率者をあげているものであり、(4)国造は地方在地の豪族を代表させているのであろう。それに多くの(5)部民と、多分に理念的な語としてではあろうが(6)公民をあげていることは、当時の朝廷における諸身分の分類法として、もっとも一般的なものであったことを思わせるものである。こうした表現は書名以外にも慣用されたことを他の用例からもみとめることができる。

このように、政治的社会的地位の上位にランクされる臣連のなかでも、またとくに有勢なものが、天皇政治の最高の扶翼者として、すなわち「棟梁之臣」として位置づけられた大臣であり、またそれと対照された大連であった。古代豪族の理解のためには、その代表的なものとしての大臣・大連氏族の認識が肝要となるが、いまはとくに大臣氏族に焦点をおいてみることにしたい。

## 大臣たちの根拠地

大臣の地位についた氏族として伝えられるものには、共通した、きわめて特徴的な事実がある。『書紀』の伝えるところでは、古来、大臣となった氏はつぎの四氏を数えるのみである。氏別に大臣になった人物の名をあげると、つぎのようになる（カッコ内は有力人物名）。

葛城《かずらき》氏……（襲津彦《そつひこ》）・（玉田《たまだ》）・円《つぶら》

平群《へぐり》氏……（木菟《つく》）・真鳥《まとり》・鮪《しび》

許勢《こせ》氏……男人《おひと》

蘇我《そが》氏……稲目《いなめ》・馬子《うまこ》・蝦夷《えみし》・（入鹿）

これらの四氏に共通する事実として、第一にあげられるのは、いずれも大和の、とくに奈良盆地の西・南部の地名を氏の名としていることであり、またその根拠地がほぼその地域にあると推定されることである。第二に、ともにその氏の祖先を武内宿禰としており、その意味では同祖・同族の関係にあるという伝承をもっていることである。さらに第三には、大化前代の蘇我氏全盛期において、蘇我氏以外の他の三氏はともに蘇我氏の配下にあったとみられることである。いま、この三点について、さらにくわしく述べておこう。

第一の、大臣氏族がともに奈良盆地の西・南部の地名を氏の名としていることは、具体的にはつぎの事実を指摘すれば理解できるであろう。

葛城の名は、いま奈良県と大阪府との境界となっている葛城《かつらぎ》山脈やその中心となる金剛山（古くは葛木山といった）などから知られるように、大和の西方の広範な地域の名称として知られる。現に奈良県の郡名にも用いられており、古代の葛城氏がこの地域の豪族として勢力をもったことをしのばせてくれる。

葛城氏は、朝鮮外交の将軍として葛城襲津彦《そつひこ》の名がはやくからあらわれ、その女磐之媛《いわのひめ》は仁徳天皇の皇后となり、履中・反正・允恭三天皇を生んだ。こうして四世紀末から五世紀代にかけて、天皇氏の外戚として繁栄した。この襲津彦の父が武内宿禰とされるが、母は葛城国造荒田彦の女葛比売（『紀氏家牒』逸文）とする伝がある。この葛城国造は直姓の氏で、臣姓の葛城氏とは別系統ではあるが、同じ葛城地方に本貫をもち、かつ同名を名乗っていることからすると、ともにこの地方の古来の豪族であったとみられ、あるいはもと同一の氏であったのではないかとの推測もなしえないわけではない。

襲津彦は葛城長江曽都毗古《ながえのそつひこ》ともよばれ、長江の語が大河と関係があるとみられることから、大和から流れ出る大和川流域にも勢力をもった（直木孝次郎氏説）とみられ、このことは大和から河内をへて、難波から瀬戸内海を通じて大陸との交渉をさかんにすることとなったことを窺わせる。このような外交上の先進性と天皇氏との姻族関係からみて、この氏の中央政治への進出は五世紀代に本格化したとみられる。

しかし、允恭紀五年七月に、葛城襲津彦の孫の玉田《たまだ》宿禰が反正天皇の殯《もがり》の儀に奉仕せず、葛城にこもって、天皇の召喚に対して逆に武装して出廷し、このことから天皇の軍に攻められて殺されたことを伝えているように、天皇氏との間に対立関係を生じたようである。さらに雄略紀即位前によると、安康天皇を殺害した眉輪《まよわ》王が玉田の子の円《つぶら》大臣の家に逃げ入ったため、円大臣の家が大泊瀬皇子（雄略天皇）の軍に包囲され、円は眉輪王らとともに焼殺されたという。

これらの伝承的記載は、かなり説話風の要素が加えられているとはいえ、葛城氏の中央政界における地位が動揺し下降してきたことを示しており、それとともに天皇氏との姻族関係もなくなってきて、五世紀後半には衰退していったことを示しているとみられる。

つぎに平群氏の名も、大和国の旧平群郡平群郷の名であり、いま生駒郡の南部に当たる。この氏も武内宿禰の子の木菟《つく》にはじまるといい、また木菟が朝鮮との交渉に深く関係していたことも、葛城襲津彦の事績とよく似ている。木菟は紀角《きのつぬ》とともにかの地におもむき、百済の阿花王即位を実現させ、また秦氏の祖の弓月君《ゆづきのきみ》の人夫の来帰には襲津彦とともに関与したという伝承をもっている。

履中紀即位前では、去来穂別《いざほわけ》太子（履中天皇）が妃とするはずであった黒媛を、住吉仲《すみのえのなかつ》皇子が奪って兵をあげ、太子の宮を包囲した時、木菟は物部大前《おおまえ》や阿知《あち》（漢直の祖）と三人で太子を馬にのせて大和へ逃れ、さらに仲皇子の近侍の隼人《はやと》の刺領布《さしひれ》が仲皇子を殺した時、木菟は刺領布が自己の主君を殺したのは不忠であるとして彼を殺害したという。

こうして木菟は、履中朝において蘇我満智・物部伊莒弗・葛城円とともに、国事を執ったといわれ、ここに平群氏執政の起源を説くもののようであるが、ただ「大臣」と明記されてはいない。しかも、円大使主の名が出ていることによって、葛城氏の勢力がまだ強い時期とみられ、こののち雄略紀即位前に「円大臣」の語がみえることからすると、ここで「大使主」という用字を使っていることは、まだ明確な「大臣」という意味が確立していなかったことを推測させることともなるであろう。

しかし、雄略紀では、即位の年に平群臣真鳥《まとり》が大臣になったとし、時に大連には大伴室屋と物部目とがなったことを記し、ここに明確な大臣・大連並立の執政体制があらわれてくる。これはおそらく前記の葛城氏の没落ののち、臣姓を代表する形で登場したのが平群氏であったことを示しているものと解されるであろう。

平群氏は、この真鳥の時代が全盛期であったらしく、『書紀』では、仁賢天皇の死後、真鳥は国政を専らにして日本の王となろうとし、驕慢の態度に出たこと、その子の鮪《しび》も、太子（のちの武烈天皇）が娶ろうとした影媛を奸《おか》すなどの不行跡があって、太子の怒りをかい、大伴金村の軍兵によって真鳥と鮪の父子が討たれたことを伝えている。

この平群氏の伝承は、『記』・『紀』の記載を対照すると、かなり大きな内容的な相違が指摘できる。すなわち、『古事記』においては、顕宗天皇即位前における鮪との恋人争いという、私的な競争関係に記述の中心がおかれているのに対して、『書紀』では、上記のように真鳥が国政の実権を掌握し、王となろうとしたという、公的な政治権力の争奪に中心がある。『書紀』はさらにこの事件に大伴金村の活動や、物部氏を登場させるなど、国家的な事件として描写しており、説話内容の増高がおこなわれている。

そのような説話の分析によっても知られるように、これらの伝承のすべてが史実とはみられないが、しかし登場する主要氏族の勢力交替の様相には、一定の史的背景が推察されるので、臣姓氏族については、葛城氏から平群氏へという政治的主導権の推移のあとがよみとれると考えられるものである。

許勢氏の名もまた大和の地名にもとづいている。旧高市郡巨勢郷の地はいま高取町西北部にあたる。

継体紀に執政の任についたことを伝える四条の記事がある。すなわち、許勢男人が大臣となり、大連の大伴金村・物部麁鹿火《あらかひ》とともに活動したことを伝え、ことに筑紫国造磐井の反乱にあたっての詔をうけた将軍の一人として名をつらね、同二十三年に没している。

しかし、これらのすべてが『古事記』には全く伝えられていないこと、『古事記』の記載に対照しうる唯一の例となる筑紫国造の反乱の記事でも、「かれ物部の荒甲《あらかひ》の大連、大伴の金村の連二人を遣はして、石井を殺らしめたまひき」とあって、物部・大伴の両大連氏族のみしかあげていないことから、『古事記』は全く許勢男人に関する所伝に関係していないことが注目される。

しかも、これが許勢氏の「大臣」であることを示すものであること、のみならず、右のような『日本書紀』編修のわずか三十年ほど後にあたる天平勝宝三年（七五一）、当時の巨勢氏の族長的地位にあった大納言巨勢朝臣奈弖麻呂が、雀部朝臣真人の奏言を証明して、継体・安閑朝に大臣として奉仕したのは、巨勢男人ではなく雀部男人であったという主張を認めている事実がある。

このことは、後世の巨勢氏自身、男人大臣に関する所伝をあまり信用してはいなかったことを示すもので、直木孝次郎氏は、男人の実在性にも疑問を投じている。

私は少なくとも男人が大臣であったことを伝える伝承には疑義の存することは否めないと思う。欽明紀元年九月の、天皇の難波祝津宮行幸に大伴大連金村・物部大連尾輿らと並んで許勢臣稲持が従っているが、これも許勢氏が大臣ではないが、大連家と相並ぶ気風をもっていたことを示す一例ではなかろうか。

それはともかく、男人の大臣記事のみで許勢氏の執政は史上から消えるが、そのあと、宣化・欽明朝以降、明確な大臣氏族として、はなやかな活動を展開するのが蘇我氏である。

この蘇我氏の名も、大和の高市郡蘇我の地によるもので、現今の橿原市曽我には式内社宗我坐宗我都比古神社も鎮座している。この氏の大臣としての活動は稲目から、その子馬子、孫の蝦夷にまで三代におよび、さらにその子入鹿も権勢をふるった。宣化から皇極期にいたる八代の天皇の治世にわたっており、大臣氏族としてきわめて顕著な存在である。

しかし、いまここでとくに蘇我氏の活動を詳述する余裕はないので、上来の大臣氏族の活動の歴史を、事実上しめくくる位置にある蘇我氏が、天皇と豪族との関係をどのような形態で保持したかについての、ひとつの視点を提示するにとどめておきたい。

## 武内宿禰を祖とする伝承

大臣氏族に共通する第二の特徴として、武内宿禰を共通の祖先とする系譜的同族関係については、『古事記』孝元段に載せる系譜記事がくわしい。いまその主要部分を表示すると、以下のようになる。

ここには、葛城臣を加えると、総計して二十八氏の系譜関係が統合的にあらわれ、とくに上記の葛城・平群・許勢・蘇我という、大臣として執政の任にあたったことを伝える四氏がすべて包括され、さらに紀・波多の二氏をはじめとする二十四の氏族の一大氏族系譜を構成している点に特色がある。

これら諸氏の共通の祖先である武内宿禰は、『書紀』の記載とその紀年をそのままうけいれると、

**武内宿禰関係系図**

孝元天皇――比古布都押之信命――武内宿禰

- 波多八代宿禰（波多臣・林臣・波美臣・星川臣・淡海臣・長谷部君の祖）
- 許勢小柄宿禰（許勢臣・雀部臣・軽部臣の祖）
- 蘇我石河宿禰（蘇我臣・川辺臣・田中臣・高向臣・小治田臣・桜井臣・岸田臣等の祖）
- 平群都久宿禰（平群臣・佐和良臣・馬御織連等の祖）
- 木角宿禰（木臣・都奴臣・坂本臣の祖）
- 葛城長江曽都毘古（玉牛臣・的臣・生江臣・阿芸那臣等の祖）
- 若子宿禰（江野財臣の祖）

成務・仲哀・神功・応神・仁徳の五朝に奉仕し、在官二百四十余年という、まれにみる長寿の人として記載されており、もちろん、これを史実とみることはできない。そこで、これを何世代かにわたって同一の氏の複数の人物が存在したのを、一人物のように伝えたのではないか、などという合理化的解釈などもおこなわれているし、また伝承自体、かれを「世の長人」などと呼んで、長寿の人として讃えている面もあるけれども、これはおそらく、この人物の特性を理想化するのあまり生まれた伝説的誇張であって、そこには不老長寿を理想とする神仙思想の影響も想定され、また長寿の人を有徳者とする思想も関係があるであろう。

しかし、この人物の理想化のより大きな要因は、なんといっても執政として、「棟梁之臣」として典型的な理想の人物として描写記述されていることであって、いわば、「大臣」の模範的な人間像を過去の歴史的記述のなかに実現している点にある。そして右のような大臣氏族の統合関係が系譜的に表現されたのも、実際には大臣諸氏が、比較的近接した地域から興起した事情がはたらいているにしても、明確な系譜関係を構成したのは、おそらく蘇我氏が実権を掌握した時期であって、おそらく蘇我馬子の時代、すなわち推古朝のころであったであろう。第三の特徴としてあげたように、大化前代に大臣氏族の四氏が、みな蘇我氏の配下にあったとみられることから、この推測は成立すると考えられる。

現在、存在してはいないが、『古事記』編集の資料となった、いわゆる『帝紀』『旧辞』の記述のほかに、蘇我氏を中心とする系譜体系化の主動力があったので、そうした氏族伝承の主張があるいは推古朝の修史などにも大きく採用されたことが想定されるであろう。

大臣氏族が、こぞって例外なく武内宿禰を共通の祖先としている、この系譜伝承のもつ意味は重要である。ここには古代天皇（大王）権力体制下における、強烈な血族的結合の紐帯観念がはたらいていたことが窺える。「大臣」という天皇（大王）権力を支える最大支柱となるものは、最も信頼するに値するものでなくてはならなかった。それは現実には、天皇氏にとって近親の氏とは限らなかったであろう。むしろ、一見あまり血縁的関係の存しない存在であることもありえたであろう。

しかし、天皇（大王）権力にとって最も重要なことは、政権の所在地に近い地域にあって、天皇（大王）を補佐し、外部勢力に対しては藩屏としての天皇の権益を保全するものでなくてはならなかった。このため大臣氏族はすべて大和の天皇権力の中枢に近い地域に集中しているわけである。

また、直ちに史実とはいえないけれども、武内宿禰を孝元天皇の孫（あるいは曽孫）としたことも、大臣氏族がもつ家系観念において、天皇氏との血縁的紐帯ないし同族関係を主張しうる存在であることが重要な条件であったことを示している。このような古代豪族の服属意識は、律令時代に入って王臣思想の系列にくみこまれていくものであって、その好例が文武天皇慶雲四年（七〇七）に藤原不比等に対して食封を賜る宣命において、つぎのように述べているところにもあらわれている。

汝《みまし》の父、藤原大臣の仕《つか》へ奉《まつ》らへる状《さま》をば、建内宿禰命《たけしうちのすくねのみこと》の仕へ奉らへる事と同じ事ぞと勅《の》りたまひて、治《をさ》め賜《たま》ひ慈《めぐ》み賜《たま》へり……

ここには律令国家成立期にあって、武内宿禰が理想的・典型的な王臣の模範として、不比等の父鎌足の功績を、いわば新しい武内宿禰としてなぞらえ顕彰する意図が窺える。かつての大臣氏族の理想像を、そのまま新しい時代に活用していく姿勢が理解できるであろう。

# 第十二章　「史心」より

## ◉歴史を学ぶ

一

学生という立場から教師という立場に転じて、私が不完全ながら教壇の上から人前において歴史を講ずるようになってから、今年はちょうど三十年になる。いつのまに、そんなに長い年月がたったのかと、内心、実はおどろいているのが実状であるが、現実は否めない。そして今後、はたしておなじ年数を教壇に立つことができるかと考えてみると、いくら平均寿命の延びた現代とはいえ、それは困難であろう。そんなことを考えると、私はいままであまりに「前の方」ばかり見ていたのではないかという思いにかられてきた。

歴史とは、いうまでもなく「過去」について語るものであり、私ももちろん、いろいろ「過去」の問題を話してきた。しかし、眼前の若い人達に対していると、話はどうしても若い人向きの話になり、研究的となり、個別的となる。それは教育上やむをえないことであり、それはそれで必要なことでもあるから今後も継続しなければならない。しかし、私は同時にもっと「後向き」の話をしておきたい。それをしなければ、どうも私の心は充たされないであろうという感触をぬぐいさることができないでいる。

二

いま、ここで「前向き」というのは、歴史現象の個別的研究の面を指している。学問が発達し、研究が専門化してくると、研究者はみな細分化された研究領域のなかから、さらに細分化された問題を追及し、従来の見解の批判や修正に努力を傾注する。それは努力すれば一定の成果のえられる領域である。いままで判然としなかった問題が解明され、より緻密な知識がえられることは、学問の進展であるばかりでなく、それぞれの分野に深く入れば入るほど、他人の窺えぬ知識の世界を切り拓く、娯しい仕事でもある。これは限りなく前進してゆく道程であり、その意味で「前向き」の作業といえるであろう。歴史学も一個の精神科学・人文科学であるから、そうした成果の蓄積に大きな意義のあることは明らかである。しかし、それだけですべてであろうかというと、大きな疑問がある。むしろ、そういう「前向き」の知識よりもっと大切なものがあるのではないか、と私は思う。

個別的研究の道は「限りなき前進」と私はいった。限りなく史実を究明し、分析してゆくことは、それはそれで必要であり、人々の興味と関心をあつめる方向でもあろう。しかし、歴史を学ぶとは、ただに分析をつづけ、史実の森林にわけ入ることだけを意味するものであろうか。否、決してそうではないと、私は思う。

三

「前を見る眼」は、歴史事象を探る眼である。客観的な資料の検証と解釈を通じて、忠実に事実の展開をつきとめる、科学的な眼である。しかし、それはなんのためになされるのであろうか。それはただ科学的真理の解明のために、というような説明だけですまされる問題ではない。

ここで私はわかりやすいひとつの例をあげてみたい。現代における科学的研究の成果を象徴するもっとも代表的な事例は核兵器の出現である。この近代科学文明の先端をゆく驚くべき殺傷威力をもつ兵器の出現が、現代物理学の進歩を代表する、人間の科学的知識と技術の所産であることは、まぎれもない事実である。しかし、この科学の所産は、一方で人間社会に大きな不幸と不安を与えたことも事実である。そこには、「なんのための」学問か、という人間行為の価値基準を見通した観点がなければならない。それが欠落していたことが科学者にその学問の成果と応用についての「社会的責任」をおいえないという結果をまねくことになったのである。

つまり、科学の進歩はいわば人間の「前向き」の努力であり、自然科学と人文科学との相違はあるとはいえ、歴史学の研究も思考の方向としては決して別異なものではない。しかし、そうした「前向き」の努力だけが歴史学のすべてであるとは、私には考えられない。それは、あたかも物理学の進歩が必ずしも人間に幸福をもたらさず、逆に未曽有の不安と悲惨をもたらしているように、歴史学における究極の目標も、「なんのための歴史研究か」という主体の視座の探求と確立がなければならないと思う。

それは、歴史を単に分析的に、個別的に追及するだけでなく、むしろ逆に総合的に、全体的に鳥瞰する視野が必要なのであり、なんのための研究かという反省を伴なうものでなければならない。たとえていえば、個別的研究は森のなかへ入って、一本一本の木をしらべているようなものである。それだけに終始したならば、われわれは一本一本の木についてはよく知るであろうが、広大な森全体の景観を見る機会を失ってしまうであろう。われわれは歴史をみる「前向き」の眼をやしなうだけでなく、「後向き」に、なんのための研究かという反省をもつものでなければならない。これは探求して、直ちに成果のあがる事柄ではない。しかし、たえず心がけておくべきことであり、用意しておく必要のあることである。前を向いて史実を探索するだけでなく、わが身をかえりみて、これはなんのためになるのかと、「後向き」に反省する心である。

このような配慮を、私は「史心」とよびたいと思う。少なくともこれは「史心」のはたらきの基本的なものでなければならないと考える。

（一九八一年八月稿）

## ◉韓国の樹木信仰――日本古代宗教との関連――

先年、韓国で見聞し、いまもつよく印象づけられているのは、かの国の樹木信仰の事実であり、またそれを通して日本の古代信仰との関連を考えたことである。

韓国では、私は慶尚北道や慶州の郊外の農村を歩く機会があり、わら葺き屋根の民家やそりのある瓦葺屋根の平家建民家、家ごとにオンドルの設備をもつ特徴などに興味をもった。日本の農村とおなじように、韓国でも農家の配置や構造にはほぼ共通した形態がみとめられる。いま瓦葺屋根の民家もかつてはほとんどわら葺屋根であったことを思い、ところどころに孝子烈婦の顕彰碑が立っていること、田園風景が日本とよく似ていることなど、印象にのこっている。しかし、似ているといっても異なることももちろん少なくない。たとえば、夏季青々と稲の生育している時には、日本と全く同じと思っていた田園も、冬季、刈入れのおわったあと、田地の地肌が露出していて随分ちがう印象をうけた。土の色が全般に淡く、黄褐色がかった乾燥土であり、所によってはすっかり干上って、ほこりっぽい感じさえあった。黒土が多く、しっとりと水気をふくんだ日本の土とは、たしかに異なるもので、ひとしく水田農耕といっても、やはり大陸的な土壌の特徴がうかがえるといえよう。

それから、これは日本にはないことであるが、田んぼのあちこちに大きな石が地中から突出した形で存在しているところがあった。はじめ奇異に感じ、なぜあの大石を除去して田地を耕作しないのかと思ったものである。聞けばそれは実は支石墓であって、韓国古代の特異な墓制の一形態を示すものであった。目についたのは、土中深く埋められた巨石の上部の一端があらわれているもので、容易に除けないのも当然であった。

つぎに目にとまったのは、田の中央や、民家のはずれなどに、大きな老木が一本ぽつんと立っていることであった。このこと自体は別にふしぎなことではないが、その木の下、根元の部分を中心にして、申し合わせたように、いくつかの石がおかれ、それらはたいていコンクリートでかためられている。一種の流行かとも思ったが、よくそんなものを見かけた。のちにバス旅行で、慶尚北道の山奥の村や、忠清北道からソウルへの道を走行したが、バスの窓からも注意してみていると、つぎつぎに同じような光景が目に入ってきた。

石は、ちょうど人が腰をかけるのによい大きさであり、事実ベンチのおいてあるところもあった。だから、この大木の下は村人の時に応じて集る所であり、ことに夏のきびしい陽ざしをさけるのには格好の場所であろう。夏のある日、快い木蔭に涼をもとめて人々が談笑しているのを私はみたことがある。ここは農民の休憩所であり、特には昼寝の場所でもあろうか。大邸の市街地のはずれでも、木の下に老人たちが集って碁あそびをしているのをみたことがある。私は広漠たる田園のつづくなかに、時折点在する大木の下にそうした簡単な施設のあるのをみて、そこが農民の集合所であって身近かな社交の場でもあろうことを推測していた。

これらの大木は、槻《つき》（欅《けやき》）・榎《えのき》・槐《えんじゅ》・松などであって冬季には葉のおちる樹木が多くふくまれてい

慶州郊外五陵付近の大木（著者撮影）

る。私が初夏おとずれた時と、冬になっていった時とは随分ちがった印象をうけたが、ここが単に村人の集合場所であるにとどまらず、そのうちのかなりのものが、古くからの宗教的儀礼のおこなわれる場所であることを知ったのは大きな収穫であった。

　慶尚北道栄州郡の名刹浮石寺の存在する浮石面付近では、この老木のある場所を「ウィハンダ」といっており、これは「拝《おが》み場所」の意であるということであった。ここでは毎年旧暦の一月十五日の深夜午前一時ごろ、集落の住民がこの老木の下にあつまり、新年を迎える行事をするとのことであった。老木はこの聖なる祭祀の場所であるが、それは土地や集落の守護神・鬼神のやどるところであるからで、毎年儀式の時には木につける「しめなわ」（禁縄《クムチュル》）が新しいのととりかえられ、切紙が下げられる。

　この種の祭事は毎年一回おこなわれ、期日や時刻は地方によって必ずしも一定してはいないようであるが、これは洞祭、日本でいえば村祭である。洞《ドン》（村）のなかでよく知られた古木が洞神のやどる場所であり、樹木がいわば御神体である。その神は「コルモギニムノ」などともよばれた（村山智順氏による）。古木には左ないの禁縄《クムチュル》がかけられ、そこが神聖な神の依《よ》り代《しろ》であることを示している点で、日本の場合と共通している。祭主には村人のなかでも、けがれがなく、信頼のできる人がえらばれ、交替でつとめる。祭主は伝統の礼服に身をあらため、村の安泰と村人の幸福を祈る意味の祭文をよみあげ、ていねいな礼拝をくりかえす。これは年頭の正月行事としておこなわれる例が多いようで、浮石面でも上述のように、毎年旧暦一月十五日におこなうという。一九一九（大正八）年の調査によると、当時朝鮮で巨樹・老樹・名木と称されるものが、一千百八十本あり、そのうち、この樹木によって部落祭（洞祭）をおこなう慣例のあるものが、実に四百六十件あったと報告されている。このような樹木は一般に、堂木・堂山木・神木などとよばれている。

こうした樹木信仰が古い由来をもつものであろうことは、『魏志』韓伝に「諸国各々別邑あり、名づけて蘇塗となす。大木を立て鈴鼓を懸け、鬼神に事《つか》ふ」とあることや、『三国遺事』にも「異木」・「香木」・「梨木」・「知識樹」などの記事があって、ある程度の推測が可能であるが、いまはこの樹木信仰に関連して、この国に特徴的な黄金の宝冠についても言及しておきたい。

慶州の金冠塚をはじめ、金鈴塚・瑞鳳塚・天馬塚および九八〇号北墳から出た五個の純金製の金冠は、韓国の古代文化を象徴する優品であるが、これら新羅時代の冠の形式は、金板を切りとった台輪に、その前面に漢字の「出」の字に類似した横三枝をもつ前飾りが三個立っており、後面には二本の鹿の角形の装飾が立っている。この冠の装飾形体がなにに由来するものであるかは議論のあるところであるが、これを樹木の文様化したものとするのは有力な説である。かような樹木形の装飾は決して韓国特有のものではなく、たとえば中国山西省天龍山の第十六洞仁王像（北斉・六世紀中葉）の冠の正面に三個の三枝になった樹木形装飾があるが、それが韓国羅州藩南面新村里の九号墳（甕棺墓）出土の金銅冠の草花形にもつらなっており、樹木形意匠の分布を示唆している。

このような樹木形の装飾をもつ冠の源流は、南ロシアのアレクサンドロポールのサルマート族の古墳から出土した銀製冠飾にみられることが、つとに指摘されており（浜田耕作氏説）、新羅においては「出」字形の象徴化された特色を示すに至ったが（金元龍氏説）、これはさかのぼれば、原初的な樹木崇拝や、樹木の下にくりひろげられた村邑の素朴な祭祀に関連していることが推察される。

金冠の樹木形装飾も、おそらく祭をつかさどる祭主が、原初、頭に木の枝や葉を挿していた古俗のおもかげを彷彿させるものといえよう。この木の枝や葉、さらに花や蔓草を頭髪や冠にさしたものを「髻華《うず》」・「御冠《みかげ》」という。『古事記』・『日本書紀』・『風土記』にもみえて日本古代の風俗としてあったことが知られるが、それはもと祭祀の場におけるものであった。こうした祭事をつかさどるものが、同時に民衆の統率者として原始的な王の地位についたことが、王冠にも色濃く投映されてきたことを示している。

韓国では、はやくから「冠」・「帽」のような頭上にのせる異物が、これを用うるものの高貴性・権威性・神異性を示したが、それはさかのぼれば原始宗教的な樹木信仰によって、神聖な樹木の枝や葉を頭に著けた風習と連関するものであったと考えられる。

この「冠」・「帽」重視の風は、仏教流入期以降にもうけつがれ、仏・菩薩像に冠または冠風のものをかぶらせる風をも生み出したもののごとく、韓国の仏像彫刻におけるひとつの特徴的な現象として注目される。

樹木崇拝は、太古の森林における祭事と深く関連している。新羅の始祖伝承によると、始祖朴氏の赫居世は楊山のふもとの林に降臨したといい、金氏の始祖閼智《あち》もまた林のなかの樹枝にかけられた黄金の櫃《ひつ》から出現したという。このため、その地を「始林」といい、国号を鶏林とする。古代において樹林のなかでおこなわれた祭事が、そのまま部族統率の政治的団結を象徴するものであったことを想察させ、洞祭にみる樹木崇拝の由来の久しいことを思わせるものである。

（一九八二年八月稿）

## ◉歴史における可逆性

自然科学の対象である自然現象の特徴は、その、あきることのない反復性にある。地球はつねに自転しつつ、その軌道を回転する。これによって、一日はつねに朝から昼へ、昼から夜へと限りなく反復をつづける。日本列島は春夏秋冬の四季を順序良く反復している。人間の生活も、その自然性においては、つねに反復をまぬがれるものではない。それゆえ、その面での実験がくりかえされ、それによってさまざまの客観的事実が検証され、その法則性が見出され、その知識の蓄積と体系とが諸科学の多面的な発達を促して、高度な近代科学・技術文明を生み出していることは明らかである。くりかえしのつづく自然現象の世界では、事態の推移は一定の物質的条件が充足されれば、すべては必然の支配下におかれている。条件の整備に欠陥がないかぎり、事態の進行は、時計の針をもとへもどすことによって、同一事態を何度でも実現することが可能であって、可逆性の真理を確かめさせるものである。

これに対すれば、歴史事実の解明は、非可逆性の世界へのアプローチといえよう。「歴史はくり返す」ということばはあるが、これは歴史事象にある種の類似性・類型性を見出しうることへの指摘にすぎないのであって、自然法則における厳密な意味をもつ反復性とは全く異なることはいうまでもない。

人間の歴史は自然現象とは異なって、非可逆性を特徴とする。くり返されることがないという事実は、個人の一生にくり返しがないことに明らかにあらわれている。人間の社会というも、それは個人と個人との有機的な集合体であって、個人それぞれに、全き意味におけるくり返しがないということは、人間社会においても、すべてがただ一度かぎりということである。それゆえに、時間的に前にあるものが、後にあるものといれかわることは絶対にありえない。史実考証における時代・年代・年月・時間の前後関係の措定は、厳密な歴史学的認識の絶対的前提となっている。非可逆的な事実認識において、はじめて歴史的思考が成立するというべきである。

もちろん、人間も自然の一部であるから、人間に自然法則に支配される面のあることはたしかである。生物としての生理本能や身体的心理的与件に反復性をもつものとして把捉されるものの多いことはいうまでもない。けれども人間の文化的・歴史的営為は、つねに個別的な一回限りの現象であり、非可逆的であることを特徴としている。

ところが、現実の人間の生の体験において、事態はつねに時間的年代的に非可逆的かといえば決してそうではない。このことは人間存在の根源的構造を認識するうえにきわめて重要な事実である。人間が物理的な意味において時間の流れと空間のひろがりを超越しえない存在であり、物理的な時間系列の流れのなかの存在であることは明らかであるが、実際の人間の主観的心理的実践的関心は、具体的な生の体験において、必ずしもこの物理的な時間系列の枠内に制約されているものではない。むしろ、人間の精神的能力はかような時間系列を越えて、過去の自己の体験や、さらに過去の人間文化の所産を通して、「追体験」することを可能とする。この追体験が、歴史学的認識の理論構造の基礎をなしていることは否めない事実であろう。この意味においては、人間は時間的年代的非可逆性からも自由でありうる存在といわなければならないであろう。

われわれは過去のみならず、未来にむかっても、目的をもち計画をたて、着実に実行し実施し実現することを可能にする存在である。もちろん予期しえない条件の欠陥による理想実現の失敗はありうるが、いたずらな空想や夢想でない限り、未来にむかっても事態を予測し、その実現態をえがくことによって、時間系列を可逆的に先取りすることのできる存在といえるであろう。こうした未来への実践的意欲は、数多い過去への溯及による歴史的行為的経験にもとづく、文化形成への大きな自信が依拠となっているものである。

このように、人間の時間的存在としての性格は決して単純ではない。時間系列の枠内にありながら、その限界内から可逆的な運動体験をのびのびと重ねうる存在ということができよう。この意味において、あらゆる人間に対する定義づけが、すべて相互補完的たらざるをえないほどに、人間は時間的年代的にも複雑多岐な存在というべきであろう。なかでも、この歴史的思考にみられるように、自然的物理的時間系列の流れからの自由な思考と「追体験」の能力は、過去への可逆的認識によって現実への理解と対処の方向づけに大きな力を与えないではおかない。

人間は、川ではない。時間的にただ高きから低きへのみ一方的に運命的に流されるだけのものではない。時に船によって逆のぼり、あるいは岸辺をたどって後戻りすることのできる存在である。人生にやり直しはできないという。たしかにそうである。しかし、人間には歴史的思考による後戻りが可能である。時には歴史事実の見直しをも可能とするものである。過去のあやまりをくり返さないために、個人ばかりでなく、その集団・社会の運命を切り拓く方途が歴史的思考を通して可能となることを見のがしてはならない。

現代における歴史的省察は、まさに現代人にとっての歴史の総体としての現実認識の根源への反省ともなるであろう。われわれは歴史的認識において、後戻りと、やり直しを可能にする存在である。これは、よりよき未来の形成への根源的に有効な力となるであろう。

（一九八八年六月稿）

〈初出一覧〉

## 第一篇　『日本書紀』の神祇思想

第一章　崇神紀にみられる神祇思想　「仏教文化研究所紀要」（龍谷大学）一四（一九七五年）
第二章　崇神・垂仁紀にみられる神祇思想の問題　「仏教文化研究所紀要」（龍谷大学）一六（一九七七年）
第三章　田道間守の伝承―その宗教思想史的意義―　「仏教文化研究所紀要」（龍谷大学）二〇（一九八一年）
第四章　古代氏族と宗教―物部氏の伝承について―　「仏教文化研究所紀要」（龍谷大学）二一（一九八二年）
第五章　神武紀にみられる神祇思想　龍谷大学短期大学部編『仏教と福祉の研究』（永田文昌堂刊、一九九二年）
第六章　神代巻の神名について　「仏教文化研究所紀要」（龍谷大学）三二（一九九三年）

## 第二篇　飛鳥・白鳳の氏族と仏教

第七章　天寿国の考察　「龍谷大学論集」四二二（一九八三年）

第八章　天武朝の仏教の一考察　「仏教文化研究所紀要」（龍谷大学）一一（一九七二年）

第九章　白鳳仏教における実践性
大谷大学国史学会編『日本人の生活と信仰』（同朋社刊、一九七九年）

## 第三篇　歴史を学ぶ・歴史を考える

第十章　『天皇記』・『国記』とはなにか　「歴史読本」二六―七（新人物往来社刊、一九八一年）

第十一章　天皇権力を支える古代豪族「大臣」
「歴史読本」二九―一〇（新人物往来社刊、一九八四年）

第十二章　「史心」より

歴史を学ぶ　「史心」（龍谷大学日野研究室）一（一九八一年）

韓国の樹木信仰―日本古代宗教との関連―　「史心」（龍谷大学日野研究室）三（一九八二年）

歴史における可逆性　「史心」（龍谷大学日野研究室）一二（一九八八年）

# 編集後記

本書は、先に刊行された『日野昭論文集Ⅰ　日本書紀と古代の仏教』に続く第二集として編集された。『日本書紀』の仏教受容伝承の研究から始まり、蘇我氏などの古代氏族伝承の研究を大成した著者は、さらに神祇思想や神仙思想などにも関心の対象を広げ、古代氏族と宗教に関わる幾多の論文を著した。そこには、一九七九年度の一年間、龍谷大学在外研究員として韓国・イギリス等に滞在し研鑽を積んだことも、視野を広げる上で少なからず刺戟となったと推察される。

本書には、『日本書紀』の神祇思想に関する論考、飛鳥白鳳期の氏族と仏教、神仙思想などに関する論考を収録した。末尾には、啓蒙的な論文二編と、「史心」に収録されたエッセイを三編選んだ。「史心」は一九八一年、著者が「気やすく投稿できる研究と近況通信の機関として」創刊した日野研究室の機関誌で、毎号ゼミの学生・卒業生全員に頒布され、一九九四年の第十七号まで続いた。

さて、今回も編集実務・校正等は主に水谷千秋が担当し、平林章仁、松倉文比古、大坪秀敏、神英雄、八田達男、松波宏隆、中尾浩康、小山元孝、生田敦司、長谷部寿彦の諸氏のご協力を賜った。表記の統一や誤字の修正等は最小限に留め、原論文の内容を出来るだけ残すよう努めた。

前著同様、今回も博士のご遺族の同意をいただき、龍谷大学文学部松倉文比古教授、平林章仁元教授から多大なるご協力・ご助言を賜った。出版にあたっては、堺女子短期大学塚口義信名誉学長・名誉教授と、和泉書院廣橋研三社長のお世話になった。併せてここに記し、感謝の意を表したい。

**著者略歴**

日野　昭（ひの　あきら）

1928（昭和３）年４月11日、岐阜県武儀郡関町（現・関市）生まれ。1954年、龍谷大学研究科卒業。1971年、龍谷大学文学部教授。1997年、定年退職し、名誉教授に就任。2011年７月18日死去。文学博士。主著に『日本古代氏族伝承の研究』・『日本古代氏族伝承の研究　続篇』がある。

**日本古代の氏族と宗教　日野昭論文集Ⅱ**　**和泉選書 187**

2017年７月18日　初版第一刷発行

著　者　日　野　　昭

発行者　廣　橋　研　三

発行所　和　泉　書　院

〒543-0037　大阪市天王寺区上之宮町7-6

電話06-6771-1467／振替 00970-8-15043

印刷・製本　太洋社

装訂　仁井谷伴子

ISBN978-4-7576-0840-5　C1321　定価はカバーに表示